동시대인의 산책

문학과 사유이미지

한 순 미 specialcloud@naver.com

전남대학교 국어국문학과 및 동대학원 졸업
현재 전남대학교 호남학연구원 HK연구교수. 계간 《문학들》 편집위원.
주요 논문으로 「서정인 초기소설에 나타난 '멜랑콜리'와 근대비판」, 「'소리'의 징후, 원한의 역사성: 한승원의 연작 『안개바다』 읽기」, 「나환과 소문, 소록도의 기억」 등이 있으며, 저서로 『가(假)의 언어: 이청준 문학연구』, 『병원인문학』(공저), 『몸 이미지 권력』(공저) 등이 있다.
전남대학교 국어국문학과, 국어교육과에서 강의하고 있다.

동시대인의 산책 : 문학과 사유이미지

지은이 한순미

펴낸곳 엔터(디자인 김금란)

1판 1쇄 2012년 6월 1일
등록 2003년 9월 5일 제 05-07-0260호

광주광역시 북구 중흥2동 모아타운 105-205
전화 062.236.2110 팩스 062.236.3110
E-mail. inkink@naver.com

ISBN 978-89-93065-28-2
값 14,000원

ENTER
BOOK

동시대인의 산책

한
순
미

문학과 사유이미지

여는 글

모든 것들은 제각기 다른 것인데, 서로 비슷하게 닮아 있고 때론 겹쳐 보일 때가 있다. 한 없이 퍼져나가는 동심원의 물결이라 생각했는데 어느덧 그 파문波紋은 사라지고 그 자리엔 고요만 남는다. 고요와 파문은 원래 다른 것이 아니었을 것이다. 문학 작품을 읽고 그것에 대한 글쓰기가 고요와 파문 사이에서 움직이는 일처럼 생각될 때가 많다.

그 사이에서 많은 사물, 사람, 풍경이 사라졌다가 나타난다, 나타났다가 사라진다. 이 책에 자주 등장하는 김승옥, 서정인, 이청준, 김현, 기형도, 그리고 처용, 아기장수, 천전리 암각화, 삼국유사 등은 글을 읽고 쓰는 동안 내 곁에 머물러 왔던 이름들이다. 그것을, 이미지를 사유의 형식으로 정립한 발터 벤야민의 '사유이미지'라는 개념에 빗대어 보았다.

흔적들은 서로 겹친다. '겹쳐 읽기'를 통해서 '왜 쓰는가'에 대한 물음에 가 닿는다. 사유이미지들은 여러 작가들과 작품들 사이를 산책하는 동안 다양한 의미들을 낳는다. 시공간을 달리 하는 그것들이 지금 여기에서 국적國籍을 잃고 방랑하고 있는 것이다. 그것들에게서 처음과 끝, 이곳과 저곳이란 비교적 분명한 시공간을 가리키는 표현은 설 자리가 없다.

읽고 쓰는 것은 지속될 수밖에 없는 일이다. 한 권의 책은 또 다른 시공간에서 다시 쓸 수밖에 없는 끝의 시작인 것이다. 책을 펴내면서, 고마운 분들이 너무 많이 떠오른다. 국적이 없는 말을 쓰는 Evelyn에게도 이 책을 보낸다. 그들의 목소리, 몸짓이 이 책의 곳곳에 자리해 있다. 이 자리를 언젠가 다시 읽고, 쓰고 싶다.

2012. 6. 1.

한 순 미

목차

동시대인의 산책 : 문학과 사유이미지

1부 겹쳐 읽기

목차

동시대인의 산책 : 문학과 사유이미지

2부 왜 쓰는가

1부 겹쳐 읽기

바다, 몸, 구멍

이청준의 바다에게서 김현 읽기

갈애渴愛

김현은 「나르시스 시론—시와 악의 문제」(1962)에서 '그'를 이렇게 말한 적이 있다. "불행히도 그는 육지에서 살도록 선고받은 바다동물이다. (…) 바다 동물은 영원히 달성되지 않을 바다에의 향수를 노래하게 되는 것이다."[1] 육지에서 살면서 바다에의 향수를, 그 영원히 달성되지 않을 향수를 노래하는 '동물', '그'는 무엇인가.

육지에 살도록 선고받은 바다 동물은 "바다의 환상"을 보고, 바다로 가려는 '갈증'을 느낀다. 바다 동물은 갈증이 일고 나서야 자기 안에 "바다에 대한 욕망"이 있었다는 것을 알게 된다. 바다의 환상을 향한 갈증이 먼저 있고, 그는 그것이 어떤 욕망의 꿈틀거림이라는 사실을 나중에 안다. 바다 동물은 영원히 달성되지 않을 향수를 노래한다, 그 끝나지 않을 갈애渴愛.

김현은 다시 묻는다. "바다에 대한 욕망의 정체는 무엇인가?" 그리고 그는 나르시스의 우물에서 현실적 세계와 상상적 세계 사이의 "구멍"을 본다. 그 구멍은 자기 안의 것을 내던지면서 타자와의 '만남'을 일으키는 욕망의 자리이다. 욕망의 정체는 '사이의 구멍'에 있다. 그것을 느끼는 바다 동물, 나르시스, '그'는 누구인가. '그'는 시인이다. 바다를 향한 욕망의 노래는, "끊임없이 시인을 현실에 직면케 하는 갈증은 어떤 것을, 자기의 어떤 것을 내던지며 동시에 자기 아닌 타자와의 교섭을 원하고 있는 욕망인 것이다." '그'의 욕망은 '나'에게 전염된다. 김현은 말한다. "정말로 바다로 가는 길을 나는 알지 못하지만 그러나 바다로 가는 노력을 나는 그쳐본 적이 없다."[2]

육지와 바다 사이에 거주하고 있는 바다 동물의 '몸'에서 김현 비평의 육체는 탄생했다. 그래서 그의 몸은 '바다의 몸'이듯, 가득 차 있으되 언제나 무엇을 향한 갈증을 품고 있었다. 그는 오직 목마름을 통해서, 아니 목마름 속에서, 있다. 김승옥의 「환상수첩」(1962)을 읽은 김현의 목소리가 이 갈증을 대신 말해준다. 어쨌든 "산다는 것, 우선 살아내야 한다는 것"이 중요하다는 수영의 목소리를 빌어, 김현은 김승옥의 목소리를 다시 옮겨 쓴다. "김승옥 자신도 「환상수첩」에서 누누이 말하고 있듯이 중요한 것은 그러나 산다는 일이다."[3] 이 시기 김현은 "넓은 벌판 같은 염전을 가로질러 인가가 없는 바닷가로 갔"던 형기와 '나', 그리고 그들의 죽음을 "그럼에도 불구하고 다시 살아야 한다"[4]는 발레리의 노래로 읽었음이 분명하다.

"산다는 것"은 65년대 작가들의 초상을 그리는 데에 있어서 김현이 제출한 근본적인 물음이었다.

그들이 생각하고 있는 질서란 무엇일까? 그들은 무엇으로 전통을 만들려는 것일까? 그들의 테제는 무엇일까? (…) 두 작가들이 질서라고 생각하고 있는 것은 무엇일까? 아니 그들은 그들의 작중인물을 통해 어떻게 살려고 하는 것일까?[5]

산다는 것이 아무 의미가 없다 하더라도 사람은 살지 않으면 안 된다, 혹은 현실이 아무리 잔인한 것일지라도 그것을 정시하지 않으면 안 된다라는 그런 윤리학을 (…) 무엇이 그들로 하여금 그런 운명을 감수하게 하고 있는가?[6]

무엇을 위해 어떻게 살 것인가, 라는 물음을 여러 가지로 분할하면서 김현은 김승옥과 홍성원의 경우, 유현종과 이청준의 경우로 나누어 '미지인의 초상'을 분석한다. 그들의 초상은 질서와 테제를 긍정적으로 혹은 부정적으로 세우려는 방향과, 살지 않으면 안 된다는 것 혹은 그럴 수밖에 없는 운명, 크게 이 네 가지 방향으로 조감된다. 그러나 김현은 이들의 초상을 선명하게 그려내는 것을 "주저"한다. 그 서성거림은 「무진기행」(1964)의 윤희중이 느낀 "부끄러움"에 대한 두 개의 해석에서도 발견된다.

이 부끄러움은 영원히 계속될 것이다. 그가 무진에 살며, 그의 과거를, 외롭게 미쳐가는 것을, 진실한 인간의 고뇌를 살지 않는 한, 그의 부끄러움은 끝나지 않으리라. 그는 무진의 밖, 진실한 인간의 괴로움 밖에 있기 때문이다. 남의 고뇌

를 밟고 그는 행복하기 때문이다.[7]

이 부끄러움은, 그가 다시 무진으로 돌아와서, 그의 과거를, 외롭게 미쳐가는 것을, 술집 여자의 자살을, 진실한 인간의 고뇌를 이해하지 않는 한 끝내 끝나지 않을 것이다. 그는 진실한 고뇌의 밖, 의식으로밖에는 조작할 수 없는 그런 가상의 세계에서 살고 있기 때문이다.[8]

위의 두 문단을 같이 놓고 보면 달라진 부분이 어디인지를 읽을 수 있다. 앞의 문단을 이룬 네 문장은 두 문장으로 축약되어 있다. 첫 번째 문장의 경우, 몇 단어가 바뀌고 순서가 달라졌지만 내용은 큰 차이가 없다. "여자의 자살을"이 추가된 것을 제외하고는. 두 번째 문장의 경우, "그는 무진의 밖, 진실한 인간의 괴로움 밖에 있기 때문이다. 남의 고뇌를 밟고 그는 행복하기 때문이다."에서 "그는 진실한 고뇌의 밖, 의식으로밖에는 조작할 수 없는 그런 가상의 세계에서 살고 있기 때문이다."라고 바꾸어 쓰고 있다.

이것은 단순한 동어반복이 아니다. "무진의 밖, 진실한 인간의 괴로움 밖"은 "진실한 고뇌의 밖, 의식으로밖에는 조작할 수 없는 그런 가상의 세계"로서의 의미가 되고 있는데, 그것은 곧 김승옥의 "자기 세계의 의미"에 해당한다. 김현은 그것이 "우리 모두를 그런 자기기만의 세계에서 빼돌리려고 하는 것"이라고 덧붙인다. 그는 김승옥의 「무진기행」에 대한 두 차례에 걸친 독해 속에서 다른 의미로 나아간 것이다. 아니, 그는 이전의 해석을 다시 씀으로써 이전의 해석을 수정한다.

그런데 김승옥의 자기세계란 그것뿐이었을까. "순교자라고 생각하고 사랑하고 존경해"[9] 버리는 함정에 빠지지 않길 바랐던 김현의 충고를 거슬러 「환상수첩」의 '나'를 단 한 번만이라도 긍정해보기로 한다. '나'는 "죽지 않고 어떻게 해결할 방법을 찾아야지"하던 수영의 방식과 다른 생존방법을 찾고 있었기 때문이다. 그것은 사느냐 죽느냐를 선택하는 문제도 아니었고, 환상과 현실 중에서 어느 하나를 선택하는 문제도 아니었다. 양쪽의 질서를 다 부정했을 때 선택할 수 있는 유일한 방식은 '나' 그리고 '나'에게 환상을 준 모든 것들을 동시에 없애는 것이다. 현실과 환상의 거리, 그 거리 위에 있는 '나', 그 '나'를 없애는 것만이 그 거리를 좁힐 수 있는 방법이다. 그런 '나'가 왜 "형기의 손을 잡고, 눈을 온몸에 뒤집어쓰고 삼십 리 길을 비틀거리며 걸"어서 "넓은 벌판 같은 염전을 가로질러 인가가 없는 바닷가로 갔"[10]는지, 그리고 그곳에서 형기의 손을 놓아 버렸는지를 이해할 수 있을 것 같다. 염전밭의 죽음은 '나'의 선택이 서울과 고향, 환상과 현실, 생활과 예술, 진짜와 가짜 사이에서 어느 하나를 선택하지 않았음을 의미한다.

산다는 것의 '기준'은 새롭게 마련되지 않으면 안 된다. 그 기준은 「무진기행」의 윤희중이 바닷가에서의 '쓸쓸함'과 도시에서 느끼는 그 바닷가의 '쓸쓸함'이 얼마나 '공명'할 수 있겠는지를 힘겹게 묻고 있는 것처럼, 쉽게 얻을 수 없는 것이다.

> 바다는 상상도 되지 않는 먼지 낀 도시에서, 바쁜 일과중에, 무표정한 우편배달부가 던져주고 간 나의 편지 속에서 '쓸쓸하다'라는 말을 보았을 때 그 편지를 받은 사람이 과연 무엇을 느끼거나 상상할 수 있었을까? 그 바닷가에서 그 편지를 내가 띄우고 도시에서 내가 그 편지를 받았다고 가정할 경우에도 내가 그 바닷가에서 그 단어에 걸어보던 모든 것에 만족할 만큼 도시의 내가 바닷가의 나의 심경에 공명할 수 있었을 것인가? 아니 그것이 필요하기나 했었을까?[11]

"그러나 정확하게 말하자면, (…) 그 대답을 '아니다'로 생각하고 있었던 듯하다", 라고 윤희중은 쓴다. 그때 윤희중은 하인숙의 음성, 자살한 여자의 고통, 이 무진의 끈적끈적한 기억들이 서울이라는 공간으로 옮겨갔을 때 흔적도 없이 사라질 것을 고뇌하고 있었다. 그러므로 윤희중의 '부끄러움'은 무진에서의 깊은 '절망'과 바닷가에서의 '쓸쓸함', 이 모든 것들이 다시는 지속될 수 없다는 것을 예감한 미래형의 부끄러움이다. 그런 것만이 아니다. 그 '나'는 무진의 안이 무진의 밖으로 가지고 갈 만한 것인지를 고뇌하고 있기 때문이다. 아니, '나'는 무진의 안을 무진의 밖으로 가지고 갈 수 있을 것인지를 더 고뇌하고 있기 때문이다.[12]

김현이 찾던 바다는 김승옥의 쓸쓸한 죽음의 바다가 아니었다. 그의 바다는 샤토브리앙의 바다에 가까이 있었으리라고 짐작한다. 샤토브리앙의 바다는 "선택과 결단의 한 표상이며, 오히려 그 내용물이다. (…) 그것은 '인간적인' 바다이다. 그것은 비개성적인 바다가 아니며 인간학적인 바다이다. (…) 그것은 보다 넓게 인류학적인 의미를 획득할 정도로 확산된다."[13] 그 바다가 뜻하는 것은 다음과 같다.

> 그는 영원히 바다와 수도원 사이에 찢기어 있다. 수도원의 평화스러운 불빛을 그는 바라보지만 들어갈 수는 없다. 그는 바다의 빛나는 물결을 바라보지만 선뜻 뛰어들지 못한다.[14]

김현이 읽은 샤토브리앙의 바다는 "산다는 것"을 그친 죽음의 공간이 아니다. 르네의 바다는 바다의 물결을 바라보지만 거기에 뛰어들지 못한 채 "찢김"과 "분열"의 고통으로 가득 차 있다. 그것은 "선택과 결단의 한 표상"으로서의 인간학적 바다이다. 사이, 찢김, 난파의 고통을 통해 세속으로 내려온 르네의 바다는 심리적, 사회적, 종교적 빛깔을 아우르는 인류학적 의미의 인간학적 바다이다. 김현은 르네의 바다에 비추어, 「환상수첩」의 '나'의 죽음보다 그럼에도 "산다는 것"이 중요하다는 수영의 목소리를 김승옥의 목소리로 읽었던 것. 그리고 그것은 바로 김현 자신의 목소리였다.

만약 김현이 '김승옥과 이청준의 경우'에서 미지인의 한 초상을 읽었더라면 그 "산다는 것"은 어떤 의미를 지녔을까. 아마도 그는 죽음, 쓸쓸함, 부끄러움을 읽어내는 눈을 새롭게 마련하지 않으면 안 되었을 것이다. 김현의 바다가 이청준의 바다와 점점 가까워지는 것은 이 근처였으리라 생각한다.

"씌어지지 않은" 바다

김현의 바다가 이청준의 바다와 자꾸 겹치는 것처럼 느껴지는 이유는 그들이 바다 근처에서 태어났다는 것과 그래서 그들이 바다에 대한 예민한 감수성을 지니고 있었으리라는 그런 종류의 추측 때문에서가 아니다. 그들의 기억 속의 바다가 하나의 논점이 될 수 있는 것은 오히려 그들의 바다가 지닌 '변별적 자질'에 의해 서로 다른 의미를 낳기 때문이다.

> 나는 수평선 쪽을 향해 눈을 가늘게 떠보았다. 수평선이 붙잡힐 듯이 가깝게 다가왔다. 문득 나는, 언제고 저 수평선 너머로 가서 그곳의 이야기를 모조리 알아가지고 돌아오리라 다짐한다. 아버지도 달이도 어쩌면 그것을 알아내고 싶어 그곳으로 갔을, 그러나 아무도 그것을 알아올 수 없었던 그 수평선 너머의 이야기들을 말이다.
>
> 나는 배를 따라 몸을 일렁이면서 그 수평선을 오래오래 바라보고 있었다.[15]

> 아무튼 그 조그마한 섬에서, 나는 산에 올라가 산나무 열매를 따 먹거나, 떼지어 몰려다니며 밭에서 자라는 온갖 것들을 몰래 맛보거나 (…) 선창에 나가 서너 시간씩 바다를 바라보고 앉아 있으면서 어린 시절을 보냈다. 지금도 내 어린 시절을 회상할 때면, 옻나무와 발목까지 빠지던 펄의 감

촉이 맨 처음 되살아나오고, 가도가도 끝이 없던 여름날의 황톳길의 더위와 모깃불의 매캐한 냄새가 나를 가득 채운다.[16]

이청준의 눈은 가까이 다가가면 언제나 더 멀리 달아나는 수평선에 닿는다. 바다 위의 수평선은 그 너머에 감춰진 이야기가 무엇인지에 대한 호기심을 불러일으킨다. 그것은 붙잡으려고 해도 붙잡을 수 없는 환상처럼 있다. 출렁이는 배 위에서 소년은 아버지와 형의 죽음을 가져다 준 수평선 너머의 '섬'을 본다. 이청준의 눈이 바다 위의 '수평선'과 그 너머의 '섬'에 집중된 것은 김현의 것과 비교해보면 더 뚜렷하다.

김현의 눈은 섬 안의 산등성이에 올라 바다를 본다. 그의 눈은 바다가 내려다보이는 산등성이 혹은 선창가 바닷물 속 혹은 펄의 감촉에 닿는다. 그가 바다를 읽는 눈은 곧 보는 것이며 만지는 것이다. 산등성이에서 내려온 눈은 바다의 표면에 닿고, 다시 바닷물 속으로 들어간다. 바다의 표면은 산등성이와 바닷물 속을 매개한다. 이러한 구도는 욕망의 삼각형의 구도와 흡사한 데가 있다.

이청준의 바다 이야기에서 김현은 무엇을 읽었을까. 그의 첫 번째 해석에 따르면, 「바닷가 사람들」의 바다는 도전과 복수로 가득 찬 '자연'이며 삶, 현실, 죽음은 자연과 동화된 것들이다. 김현은 바닷가 사람들의 아픔이 "자연의 위세"에서 비롯된 것으로 보고, 그것을 「줄」과 「병신과 머저리」에서 읽은 "우리 세대의 환부를 알 수 없는 아픔"[17]과 같은 것으로 바꾸어 읽는다. 바다는 알 수 없는 자연이자 어찌 할 수 없는 운명이다.

김현 비평에서의 바다가 '자연'이 아니라 '인간'의 문제로 옮겨간 것은 이청준의 바다에 자리하고 있는 수평선, 아니 수평선 '이야기', 그리고 '섬'을 통해서였다. 그는 「이어도」에서 천기자의 죽음을 "혼란투성이의 현실을 극복하는 방법"이며, 그 대답은 "현실에 절망하면 할수록 그것을 초월할 수 있는 어떤 것에 사람들은 매달리지만 그것은 결국 헛일이다는 것"을 보여준다고 해석한다. 그러나 천기자의 죽음은 "결단과 선택이라는 윤리적 문제"[18]의 자리에서도 온전히 해석될 수 없었던 것 같다.

1977년 무렵, 김현은 「귀향 연습」을 읽는 자리에서 고향, 어머니, 노래와의 관계 속에서 이청준의 바다를 다시 읽기 시작한다.[19] 이 자리에서 김현은 먼저 "행복"한 느낌을 주는 고향의 기억을 중심으로 읽는다. 다음의 인용문에서 굵은 글씨로 된 부분이다. 그가 이 소설을 독해하는 과정에서 말줄임표에 넣은 부분을 모두 살려서 옮기면 다음과 같다.

> [(…) 그러나 나는 아직도 그 바다가 어떤 식으로 내 어린 시절과 상관되고 있었는지, 또 그것에 대해 무슨 말을 할 수 있을지 마땅한 생각이 떠오르지 않았다. 모든 게 뿌옇게 멀기만 했다. 아름아름 어떤 기억이 떠오를 듯하다가도 화산 마을 앞 넓은 바다가 눈앞으로 다가오면 그것에 가려 기억 속의 것은 금세 희미하게 멀어져버리곤 했다.
>
> 그럭저럭하다가 나는 결국 방으로 들어가 몸을 기대고 누

워버렸다. 하지만 누워서도 다시 생각을 계속했다. 다행히 눈앞에서 나를 간섭해오는 바다가 없으니 이젠 생각이 훨씬 쉬운 것 같았다. 동백골 앞바다가 좀더 선명하게 떠올랐다.]

이윽고 한 가지 행복스런 정경이 멀리서부터 천천히 뇌리 속으로 비쳐들어 왔다. 그것은 참으로 행복스런 추억이었다.

바다가 있었다. 여름의 바다는 유난히 넓고 푸르게 반짝거린다. 바다에다 발부리를 내리고 있는 산줄기는 어디라 할 것 없이 울창한 녹음으로 푸르게만 뒤덮여 있다. 바다로 뻗어버린 산비탈은 대부분이 밭갈이가 되어 있고, 고구마나 수수나 콩이나 목화 같은 것을 심고 있는 그 여름 밭갈이 가운데는 다섯 마지기 남짓한 우리집 밭뙈기도 끼여 있었다. 나의 어머니는 여름 한철을 대개 그 다섯 마지기의 여름 밭갈이로 보냈다. 아침만 되면 어머니는 김매기를 나가면서 그 밭머리로 나를 데려다놓았다. 우리집 밭머리에는 푸나무꾼들이 산을 오르내리며 쉬어가는 지게터가 마련되어 있었다. 그리고 그곳에는 옛날부터 주인도 없는 무덤이 하나 누워 있었다. 나는 언제나 인적에 씻겨 윤이 돋을 만큼 반들거리는 무덤가의 지게터에서 어머니를 기다리며 지냈다. [나중에 마을 사람들의 이야기를 들어 안 일이지만, 나는 내 기억의 한참 전부터도 여름이면 늘상 그 밭머리의 지게 터에서 하루 해를 지내곤 했댔다. 그리고 그 시기엔 어머니가 나를 업어다 쇠고삐처럼 허리에 띠를 감아 매어놓곤 했댔다. 걸핏하면 아무데나 기어가 흙덩이를 집어먹고 나무 가시 같은 데에 얼굴을 자주 할퀴어댔기 때문이라고. 어떤 때 사람들이 지게터를 지나가다보면 나는 온몸에 오줌과 똥을 짓이겨 바른 채 배가고파 울고 있거나, 울음을 울다울다 제풀에 지쳐 더운 뙤약볕 아래 잠이 들어 있는 것을 볼 때가 많았다고. 그러나 나는 물론 그런 일까지는 기억을 하지 못한다. 내가 기억을 남기기 시작했을 때는 이미 내 허리에서 고삐가 풀린 뒤였다. 그리고 그때부터는 그런대로 내게 제법 행복스런 기억이 남아 있었다.

물론 이때도 그 무덤이 있는 밭머리의 지게 터를 떠나본 일이 별로 없었다. 날씨가 더워지면 근방 골짜기로 개울물을 마시러 내려가거나, 물을 마시러 갔다가 길을 조금 돌아오는 것 외엔 언제나 어머니의 모습이 보이는 밭머리의 지게 터에서만 놀았다. 그 지게 터가 좋았다. 그곳에서라야 나는 아무 때고 밭 가운데 파묻힌 어머니를 찾을 수 있었다. 어머니는 하루 종일 쉴새없이 그 밭이랑을 왔다갔다 하면서 김을 맸다. 수수와 콩을 섞어 심은 밭이랑 사이를 멀어지는가 하면 다시 방향을 바꿔 가까워져 오고, 가까워져 있던 어머니가 잠시 동안 한눈을 팔다보면 어느새 또 아득하게 멀어져 있곤 했다.] **그러나 나는 하루 종일 그 어머니를 지키고 앉아 어머니를 기다리고 있는 것만은 아니었다. 바다도 있고 산도 있었다.** [햇빛이 눈부시게 반짝이는 넓고 먼 바다에는 언제나 한두 척씩 고깃배가 떠 있었고, 그 배들은 움직이지 않는 것 같으면서도 눈에 보이지 않게 천천히 멀어졌다간 가까워지고, 가까워졌다간 또 어느새 작은 섬들 뒤로 깜박 자취를 숨겨버리곤 했다. 바다 가운데로 뻗어나온 먼 묏부리 너머로 모습이 영영 사라져 들어가버릴 때도 있었다.] **바다는 지루하지 않았다. 하지만 나는 산에서도 지루한 줄을 몰랐다. 산에서는 언제나 멀고 유장한 노랫가락이 들려왔다.** [나무나 풀을 베러 산으로 들어간 사람들이 그렇게 쉴새없이 노래를 부르고 있었다. 노랫가락은 어머니가 집에서 물레질을 할 때나, 밭으로 나가 김을 매면서 끊임없이 우우우우 울음 소리도 같고 노랫소리도 같은 걸 웅엉거릴 때처럼 슬픈 가락을 지니고 있었다. 공연히 가슴이 주저앉고 까닭 모를 설움 같은 것이 서려오는 노랫가락이었다. 나는 언제나 그 노랫가락을 들으며 임자 없는 무덤을 동무삼아 지냈다. 그러나 한 번도 그 노랫가락을 뽑아대고 있는 사람의 모습을 본 일은 없었다. 노래를 부르는 사람은 푸르고 울창한 숲에 파묻혀 모습을 드러낸 일이 없었다. 언제나 노랫가락만 들려올 뿐이었다. 여긴가 하면 저기서, 저긴가 하면 여기서, 또는 여기저기 어디라 할 것도 없이 산 전체에서 소리는 끊임없이 흘러나오고 있었다.] **그것은 참으로 행복스런 시절이었다.**[20]

김현은 「귀향 연습」에서 '행복'이라는 표현이 자주 되풀이되고 있는 것을 그 증거로 들면서 남지섭의 의식 속에 있는 고향을 행복한 기억을 중심으로 요약한다. 그리고 그는 이청준의 행복한 고향에의 기억은 바다 · 어머니 · 노래와 연관되어 있다고 해석한다. 나아가 그는 "바다 · 어머니 · 노래는 그것이 슬픔 · 아픔 · 서러움과 결부되어 있을 때에도 행복한 느낌을 준다."[21]고 덧붙인다. 여기까지가 김현이 이청준의 소설에서 행복한 기억 속의 고향을 드러내서 읽은 부분에 대한 해석이다.

그런 다음, 김현은 말줄임표에 넣은 소설의 내용을 해석한다. "현실 속에서는 휴식과 안락보다는 아픔과 고통이 더 많은 것이며, 현실대로 그것을 견디어내는 길 외의 다른 길은 있을 수 없다."[22] 그는 드러내 읽지 않았던 부분을 해석한 결과, 행복의 기억은 곧 '고통'의 현실을 감추고 있다는 해석에 이른다. 종합적인 해석은 드러낸 부분에서 드러내지 않은 부분을 차례대로 읽는 과정 속에서 이루어진다. 그렇게 해서,

> 이청준의 귀향은 연습이지, 현실이 아니다. 그러나 이청준을 예술가로 만드는 것은 귀향의 꿈이다. 바다 · 어머니 · 노래와 같은 안락과 휴식의 꿈이 없다면, 현실은 지나치게 동물적인 것이 될 수밖에 없다. 동물적인 삶은, 말의 엄정한 의미에서, 삶이란 말에 값할 수가 없다. 인간적인 삶은 그 동물적인 삶을 인간적인 삶으로 만들어가는 과정 속에 있다. (…) 그가 고향을 삶의 기호라고 부른 것은 그것 때문이리라.[23]

이청준에게 고향, 바다, 어머니, 노래는 고통의 현실을 견디기 위한 꿈이지, 행복 그 자체는 아니다. 그러나 그 꿈은 동물적인 삶을 인간적인 삶으로 바꾸어내는 "과정"에 대한 반성적 탐색을 가져온다. 여기에서 김현 비평의 한 주제인 인간과 사회, 권력, 제도에 대

한 기호학적 탐색이 시작된다. 겹의 구조로 되어 있는 이 세계는 '선택'과 '결단'이라는 윤리적인 문제가 아니라 삶의 '과정'과 인간의 '의지'라는 존재론적 물음을 통해서 다가갈 수 있는 것이다.

이러한 물음에로의 전환은 이청준의 바다와 만나면서 점층적으로 전개된다. 김현이 이청준의 바다에게서 읽은 것은 다음과 같다. 「바닷가 사람들」에서 읽은 바다가 인간이 개입할 여지가 없는 자연의 바다이며 알 수 없는 아픔을 확인하는 곳이었다면(1967), 「이어도」의 천기자의 죽음은 '결단과 선택의 윤리적인 문제'로 나아가서 좌절하는 부질없는 시도였으며(1974), 「귀향 연습」에서는 행복의 기억과 고통의 현실을 동시에 드러내는 이중인화의 방식을 통해서 바다, 인간, 고향이 지닌 기호학적 의미에 대한 탐색이다.(1977)

이후 김현은 「떠남과 되돌아옴」(1986)에서 그는 「살아 있는 늪」, 「이어도」, 「시간의 문」, 이 세 작품의 구조적 상동성을 분석한 후 이청준의 바다 이야기를 다시 쓴다. 김현은 이청준의 세계관을 '고향'에서 '바다'로, 다시 '바다의 한 가운데'로 이동하는 과정을 따라 분석한다.

> 떠남은 되돌아옴이다. 구원의 땅은 결국 없다. 그는 구원의 땅을 향해 떠났지만, 고통의 땅으로 되돌아온다. (…) 그 바다는 물론 삶의 바다이며, 어머니의 바다이다. 아니, 사람들의 바다다. (…) 그 바다가 절망의 근원이며 구원의 자리이다.[24]

「이어도」의 천남석의 죽음과 「시간의 문」의 예술(사진)이 거주하는 바다는 김현의 초기 비평에 등장한 바다 동물에게 환상을 주었던 그런 바다가 아니다. 죽음과 예술이 거주하는 바다는 절망과 동시에 구원의 섬이 있는 곳이다. 절망과 구원이 함께 있는 바다는 삶의 바다, 어머니의 바다, 사람들의 바다이다. 그 바다는 자기 자신을 바다에 던졌을 때에만 만날 수 있는 곳이다. 그래서 "그에게 남은 길은 자기 자신이 탐색의 주체이며 대상이 되어, 자기의 탐색의 과정이 의미가 되도록 할 수밖에 없다."[25]

이청준의 바다 위의 수평선과 수평선 너머의 섬은 이러한 과정을 거쳐 김현의 바다에 끼어든다. 이것은 김승옥의 「환상수첩」에서의 '나'의 자살을 바라보던 김현의 눈과 사뭇 다르다. 이청준의 바다 곁에서, 김현이 「벌레 이야기」에서의 읽은 '자살'은 현실도피로서의 죽음이 아니라 황홀한 절망의 몸짓, 즉 세계의 무의미에 충격을 가하는 구멍 내기로서의 의미를 획득한다. 이 근처에서 김현은 이청준의 바다에게서 '르네의 사랑'을 읽은 듯하다. "어머니는 르네의 사랑의 숨은 원리이다. 그것은 그러나 금지된 사랑이다. (…) 르네의 근대성은, 세계병뿐만이 아니라 현상 밑에는 감춰진 이유가 있다는 것을 보여준 데에도 있다." "바다를 좋아한 소설가는, 카뮈처럼 대개 어머니를 소설의 한 감춰진 원리로 간직하고 있다는 것 정도가 내가 암시할 수 있는 것이다."[26]

공감의 자국

하나의 시니피앙에서 갈라지는 두 개의 시니피에는 결국 하나의 동심원을 그리며 다시 만나는 것이 아닐까. 김현은 만화그림을 인용하면서 앞의 질문에 대해 답한다. "흔들리고 있는 동심원들은 뱃사공이 만든 파문이면서, 동시에 농부가 파놓은 고랑이다. 파문과 고랑이라는 두 시니피에가 흔들거리는 동심원이라는 한 시니피앙에 의해 표현되고 있다." 그것은 "두 개의 시니피에를 가진 하나의 시니피앙이 되는 것"이다.[27]

이청준의 바다에게서 김현 사유의 한 면을 읽고자 하는 것은 결국 그들의 사유체계가 서로 다른 시니피에를 지니고 있지만 하나의 시니피앙으로 다시 만나고 있다는 것을 발견하는 과정이 아닐까. 한 사람은 육지에서 바다로 섬으로 들어갔고, 다른 한 사람은 섬에서 바다로 육지로 나아갔다. 들어감은 죽음과 막막함의 수평선을 가로지르고, 나아감은 삶과 욕망의 토피아를 수직으로 그렸다. 바다는 하나다.

이청준의 바다와 김현의 바다가 있다. 그들의 바다는, 결국, 하나다. 바다는 김현과 이청준이 만난 가장 촉촉한 시공간이었다. 바다는 이청준의 소설과 김현 비평의 상상 체계를 이루는 가장 작은 단위인 '음소'에 견줄 수 있다.

김현의 바다는 한국 문학과 프랑스 문학을 가로지르는 매개이자 그것을 읽는 방법론 중의 하나였다. 김현의 바다는 르네의 바다와 이청준의 바다, 그리고 다른 무수한 바다 중에서 어느 하나를 선택한 것이 아니라 서로 다른 바다를 "모방하는 힘"으로 전혀 다른 바다로 나아가려 했다.[28] 그것은 마르틴 부버의 대화, 즉 '나—그것'의 근원어에 바탕을 둔 독백이 아니라 '나—너'의 근원어에 바탕을 둔 대화를 도상화 한다.

> 대화는 내가 나이면서, 내가 아니라는 것을 확실하게 보여주는 삶의 한 양태이다. (…) 대화의 아름다움은 같이 나아감에 있다. 젊은 시인들의 시는, 시가 같이 나아가고 있는 정신의 한 양태라는 것을 분명하게 보여준다. 나아가다니? 어디로 같이 나아가는가? 모든 대화의 종말이 그러하듯, 따뜻하게 헤어질 수 있게 나아가는 것이다.[29]

김현이 말한 공감의 비평은 비평가와 작가의식의 부딪침과 그 울림의 과정 속에서 전개되는 '대화'이다. 대화는 작가와 비평가의 욕망이 서로 부딪치면서 전혀 새로운 욕망의 인간을 그려내는, 닫히지 않는 자리이다. 대화의 과정은 서로 같은 것을 확인하는 것이 아니라 서로 다른 무엇이 되어가는 과정이다. 대화는 이질적인 것들의 동시에 드러남이다. 공감의 대화는 "자기 내부의 욕망과 그 욕망에 감염된 모든 것", 즉 "삶의 전체성"[30]에 가까워지는 것이다.

김현의 초기 비평에서 집약된 "산다는 것"에 대한 욕망은 무한한 대화를 통해서 나, 타자, 세계에 대해 질문하는 곳으로 나아간다. 그 질문은 "이 세계는 과연 살 만한 세계인가"[31]라는 반성을 동반한다. 김현은 그 오랜 공감의 자국을 다음 두 문장으로 압축한다.

> 나는 세계다와 나는 세계를 바꾸고 싶다는, 결국, 하나이다. 나는 있다, 그러니까 세계는 바뀌어져야 한다. 나는 타자다, 그러니까, 세계는 바뀌어져야 한다.[32]

위의 문장을 나누어 읽어 보면,

1) 나는 세계다(와)
2) 나는 세계를 바꾸고 싶다(는, 결국, 하나이다.)
3) 나는 있다(, 그러니까,)
4) 세계는 바뀌어져야 한다.
5) 나는 타자다(, 그러니까,)
6) 세계는 바뀌어져야 한다.

이다. '나는 세계다'와 '나는 세계를 바꾸고 싶다'가 '결국, 하나'일 수 있게 하는 근거는 무엇인가. 그것은 존재와 욕망이 함께 거주하는 '나'가 있을 때 가능하다. 존재를 향한 선언은 그것이 현실이 되도록 하는 욕망에 의해 가능하다. '나는 세계를 바꾸고 싶다'는 욕망의 의지 속에서만 '나는 세계다'라고 말할 수 있다. '나는 있다', '나는 타자다'라는 두 문장이 '세계는 바뀌어져야 한다'는 문장과 연결되는 것은 ", 그러니까,"에 의해서다. 뒤집어서 말하면 '세계는 바뀌어져야 한다', 그럴 때 '나는 있다', '나는 타자다'라고 할 수 있다. 그러니까, 이 세계는 바뀌어져 한다. 존재와 욕망이 하나인 몸은 ", 그러니까"에 의해 가능하다. ", 그러니까,"는 단순한 쉼표와 접속어가 아니라 모든 문장을 구축하는 숨은 힘이다. 아니다, 주어진 세계를 재구축하는 욕망이다.

구멍, 소리

1979년 10월 유신 시대의 종언이 있던 즈음, 김현은 금욕주의, 소비 욕망의 자제를 호소하는 한국 사회에서 '욕망의 광포함'을 읽었다고 한다. 그리고 그는 자신의 비평 작업을 "욕망의 뿌리와 그것의 구체적 자리, 그리고 그것을 벗어나는 초월적 자리 등에 대해 사유"의 범위를 넓혀 왔고 거기에서 "욕망은 심리적 · 사회적인 것일 뿐 아니라 종교적인 것이다"라는 결론에 이르렀다고 말한 바 있다. 여기에서 무위無爲나 불이不二와 같은 욕망의 초월적 자리는 "그것을 불가능하게 하는 욕망의 구체적 세계를 분석하지 않을 수 없"[33]게 하는 곳이었음을 확인한다.

노장老莊과 선禪에 대한 관심이 욕망의 뿌리를 자르기 위한 것이 아니라 욕망의 극단을 곁에 두고 욕망의 구체성과 욕망의 뿌리를 천착하기 위한 것이었음을 다시 기억한다. 노자의 '허虛'("구멍의 공")와 장자의 '혼돈'을 통해서 본 "구멍"을 그는 다음과 같이 일기에 쓴다.[34]

> 구멍이 없는 존재는 완전자—신 · 악마 · 자연……—뿐이다. 구멍이 있는 것은 모두 인간적이다. 인간은 구멍의

모음이다. 채워도 채워도 영원히 채워지지 않는 구멍들… (1987.1.31)

> 욕망의 이론도 하나의 구멍 이론이었던 것이다. (…) 물 마시고 싶다는 욕망은 물의 부재라는 것이다. 욕망은 공이며 무이다. (…) 내 사유의 주체는 내 육체이다.(1987.4.20)

이 구멍은 나르시스가 보았던 사이의 찢긴 구멍과 다른 것이다. 완전한 신, 악마, 자연의 존재에 균열을 가하는 이 틈에는 더욱 강렬한 욕망이 산다, 나온다. 그 틈은 비어 있으되 있다. 그것은 '없는 있음'이다. 없는 있음은 구멍, 그러니까, 소리다. 이즈음 그의 육체는 "모든 존재가 들어가 웅크리고 있는 알집과 같은, 거푸집과 같은 구멍으로서의 잇음."(1988.1.7)의 상태로, 인도의 피리 소리, "오르페가 분 피리 소리와 같이, 자기 존재가 텅 빈 소리로 바뀌는 기묘한 체험."(1989.2.8)으로, 차 있었다.

> 본질은 없고, 있는 것은 변화하는 본질이다. 아니 변화가 본질이다. 팽창하고 수축하는 우주가 바로 우주의 본질이듯이, 내 밖의 풍경은 내 충동의 굴절된 모습이며, 그런 의미에서 내 안의 풍경이다. 밖의 풍경은 안의 풍경이 없이는 있을 수 없다. 안과 밖은 하나이다. 하나는 둘을 낳고 둘은 만물을 낳는다는 말의 참뜻은 바로 그것이다. 그 하나는 어디에 있는가? 그 하나는 어디에 있는 것이 아니라, 그 질문을 낳는

자리에 있다. 그 자리는 어디에 있는가? 그 자리는 아무 곳에도 없다. 있는 것은 없음뿐이다. 그 없음은 있는 없음이다. 그 있는 없음 속에서 움직이고 있는 것은 욕망, 아니 충동뿐이다. (…) 아니 말들의 물질성 자체가 바로 욕망이다. 그 물질성을 갈가리 찢어 없앤다 하더라도, 말들의 물질성의 흔적은 남아 있을 것이다. 그 흔적마저 없앤다는 것은 거의 불가능하다. 말들의 검은 구멍은 없다. 아니 있을지도 모른다. 그러나 아직은 없다. 있는 것은 흔적들이다. 그 흔적들이 욕망이며, 충동이다. 그 흔적들 때문에 나는 있으며, 나는 없다. 나는 없는 있음이며, 있는 없음이다.[35]

김현이 그린 말들의 풍경은 여러 겹으로 중첩되어 흐른다. 끊어서 읽은 곳이 없다. 어쩌면 너무 많다. 문장과 문장 사이에는 수많은 질문과 대답들이 숨어 있다. "중첩과 이동을 낳는 것은 사람의 욕망이다." 욕망은 변화를 낳는다. "변화가 본질이다." 내 안의 풍경과 내 밖의 풍경은 다른가. "안과 밖은 하나이다. 그 하나는 어디에 있는가?" 그것은 "그 질문을 낳는 자리에 있다." 그 자리는 어디에도 없다. "있는 것은 없음 뿐이다." 그것은 없는 듯, 있다. "있는 것은 흔적들이다."

이곳을 살 만한 곳으로 바꾸고 싶다는 의지는 찢김, 균열, 간극, 사이, 새로운 욕망을 자극하는 꽉 찬 "구멍"에서 나온다. 구멍은 새로운 질문을 낳는 몸, 즉 "질문을 낳는 자리"이다. 그것은 몸이다. "나는 없는 있음이며, 있는 없음이다." 김현 비평 읽기는 그가 문학의 몸을 통해 던진 그 질문의 자리에서 시작되지 않으면 안 된다. 그러나 그 자리는 이미 언제나 움직인다. 그는 질문의 자리를 달리하면서 이전의 질문에 변화를 준다. 그것은 변화하는 세상을 읽는 물음이 된다. 김현 비평의 사유가 오직 물음의 물음으로 이루어져 있는 것이라면 그의 사유 체계를 읽으려 하는 모든 시도 또한 오직 물음의 물음을 통해서만 가능할 것이다. 읽는 사이사이에 끼어드는 물음은 새로운 질문의 자리를 낳는다. "질문을 낳는 자리"를 통해서만 김현에게서 "씌어지지 않은"[36] 것이 씌어질 수 있을 것이다.

동시대인의 산책

김승옥과 기형도, 겹쳐 읽기

무릇 經典은 여행이다. 없는 곳에 대한 地圖이므로.

- 황지우, 「山經」

거리

거리는 한 문장으로 된 슬로건이다. 어떤 사람들에게 '거리'는 그냥 '길'이 아니라 부피를 지닌 공간이 될 수 있다는 말이다. 나는 이런 생각으로, 김승옥과 기형도의 작품에 등장하는 산책자와 여행자를 겹쳐 읽는다.

김승옥과 기형도의 작품에서, 산책 혹은 여행은 사유의 단면을 만져볼 수 있는 하나의 양식이다. '거리를 걷는다' 혹은 '여기를 떠난다'라는 이들의 제스처가 단순한 도피나 탈출이 아닌 것은, 바로 그 행위 자체가 성찰과 예감으로 가득 차 있기 때문이다. 그들의 발걸음은 일상을 가벼운 마음으로 떠나는 것이 아니라 일상의 한 귀퉁이를 다른 곳으로 끌고 가, 이곳과 저곳 사이의 긴장을 극대화시킨다.

그러기에 그들의 발걸음은 발터 벤야민이 말한 '거리 산책자' 개념으로 잘 포착되지 않는다. 예술가의 자의식과 미적 근대성을 설명하는 데에 자주 인용되어 왔던 거리 산책자의 시선과 욕망은 김승옥과 기형도의 경우에는 조금 다른 각도의 접근을 요구한다.

이들의 작품에 등장하는 산책자들, 여행자들은 서로 닮은 곳이 적지 않다. 서로 다른 길을 같은 방식으로 걸었는지, 서로 같은 길을 다른 방식으로 걸었는지를 확연하게 말할 수 없어도, 그들의 발걸음은 나의 눈에 자꾸만 겹친다. 거리 위에 펼친 사유의 파편들은 어떤 '파국'의 순간을 희미하게, 하지만 강렬하게 전해준다. 이들의 발걸음에 한 번쯤 붙들린 사람이라면 그들이 걸었던 '거리'의 흔적들을 삶의 구호로 간직한 적도 있을 것이다.

1990년에 출간된 『짧은 여행의 기록』에서 시인 기형도는 순천과 광주의 여행길을 다음과 같이 적고 있다. "순천은 나에게 무엇인가. 안개와 병든 지성의 도시, 부패하고 끈끈한 항구, 그리로 가기 위해 나는 광주를 떠난다. 4시간 만에 나는 광주를 도망치고 있다. 유령의 도시 광주, 그러나 화산의 도시 광주여, 잘 있거라. 소금의 도시 순천을 향해 무작정 나는 떠난다. (…) 나 태어나 한 번도 사진조차 구경 못한 도시 순천으로, 막막한 절망과 음습한 권태가 안개처럼 부두와 상점과 낡은 건물들을 감싸고 있을 도시로 나는 잠시 피난을 떠난다."[1]

광주에서 순천으로 피난을 가고 있는 기형도의 모습에서 김승옥의 「무진기행」과 광주의 오월을 포개어 읽는 것은 어렵지 않다. 그 불안하고 무거운 발걸음을 게으른 손끝으로 기형도의 소설과 산문을 더 읽었던 사람들 중에서 몇몇은, 별다른 저항 없이 「환상수첩」(1962)과 「환상일지」, 「무진기행」(1964)과 「짧은 여행의 기록」(1988), 「서울 1964년 겨울」(1965)과 「겨울의 끝」 등을 마주 놓은 경험도 있었으리라. 김승옥과 기형도의 텍스트를 겹쳐 읽는 것은 김승옥에서 기형도까지를 읽은 김현의 읽기에 빚진 것임을 부인할 수 없다.[2]

여기에서 두 작가의 영향관계가 실제로 어떠했는지를 살피는 것은 의미 없는 일이다. 그것보다 어떤 숨결과 목소리가 서로 다른 시대를 가르는 굳은 지층을 뚫고 흘러가고 있음을, 나는 본다. 한 작가의 물음이 다른 한 작가에게 어떻게 펼쳐지고 있는지를 읽는 데에 이 글은 관심을 두고 있다. 한 작가의 의식이나 텍스트의 미학적 구조를 밝혀내는 일이 아니라, 그 누구라고 분명하게 지칭될 수 없는 자들의 "고통의 윤곽"(「짧은 여행의 기록」, p.298)을 그려보고 싶은 것이다.

기형도의 시, 산문, 소설을 두서없이 읽은 손이 김현으로, 그리고 그 손이 다시 김승옥을 기형도와 겹쳐 읽게 된 잘못. 연대기적 문학사를 더 이상 따라 읽지 못하게 한, 이 불길한 기원.

환상

'환상과 현실의 거리'로 인해 서울에서 슬프게 미쳐버린 '나'는 남도 여행길에 오른다. 한 사람이 지닌 다른 두 얼굴, 생활과 일치하지 않는 예술은 모두 다 '가짜'다, '나'는 그들을 미워하는 법을 배워버린 것이다. 일단 떠나는 거다. 가짜를 진짜인 것으로 알고 환상을 현실로까지 끌어내려 자기위안으로 삼았다고 하는 '나'는 "새로운 생존방법"을 찾아 고향으로 내려온다.

알다시피, 김승옥의 「환상수첩」은 한 편의 수기手記를 남기고 자살한 '나'의 이야기이다. 참 의지적으로 살고 있는 친구 '수영'은 '나'의 자살에 대해 퍽 의미 있는 한 마디로 그를 추억한다.

> 그는 분명히 환상적인 기준을 만들어두고 거기에 자기를 맞추려고 애썼던 모양인데 참 바보 같은 놈이었다. 그가 고통하며 지낸 밤이 길었다면 내가 고통하며 지냈던 밤은 더욱 길었으리라. 산다는 것, 우선 살아내야 한다는 것. 과연 그것이 미덕이라고까지는 얘기하지 않겠다. 그러나 그것은 이제야 출발하는 것이다. 죽음, 그 엄청난 허망 속으로 어떻게 하면 자기를 내던질 생각이 조금이라도 난단 말인가![3]

어쨌든 "산다는 것, 우선 살아내야 한다는 것"이 중요한 수영에게는 '나'의 자살이란 "여전히 전前 세기적인 병을 앓고 있는 사람들"의 유치한 이야기일 뿐이다. 수영의 말이 부분적으로 옳다고 했을 때, 나는 "환상적인 기준"이라는 것이 그렇게 간단하게 만들어 매달아 놓을 수 있는 것인가라고 반문한다. 어떻게 사느냐의 문제에 앞서, '나'는 이토록 치밀하게 그 '환상적인 기준'에 대해 고뇌한 흔적을 남기고 있기 때문이다. "서울에서 내 행동의 일체가 악이었다면 그러면 고향에서는 그와 정반대로의 행동을 하고 살면 선이 될 것인가? 그러나 정반대의 행동이란 도대체 어떤 것인가? 그러기 전에 내가 과연 서울에서의 나의 행동 일체를 부정하고 나설 수 있을까?"(「환상수첩」, p.33) 그러나 고향과 서울을 대비시키면서, 한 쪽의 질서로 다른 한 쪽의 질서를 잴 수 있는 '기준'은 마련되지 못한다.

'나'는 어쨌든 "죽지 않고 어떻게 해결할 방법을 찾아야지"하던 수영의 방식과 다른 생존방법을 찾고 있었던 것은 분명하다. 그것은 사느냐 죽느냐를 선택하는 것도 아니었고 환상과 현실의 '거리'를 좁히는 것도 아니었다. 환상과 현실을 가르는 그 '기준'이 되고 있는 '나', 환상과 현실 사이에 어정쩡하게 끼어 있는 '나' 자신이 더 큰 문제였다. 양쪽의 질서를 다 부정했을 때 선택할 수 있는 유일한 방식은 '나' 그리고 '나'에게 환상을 준 모든 것들을 동시에 없애는 것이다. 현실과 환상의 거리, 그 거리 위에 있는 '나', 그 '나'를 없애는 것만이 그 거리를 좁힐 수 있는 방법이다. 그런 '나'가 왜 순천만의 염전 벌판에서 형기의 손을 놓아 버렸는지를 조금 이해할 수 있을 것 같다.

오오 드디어,

"정우야, 날 바다로 데려가줘."

하고 형기가 말했다. 애교라도 좋고 제스처라도 좋고 그리고 진심이었대도 좋다. 나는 순진하여 그 말을 받아들여도 책임이 있을 수 없는 어린애로다. 무구한 어린애로다.

나는 형기의 손을 잡고, 눈을 온몸에 뒤집어쓰고 삼십 리 길을 비틀거리며 걸었다. 넓은 벌판 같은 염전을 가로질러 인가가 없는 바닷가로 갔다.[4]

여기에서 '나'도 '수영'이도 아닌 곳에 있을 김승옥의 목소리, 아니 소설의 목소리를 듣는다. 그런 순간 '위악 아니면 죽음'이라는 60년대적 절망의 코드로 이 소설을 더 이상 읽을 수 없다. 염전밭의 죽음은, 위악도 아닌 죽음도 아닌 선택이다. 그것은 서울과 고향, 환상과 현실, 생활과 예술, 진짜와 가짜 사이에서 어느 하나를 선택하지 않았음을 의미한다. 「환상수첩」은 이원대립의 구조를 갖춘 무수한 시선들을 자꾸만 밀어 낸다. '기준'은 새롭게 마련되지 않으면 안 된다.

"어떤 정열이나 긴장감 없는 권태의 늪 같은 것", "이런 막연함으로부터 또 다른 계기를 통하여 탈출할 수도 있을 거"(「환상일지」, p.240)라는 기대를 가지고 '나'는 일년 전에 이미 죽은 '그'를 만나러 간다. '그'를 만나기 위해 C읍으로 가는 '나'는 '환상과 현실의 거리'에 관한 고민이 없다. '나'의 여행은 구체적인 공간이 삭제되어 있고 연대기적 시간의 질서에서도 벗어나 있다. 일년 전의 '그'와 지금의 '나'의 대화가 문제가 된다.

일년 전의 '그'가 "물질의 있고 없음이나 정신의 해방 · 구속 같은 것들, 그런 것들이 미치지 않는 곳에 내 생의 알 수 없는 비애가 있다. 아아, 긴장감 없는 생이란. 난 월남전이 계속되고 있었더라면 자원해서 파월 장병들 틈에 끼여버렸을 꺼야."(「환상일지」, p.240) 라고 말할 때 '나'는 이렇게 대답했다. "네가 생각하는 그 따위 쓸쓸함이나 막막한 차단감 같은 것들은 모든 인간이 괄호 안에 묶어두고 살아가고 있음을 너도 알고 있을 텐데. 마치 네가 세상에 태어난 자체가 네 의지와는 무관한 한 괄호인 것처럼."(「환상일지」, p.241). '그'는 도식화될 수 없는 곳에서 "내 생의 알 수 없는 비애"가 있다고 했지만 '나'는 그 따위는 "괄호 안에 묶어두고 살아가고 있"는 것이라고 말했다. 1년 만에 다시 만난 '그'의 환상에게서, '나'는 관념이 아니라 삶 속으로 개입하는 환상을 만난다.

> 환상이란 삶의 도피이며 정면 대결에의 회피라는 생각은 좁은 편견의 오류일 뿐이다. 삶과 정면 대결하여 절망을 극복하기 위한 우리들의 힘은 어디에서 오는가. 그것들은 모두 어둡고 습습하여 정체를 알 수 없는, 그러나 사람들에게 각자 다른 모습으로 추정되는, 환상 또는 허상에서 비롯되어 존재할 것이다. 우리의 정신적 양식糧食이 비롯되는 곳은 환상이다. 그리고 그러한 환상이 존재하는 어둠의 창고를 인식하는 개인의 성숙에서 우리의 삶과의 끈질긴 투쟁은 그 무기를 얻게 되리라. 설령 그 이발사가 그녀 앞에 영원히 모습을 나타내지 않을지라도, 그녀 앞에 언젠가 다른 사람, 다른 시

차로 새로운 끈이 나타나 그녀를 지탱해줄 때까지의 그 생존의 힘은 그녀의 이발사에 대한 애증일 것이다.[5]

환상은 "다른 사람, 다른 시차로" 나타나 우리를 지탱해 줄 "새로운 끈"이다. "행복하다는 환상, 아니 착각 그 이후의 것은 이미 착각이 아님을" 알지만, "렌즈는 사물의 허상虛像을 보지만 그것은 우리들의 실상을 가리키는 좌표가 된다."(「환상일지」, p.249) 환상은 우리의 삶을 지탱해주는 근원적 힘이다. 그것만이 막막한 삶을 견디는 방식이다. 이것은 '환상과 현실의 거리'를 견디지 못한 '나'의 자살과 차이가 있다. '환상—나—현실'의 '거리'를 고민했던 김승옥과 달리, 기형도의 '나'는 '환상—죽음—현실'에 너무 가까이 있거나 동시에 그것들 밖에 있다. 환상은 언젠가 찾아올 죽음의 얼굴이다. '환상'은, 기형도의 경우, 현실과 대립하는 무엇이 아니라 서로 마주보는 두 개의 '거울' 사이에서 언젠가 솟아오를 '죽음의 얼굴'이다. 환상과 현실 사이, 그러나 그것은 이미 죽음으로 물들어 있다.

관계

김현은 「무진기행」의 마지막 부분에서 윤희중이 느낀 "심한 부끄러움"을 다음과 같이 읽는다. "이 부끄러움은, 그가 다시 무진으로 돌아와서, 그의 과거를, 외롭게 미쳐가는 것을, 술집 여자의 자살을, 진실한 인간의 고뇌를 이해하지 않는 한 끝내 끝나지 않을 것이다. 그는 진실한 고뇌의 밖, 의식으로밖에는 조작할 수 없는 그런 가상의 세계에서 살고 있기 때문이다."[6] 김현에 따르면 '나'는 '의식의 조작'에 갇힌 채 '가상의 세계'에 살고 있는 인물이다. 그래서 무진은 언젠가 반성되지 않으면 안 될 부끄러운 기억이다. 그런가. 무진을 떠나면서 느낀 '부끄러움'은 아직도 쓰라린 과거와 결별하지 못한 회한이었을까. 그에게 무진, 무진의 기억은 무엇이었는가. 떠나기 전의 그에게로 돌아가 보자. 무진에 대한 '긍정'은 작은 단서가 된다.

> 규모가 작기는 하지만 고향도 도시였다. 도시이기 전에 저 사조思潮라는 맘모스와 그리고 그것이 찍고 가는 발자국에 고이는 구정물의 시간이었다. 그것을 긍정한다면 남이 나를 미워하듯이 나도 그들을 미워하는 것은 당연하지 않은가. 그러나 사람을 미워하는 감정 자체가 너무 괴로운 것이었다.[7]

> 한 번만, 마지막으로 한 번만 이 무진을, 안개를, 외롭게 미쳐가는 것을, 유행가를, 술집 여자의 자살을, 배반을, 무책임을 긍정하기로 하자. 마지막으로 한 번만이다. 꼭 한 번만, 그리고 나는 내게 주어진 한정된 책임 속에서만 살기로 약속한다.[8]

여기에서 '긍정'이란 말은 "긍정한다면" 혹은 "긍정하기로 하자"라는 가정법이거나 다짐을 표출하는 문장으로 쓰이고 있다. '긍정했다' 혹은 '긍정한다'가 아니다. 무진의 기억은 가볍게 '긍정'할 수 있는 것이 아니기 때문이다. 혹 긍정할 수 있다 하더라도, 그것은 "한 번만"의 긍정으로 끝나고 말 것을 예감하고 있기 때문이다. 바닷가에서의 '나'의 '쓸쓸함'과 도시의 내가 그 바닷가의 '쓸쓸함'에 얼마나 '공명'할 수 있겠는지를 그는 이토록 힘겹게 묻고 있는 것처럼.

> 바다는 상상도 되지 않는 먼지 낀 도시에서, 바쁜 일과중에, 무표정한 우편배달부가 던져주고 간 나의 편지 속에서 '쓸쓸하다'라는 말을 보았을 때 그 편지를 받은 사람이 과연 무엇을 느끼거나 상상할 수 있었을까? 그 바닷가에서 그 편지를 내가 띄우고 도시에서 내가 그 편지를 받았다고 가정할 경우에도 내가 그 바닷가에서 그 단어에 걸어보던 모든 것에 만족할 만큼 도시의 내가 바닷가의 나의 심경에 공명할 수 있었을 것인가? 아니 그것이 필요하기나 했었을까? 그러나 정확하게 말하자면, 그 무렵 편지를 쓰기 위해서 책상 앞으로 다가가고 있던 나도, 지금에 와서 내가 하고 있는 바와 같은 가정과 질문을 어렴풋이나마 하고 있었고 그 대답을 '아니다'로 생각하고 있었던 듯하다.[9]

하인숙의 음성, 자살한 여자의 고통, 무진의 끈적끈적한 기억들은 서울이라는 공간으로 옮겨갔을 때, '지속'되지 못하고 흔적도 없이 사라질 것이다. 지속불가능성에서 오는 깊은 절망은 숱한 약속을 담은 편지를 찢어버린 뒤에 느낀 '부끄러움'이다. 무진의 바닷가에서의 '쓸쓸함'이 서울에서 다시 '지속'될 수 없으리라는 예감이 주는 미래형의 부끄러움이다. 그것은 통금 해제의 사이렌 소리가 길어졌을 때 모든 사고가 흡수되어갔다가, 그 소리가 힘을 잃었을 때 '나'의 사고가 다시 살아나 하인숙의 말들을 떠올리는 장면에서 읽은 바 있다. 하인숙이 안타까운 음성으로 전한 말들조차도 귀에서, 머리로, 머리에서 심장으로 옮겨갈 때 몇 개가 사라지다가 결국엔 모두 없어져 버릴 것을 그는 알고 있었다. 하물며 무진을 떠나기만 하면 그 말들은 "심장 위에서 지워져버리리라."

따라서 "그가 무진에 살며, 그의 과거를, 외롭게 미쳐가는 것을, 진실한 인간의 고뇌를 살지 않는 한, 그의 부끄러움은 끝나지 않으리라. 그는 무진의 밖, 진실한 인간의 밖에 있기 때문이다. 남의 고뇌를 밟고 그는 행복하기 때문이다."[10]라는 해석에서 "그는 진실한 고뇌의 밖, 의식으로밖에는 조작할 수 없는 그런 가상의 세계에서 살고 있기 때문이다. (…) 다시 무진으로 되돌아가 무진의 쓸쓸함을 다시 사는 그런 사람들은 끝내 등장하지 않는 것인가? 이러한 기대에 호응이라도 하듯이, 그는 「서울 1964년 겨울」을 우리에게 보여준다."[11]로 바뀌고 있는 김현의 해석에서, 나는 윤희중의 부끄러움이 끝나지 않으리라는 예감은 그가 "무진의 밖, 진실한 인간의 밖에 있기 때문"이라는 해석에 더 공감한다.

꼭 그런 것만은 아니다. '나'는 무진의 안이 무진의 밖으로 가지고 갈 만한 것인지를 고뇌하고 있기 때문이다. 아니, '나'는 무진의 안을 무진의 밖으로 가지고 갈 수 있을 것인지를 더 고뇌하고 있기 때문이다.

구멍

「서울 1964년 겨울」에서 '안'은 집 밖을 나와 밤거리를 걷는 것이 즐겁다. 밤이 되면 모든 것이 시선 앞에 발거벗은 몸으로 드러내고 있기 때문이다. '안'은 "사물의 틈에 끼어서가 아니라 사물을 멀리 두고" "바라보며 즐거워한다". 그의 시선은 한 페인트 상점에서 난 불을 바라보는 장면에서 잘 드러난다. '안'은 '화재'에 대해서 흥미가 없는 이유를 이렇게 설명한다. "저 화재는 김형의 것도 아니고 내 것도 아니고 이 아저씨 것도 아닙니다. 우리 모두의 것이 돼버립니다. 그러나 화재는 항상 계속해서 나고 있는 건 아닙니다."라고. 다시 말을 바꾸어서 "화재는 우리 모두의 것이 아니라 화재는 오로지 화재 자신의 것입니다. 화재에 대해서 우리는 아무것도 아닙니다."(「서울 1964년 겨울」, p.278)라고.

어쨌든 흥미가 없기는 마찬가지라고 '안'은 말한다. '안'의 의견에 '김'은 "동감"한다. 이들에게는, '화재(사건)'와 '우리' 사이에 아무런 관계가 없다. 그것은 '우리' 밖의 일이다.

> "난 그 사람이 죽으리라는 걸 알고 있었습니다." 안이 말했다.
> "난 짐작도 못 했습니다"라고 나는 사실대로 얘기했다.
> "난 짐작하고 있었습니다." 그는 코트의 깃을 세우며 말했다.
> "그렇지만 어떻게 합니까."
> "그렇지요. 할 수 없지요. 난 짐작도 못 했는데……" 내가 말했다.

"짐작했다고 하면 어떻게 하겠어요?" 그가 내게 물었다.

"씨팔것, 어떻게 합니까? 그 양반 우리더러 어떡하라는 건지……"

"그러게 말입니다. 혼자 놓아두면 죽지 않을 줄 알았습니다. 그게 내가 생각해본 최선의 그리고 유일한 방법이었습니다."

"난 그 양반이 죽으리라고는 짐작도 못 했다니까요. 씨팔것, 약을 호주머니에 넣고 다녔던 모양이군요."[12]

그들의 대화를 들어보면, '안'은 사내가 자살할 것을 짐작했지만 '나'는 사내의 자살을 짐작조차 하지 못했다. 어쨌든 사내는 죽었다. 설령 짐작했다 해도 외판원 사내의 자살 사건 자체에 대해 아무런 개입도 할 수 없는 일이다. 짐작했든, 짐작하지 못했든 간에, 둘 다 사내의 '자살'을 막지 못한다. 사내의 자살을 예감했든지 짐작조차 못했든지 간에 사내의 자살이라는 '사건'은 누구도 개입할 수 없는 것이기 때문이다. 여기에서 외판원 사내가 자살한 후에 그들이 느낀 '두려움'이 무엇인지를 추측해 볼 수 있다. 스물다섯 살인 '안'이 같은 나이인 '김'에게 "그 뭔가가" "두려워집니다"라고 말한 이유는, '사내'를 비롯한 모든 것과 '우리'는 어떤 '관계'도 가질 수 없다는 것을 알아버렸기 때문이다. 사내가 자살할 것을 알면서도 그를 그저 놔두었다는 자기 혼자만의 '구원'의 태도가 옳은 것인지 옳지 않은 것인가라는 윤리적인 물음을, 그들에게, 작가에게, 우리에게, 가르쳐 준 것은 김현의 글이었다.[13]

"김승옥 자신도 「환상수첩」에서 누누이 말하고 있듯이 중요한 것은 그러나 산다는 일이다. 살기 위해서 우리는 이 자살한 사내가 보여주는 두 교훈을 보다 더 잘 읽지 않으면 안 된다."[14] 앞의 문장에서 읽을 수 있듯이, 김현은 산다는 것이 중요하다는 '수영'의 말과 김승옥의 말을 동일화시키고, 그것을 바탕으로 「서울 1964년 겨울」의 사내의 자살을 읽는다. 사내의 자살에 대한 '안'의 태도를 중요하게 읽는다. 그러나 '안'과 '나'는, 우리가 개입할 수 있는 세계란 없다는 것, 우리와 세계 사이에 놓인 "뻥 뚫린 구멍"을 너무 일찍 알아버렸다는 사실이 주는 '두려움'을 공유하고 있었다. 그것은 다음과 같은 목록들, "사랑, 미움, 즐거움, 서러움, 자만, 회오…… 혹은 섬세한 연민, 섬세한 질투"를, 이것들이 "아아 싫다, 마비시켜버리더라도 뚜렷한 의식 가운데서 그러고 싶다. 그러기 전에 그러한 병기들을 잃어버리고 싶지가 않다."(「환상수첩」, p.65)는 몸부림에 다름 아니다.

변형

기형도에게는 '죽음' 아니면 '변화'다. 그는 시 「나무공」에서 "죽지 않는 것은 오직 죽어 있는 것뿐", "변화하지 않는 것은 변화뿐이지."라고 노래한다. 죽음 아니면 변화. 그래서 그에게 여행은 새로운 '희망' 찾기의 여정이다. 「짧은 여행의 기록」에서 잘 볼 수 있듯이, 그가 찾고자 한 것은 "욕망에 대한 그리움", "희망"은 오직 "도저한 삶과 삶들, 이해할 수 없는 저 사람들"을 정당화할 수 있는 자리로서만 존재한다.

> 희망은 있는가, 있을 것이다. 그것이 없다면 이 도저한 삶과 삶들, 이해할 수 없는 저 사람들은 오래 전에 나에겐 부재不在했을 것이다. 나에게 지금 희망은 어떤 모습일까? 한때 나는 그것을 문학이라고 생각하였다. 한때라니? 그랬다. 나는 더 이상 시에 접근하지 못한다. 나는 그것을 안다.
>
> 시는 어쨌든 욕망이었다. 그러나 나에게는 지금 욕망이 사라졌다. 그건 성聖도 아니다. 추악하고 덧없는 생존이다.[15]

기형도는 시 「희망」에서 "이젠 아무런 일도 일어날 수 없으리라/언제부턴가 너를 생각할 때마다 눈물이 흐른다/이젠 아무런 일도 일어날 수 없으리라//그러나/언제부턴가 아무 때나 나는 눈물 흘리지 않는다."라고 노래한다. 아무런 일도 일어날 수 없는 것을 알지만, '아무 때나' 눈물을 흘리지 않는 것만이 '희망'이다. 또 "'이제는 희망을 노래하련다'고 했다. 이를테면 그것은 창밖에 내리는 비를 보며 몇 시간이고 견뎌낼 수 있는 것이다."(「짧은 여행의 기록」, p.299) 라고 말한다. 즉 그가 말한 희망은 '아무 때나 눈물을 흘리지 않고' '견뎌낼 수 있는 것'이다. 그러기 위해서는 '변화'가 있어야 한다.

> 내가 거듭 변하지 않는 한 아무것도 변하지 않을 것이다. 거듭 변하기 위해 나는 지금의 나를 없애야 한다. 그것이 구원이다.[16]

너 지친 탐미주의자여, 희망이 보이던가. 귀로에서 희망을 품고 걷는 자 있었던가? 그것은 관념이다. 따라서 미묘한 흐름이다. 변화다. 스스로 변화하기. 얼마나 통속적인 의지인가. 그러나 통속의 힘에서 출발하지 않는 자기 구원이란 없다. 나는 신神이 아니다.[17]

'스스로 변화하기'라는 이 통속적인 의지가 기형도가 찾은 새로운 생존방식이다. 그것은 '나'의 존재 변형이다. "나는 이제 다르게 살고 싶다. 그럴 경우 모든 굳은 체념들이 살아날 것이다. 어차피 존재들은 유한하다면 인식의 바꿈을 통해 나는 두 배의, 아니 그 이상의 삶을 살 수 있다."(p.299). '희망'에 근접하기 위한 또 하나의 길은 '존재의 변형'을 기획하는 것이다.

사랑

윤국의 형은 교통사고로 머리를 다친 후에 가사 상태에 빠져 있다가 간혹 의식이 찾아들 때가 있었지만 결국 "자연사"했다, 윤국은 형의 죽음을 이렇게 기억한다. "인간의 외로움이란 지극히 주관적인 것이며, 그러한 주관은 상황의 종속물이라는 것, 또한 그러한 주관은 한 인간의 목숨과도 바꿀 수 있는 마지막 남은 집념이라는 사실을 확인하며 무서움으로 몸을 떨었다."(「겨울의 끝」, p.213) 「겨울의 끝」의 윤국은 석간신문에서 스물댓 정도의 나이의 한 사내가 치사량의 극약을 먹고 자살했다는 기사를 읽는다. 자살한 사내가 승후의 형이라는 사실을 알게 되고, 그 죽음이 오랜 역사적 기억에 닿아 있다는 것을 알았을 때 윤국이 생각하는 '죽음'은 수정되지 않으면 안 된다.

승후의 형이 자살한 이유는 아버지의 기억으로 거슬러 올라간다. 승후의 아버지는 히로시마 원폭 당시에 일본에서 병을 만났고 결혼한 후에, 행여 희생의 핏줄을 이어 백혈병이 걸리지 않을까 염려해서, 아이를 여섯이나 낳았다고 한다.[18] 승후의 유일한 형제였던 작은형은 백혈병의 선고를 받았고 형은 결국 자살했다.

> "(…) 형이 죽었다는 기사를 읽고 나는 타인의 객관적인 죽음을 보았어. 그러나 그것은 나의 죽음에 대한 예고였어. 난 그때 죽음에 얽매여 있던 내 관습에 대해 발작적으로 분노를 느꼈어. 형의 자살의 의미는 다음 문제였어. 나의 생명과 의식에 대한 보호 본능! 형의 죽음은 나의 공포를 강한 실체로 느끼게 해주었어. 그때까지 나는 모든 사람들과 어떠한 끈으로도 묶여지고 싶지 않았어. 죽음 앞에서도 언제든지 혼자일 수 있게 말이지. 정혜도 그래. 처음엔 정혜의 그 차가움 때문에 자유로웠어. 날 언제든 떠날 수 있게 해줄 수 있는 여자 같았던 거야. 그런데 그게 사랑이었나봐. 형의 죽음이 나에게 그것이 사랑이다라고 알려주었나봐. 갑자기 미칠 듯이 정혜가 보고 싶었어. 그녀를 안고 내 존재, 살아있음을 확인하고 싶었어. 나는 죽는 순간까지 운명을 감수하리라는 생각

을 했어."[19]

형의 죽음은 곧 나의 죽음이 된다. 타인의 객관적 죽음은 곧 자기의 죽음에 대한 공포로 다가온다. 타인의 객관적 죽음을 곧 나의 죽음에 대한 예감으로 받아들이는 것은 어떤 죽음을 '주관'으로 대상화하지 않는 것이다. 죽음의 공포는 사랑이 무엇인지를 확인하는 순간이다. 죽음은 비대칭적인 관계를 묶는 '끈'이다.

기형도에게 죽음은 사랑, 아름다움, 소멸과 동의어이다. 이 모든 것들 앞에서 윤국과 승후, 그리고 정혜의 거리는 차츰 지워진다. "마주선 두 개의 거울에 비치는 것은 설사 서로의 허상이라 할지라도 그 거리가 없어질 수 있다는 것을 알았어요."(「겨울의 끝」, p.222)라는 정혜의 말처럼, 사랑은 서로의 거리를 지울 수 있는 것, 다가올 죽음이다. 윤국이 '겨울의 끝'에서 "캄캄한 심연의 도시 여기저기에 안개 속에서 빛나는 거울 조각을. 그리고 승후가 그 거울 위에서 정혜를 보고 있는 것을"(「겨울의 끝」, p.228) 본 것은 무엇이었을까. '나'의 얼굴이 '너'의 얼굴로 바뀌는 순간, 그것은 허상을 일지라도 서로의 거리를 지우는 사랑의 순간이었으리라.

쓰레기

김승옥과 기형도의 작품에서 만난 '거리의 감수성'은 우리에게 '꿈꾸는 것'을 허락하지 않는다. 꿈꾸는 법을 미리 폐기한 사람들은 행복할 수는 없어도, 정치적 유토피아를 상정하지 않으려 한다는 점에서만 급진적이다. 다음의 문장에 의지할 때 더욱 그렇다. "왜 꿈인가? 꿈이란 사유의 거대한 알리바이이기 때문이다. 그것은 포르노그래피다. 꿈은 행동으로 옮기는 데 방해물로 작용한다. 이를테면 정치에서 꿈은 거대한 적이다. 무엇보다 그것은 실재하지 않는다. 우리는 절대로 꿈꾸지 않는다."[20] '꿈'꾸지 않으면서 "문법으로부터 떨어져 나간 말들"을 읽는다는 것은 영화 〈연인〉과 〈히로시마 내 사랑〉에서의 '사랑'의 기억처럼 우리에게 고통을 준다.

김승옥과 기형도는 전망의 부재나 역사의식의 결여가 아니라 어떤 '꿈'의 문법으로 환원될 수 없는 문학의 길을 보여주었다. "제가 생각하고 있는 질서는, 인간이 잔인해지지 않는, 타인의 고통을 자기도 느낄 수 있는 환경을 가리킵니다. 그런 환경을 만드는 데 방해가 되는 것들을 저는 저의 적으로 생각하고 있습니다."[21]라는 말과 "우리가 '말할 수 없는 것'에 관해 말할 수밖에 없는 것은 거의 필연적이며 이러한 불행한 쾌락들이 끊임없이 시를 괴롭힌다."[22]라는 말은 이제 완전히 다른 말로 들리지 않는다.

이들에게서 미리 배운 절망과 허무는, 확신에 찬 믿음을 상실한 시대에 더 깊은 허무주의로 가지 않도록 해주는 처방이었다. 나는 이들에 의해 정치적인 의미로서의 '거리'가 문학의 공간으로 차츰 스며들었으며, 그들의 산책이 남긴 빛나는 사유의 파편들이 "거리를 우리의 붓으로 만들자. 광장이 우리의 팔레트가 되게 하자"[23]라는 구호와 함께 호흡하고 있었다고 기억한다. 학교 건물의 한 벽에는 구호를 외치는 투사의 굵은 손이 벽화로 그려지고 있었고, 잇따른 분신자살이 이어졌다. 어느 곳으로 걸어야 할지 막막하기만 했던 90년대의 거리는 '안개'가 짙게 끼어 있었다. 그 '안개'는 공단의 안개, 무진의 안개와 접속하곤 했던 것이다.

문학작품을 읽는 경험이 벤야민(프로이트가 아닌)이 말한 아이들의 놀이와 가까운 것이길 바란다. 아이들은 "건축, 정원 일이나 가사, 재봉이나 목공에서 발생하는 쓰레기에 끌리는 것을 어쩌지 못한다"는 것, 그래서 "쓰레기" 중에서 "사물들의 세계가 바로 자신들에게, 자신들에게만 돌리고 있는 얼굴을 인식한다. 그것들을 이용해 아이들은 어른들의 작품을 모방하기보다 그냥 놀다가 만든 것을 통해 실로 다양한 종류의 소재 상호 간에 새로운, 비약적인 관계를 만들어낸다. 그런 식으로 그들만의 사물 세계, 커다란 사물 세계 속의 작은 사물 세계를 스스로 만들어낸다."[24]

쓰레기 더미에서 새로운 얼굴을 발견하는 아이들의 놀이와 같이, 나는 연대기적 질서를 벗어나, 굵직하고 두툼한 문학사의 사이를 헤매는 해석의 망명자들이 그려낼 '비약적인 관계'를 상상한다. 그 속에서, '누구'를 만날 것인가. 어떤 이는 '사유의 동시대인들'을 발견한 듯하다.[25] 그는 시간을 가로지르며 시인(동시대인)의 작품을 읽는다. 그리고 동시대인의 이름으로 그는 미셸 푸코와 발터 벤야민을 적는다.

'그 누구'와의 산책을 위해, 책 사이를 다시 걷는 시간은 즐거운 일이다. 다시 읽지 않는 문학작품은 쓰레기에 불과하다. 읽는 것만이 문학사의 윤곽을 다시 그릴 것이다.

나변那邊의 거울

김현 비평 속의 '나'와 그 주변

말들의 주변

만남은 시공간을 함께 나눈 두 사람에게 일어나는 사건이다. 그런데, 꼭 그런 만남의 방식만 있는 것은 아니다. 한 사람이 쓴 글을 읽거나 한 사람의 사진을 보는 것으로도 '어떤' 사람을 만날 수 있다. 만남의 자리에서 한 사람의 생김새, 목소리, 몸짓, 그리고 버릇과 습관 등을 차츰 알아간다. 그것이 좋은 것인지 나쁜 것인지를 판단할 수 있는 것은 한참 후에야 가능하다. 하지만 아무리 애를 써도 한 사람이 지닌 모든 것을 볼 수 없다. "인간은 자기가 예견豫見한 것만을 본다."[1]

소문 속에서 한 사람을 만나게 될 때도 있다. 소문은 한 사람에 대한 적지 않은 정보를 주지만 한 사람에 대한 시각을 좁힐 염려도 크다. 무수한 소문의 날개를 접고 한 사람을 만날 수 있을까. 나는 이 질문에 대한 대답을 미루면서, "작가를 작품 외적인 조건에 지나치게 묶어버림으로써, 소문과 풍문에 대한 독자들의 기호만을 조장시켜온 것처럼 우리에게는 느껴졌다."(『한국문학사』, 김윤식 · 김현 공저, 1973)라는 책 속의 한 문장을 읽는다. 나는 이 문장을 이렇게 바꾸어 듣는다. 작가를 작품 외적인 조건에 묶어서 이해한 것을 풀고, 소문과 풍문에 갇힌 독자들을 꺼내어 "작가 자신의 몫과 그의 사상사적 위치를 밝히는 작업"이 필요하다. 이 요청 위에, 문학사는 항상 새로 쓰일 수 있는 것이며 누구의 문학사도 유일한 것이 아니라는 목소리가 겹친다.

나는 김현의 비평을 그가 쓴 책과 소문 속에서 만났다. 김현 비평 속의 '나'[2]는 많은 '술어'들과 '떠도는 말'들과 함께 나에게로 왔다. 나는 그때 왜 그의 글 속의 '나'라는 주어가 그토록 두드러지게 보였는지를 다시 생각해 본다. 그것은 '나'라는 단수 인칭어가 '우리'라는 복수 인칭어와 대비되면서 특별한 문법을 가진 말처럼 들렸기 때문이다. 글 속에서 '나'라고 말할 수 있는 사람이 있다는 놀라움은 그 '나'를 더 만나고 싶은 호기심을 불러일으켰다. '나'에 대한 특별한 감정이 생겨난 것이다. '나'에게는 어떤 습관이 있었는지, 말투는 어떠했는지, 무슨 책을 자주 읽었는지, 어디로 여행을 다녔는지, 이처럼 아주 사소한 것들이 나는 더 궁금해졌다.

이것은 나의 체계 없는 독법에서 비롯된 것이 분명하다. 그러나 나는 푸코에 대한 그의 관심이 푸코의 철학과 문학에 관한 연구를 넘어서 그의 삶 전체에 관한 물음에 닿아 있었다는 것을, 그리고 그것은 다시 자기 자신에 대한 깊숙한 탐구였다는 것을 다음의 문장에서 읽는다.

> 이것은 내 자신의 괴팍한 버릇 중의 하나이지만, 나는 어떤 사상가의 어떤 한 생각에 관심을 쏟기보다는, 그가 그런 생각에 왜, 어떻게 다다르게 되었을까라는, 그 생각까지의 과정에 더 관심을 쏟는다. 사유란 하늘에서 갑자기 뚝 떨어진 것이 아니기 때문이기도 하지만, 그 사유에 이르는 과정, 바르트라면 틀림없이 육체적 과정이라고 불렀을 그 역사적 과정 속에는, 우연성과 필연성이 짜내는 현란한 직물과 함께, 자아를 이루는 여러 타자들의 목소리들이 부조화 속의 조화가 숨어 있어, 그것을 헤집고 뒤지며, 자르며 깁는 손길의 즐거움을 충분히 느끼게 한다. 그 즐거움은 내 목소리가, 아니 내 목소리도 사실은 내 목소리만은 아니라는 인식에 의해 때로 배가되고, 때로 반분된다. (…) 그(푸코)는 블랑쇼와 바르트를 종합하여 뛰어넘는 것을 목표로 하고 있는 것같이 나에게는 느껴졌다.[3]

'나'의 "괴팍한 버릇" 중의 하나는 한 사상가의 생각보다 그 사상가가 "사유에 이르는 과정", "육체적 과정", "역사적 과정"에 더 관심을 가졌다는 점이다. 그의 버릇을 떠올리면서, 가끔 나는 그의 문학 비평을 한 사람의 사유가 완성되어 가는 한 편의 성장소설로 읽고 싶을 때가 있다. 그의 글은 "우리는 어떻게 살아야 하는가"[4]라는 하나의 물음을 따라가는 기나긴 여정으로 읽힌다. 그는 하나의 물음에 대한 해답을 찾기 위해 여기저기로 떠도는 사람 같았다. 그의 말들은 '나'라는 하나의 주어로 묶이지 않는 수많은 목소리들이 부

덧치는 의식의 물결처럼 보였던 것이다.

하지만 여러 겹의 목소리로 이루어진 사유의 지층은 너무 두껍고, 그 안은 어딘가로 흘러가는 유동성으로 채워져 있어, 나는 그것을 쉽게 만질 수도 붙잡을 수도 없다. 내가 변화하지 않는 '나'를 붙잡으려는 순간, '나'는 벌써 다른 '그' 누구인가로 변형되고 있다. 이제 나는 그가 단 하나의 '나'를 가지고 있다고 생각할 수 없다. 자기이면서 자기가 아닌, 하지만 완전히 자기가 아닌 것도 아닌, 이 점액질의 육체성을 가진 '나'의 목소리를 듣는다.

> 그렇지 않은가? 우리가 문학작품을 읽는 이유는 어떤 새로운 사상을 이해하고 납득하기 위해서라기보다는, 현실에서보다 어떻게 보면 더 뚜렷한 형태로 다가오는 '어떤 사람'의 몸짓을 보고 그와 접촉하고 그의 벌거벗은 탈존을 보기 위해서, 또는 우리의 내면에 파고드는 그의 '목소리'를 듣기 위해서가 아닌가? 또한 우리가 하나의 문학작품에 매혹되는 궁극적인 이유는 거기에 주어져 있는 철학적 의미 때문이 아니라, 멋지고 화려한 수사학적 표현 때문이 아니라, '어떤 사람'의 탈존의 양태, '어떤 사람'의 몸짓과 목소리의 결 때문이 아닌가? 문학작품을 통한 글 쓰는 자와 글 읽는 자의 소통은 근본적으로 언어를 통한 함께—있음의 실현일 수밖에 없다.[5]

그렇다. 이 글은 김현 비평 속의 몸짓과 목소리를 듣기 위해 그 말들의 주변에 흩어진 사소한 것들을 더듬고 있다. 거기에서 '어떤 사람'의 몸짓과 목소리의 결을 만나기 위한 것이다. 그것은 "한 작가를 이해하기 위해서는 그의 아주 사소한 일화 혹은 삽화적인 태도, 혹은 질병을 알아내는 것도 필요하다는" 말에 동의하는 것이며, "파스칼의 '무한 앞에서 떠는 인간'의 경구도 단순한 감기 때문이었다는"[6] 말에 비추어, 어쩌면 그의 사유의 지층이 사소한 주변에서 해석될 수 있으리라는 기대를 안고 있는 것이다. 나는 지금 그의 말들의 주변에 있는 사소하고 삽화적인 것에서 그의 두터운 사유의 지층을 읽을 수 있는 실마리를 찾고 있는 것이다. 그런 것은 한 사람이 살아왔던 '역사적 과정'을 이해하기 위한 하나의 방편이 될 것이다.

찢긴 거울 : 나르키소스의 우물

거울은 내가 그 앞에 있든 없든, 그 자체로 존재하며 그것대로의 삶을 산다. 내가 거울 앞에 있지 않아도 거울은 그 자리에 그대로 '있다'. 스스로 움직이지 않은 채 그 무엇인가가 비추어 주길 기다리고 있는 거울. 그것을 김현은 "우물은 기다린다. 와서 너를 보라"고 했다. 그에게 거울은 처음부터 흔들리는 우물이었다. 우물은 비추기를 기다리는 욕망이었다.

「나르시스 시론」(1962)은 나르시스 신화를 분석하는 가운데 '나는 누구인가', 그리고 '시인이란 누구인가'라는 두 가지 물음을 해결하고자 한다. 시란 무엇인가에 대한 물음이 곧 자기 자신은 누구인가를 찾아가는 과정과 함께 이루어진다. 그 과정은 나르시스가 갈증을 느끼고 우물을 찾는 여정에서 볼 수 있다. 나르시스가 갈증을 느낀 것은 그냥 혼자서 그런 것이 아니라 "타는 듯한 태양, 구름 한점 없는 하늘, 건조한 공기—이러한 것이 그의 갈증을 야기"한다. 이제 "우물로 가자. 가서 물을 마시자."라고 생각한 나르시스에게 우물은 현실적인 대상물이 된다. 또 우물은 그의 존재를 짓누르기 시작한다. 우물은 갈증이 없어지는 곳이 아니라 새로운 갈증을 일으키는 곳이기 때문이다.

김현은 이와 동일한 구조로 시인의 위치를 설명한다. 시인은 "인간 자신도 감지할 수 없는 무의식의 심저에서 화산마냥 터져 나올 때만을 기다리고 있는 욕망의 무리들을 감지하는 자—그것으로 인하여 갈증을 느끼는 자"이다. 갈증에 사로잡힌 시인에게 우물은 그를 둘러싸고 있는 '사회', '현실'이다. 시인에게 우물은 목마름을 해소하는 장소가 아니라 "어떤 것을, 자기의 어떤 것을 내던지며 동시에 자기 아닌 타자와의 교섭을 원하고 있는 욕망"의 공간이다. 자기의 어떤 것을 내던지면서 타자와의 만남을 욕망하고 있는 시인은 "선고받은 바다 동물이다."

> 그는 새로운 눈으로 주위를 둘러본다. 우물을 찾는 것이다. 그는 그때에야 자기의 내부 속에 바다에 대한 욕망이 내재하였다는 것을 알게 된다. 이때 바다 동물은 영원히 달성되지 않을 바다에의 향수를 노래하게 되는 것이다.[7]

나르시스는, 시인은, 이 바다 동물은 바다에 대한 욕망, 바다에의 향수를 노래한다. 우물—바다는 곧 세계와 연결된 '구멍'이다. 무한한 바다와 만났을 때, 나르시스는 이 극복할 수 없는 "두 세계(현실적 · 상상적) 사이의 구멍—그것이 곧 악인데—을" 느낀다. 이제 시인에게는 두 가지 길이 남는다. "신을 향하여 또 하나는 자살을 하는 길이다." 시인은, "달성될 수 없는 무진장한 '나'와의 교접을 원하는 나르시스는 그것을 승화시키기 위해 자살한다." 왜냐하면 시인은 '신 없는 시대'에 살고 있기 때문이다.

나르시스 신화에서 분석한 내용을 깊이 이해하기 위해서, 나는 「나르시스 시론」의 첫 부분에서 그가 인용하고 있는 희랍 신화 작가 파우사니아스의 말을 읽는다.

> 나르시스는 인간과 인간의 영상을 구별치 못할 정도로 어리석지 않다. 나르시스는—파우사니아스는 이렇게 결론을 짓는다—자기 자신을 사랑한 것이 아니라 그가 사랑하였으나 죽어버린 그의 누이의 모습을 그 자신에게서 발견하고 자기의 얼굴에 취했다고.[8]

파우사니아스의 결론은, 나르시스가 우물 위에 있는 자신의 그림자를 보고 그것에 도취하여 우물 안으로 빠져든 것이 아니라 사실은 거기에서 그의 죽은 누이의 얼굴을 보고 그것에 매혹되었다는 것이다. 파우사니아스의 해석에 의지했을 때, 갈증을 느낀 나르시스가 "우물로 가자. 가서 물을 마시자."라고 생각한 것이 "우물은 기다린다. 와서 너를 보라"라는 표현으로 바뀌고 있는 부분을 이해할 수 있게 된다. 나르시스가 우물을 찾은 것이 아니라 우물이 나르시스를 부른 것이다. 우물이, 바다가 나르시스를 깊은 심연으로 끌어들인 것이다. 거기에서 자신의 그림자에 매혹된 나르시스는 죽은 누이와 만난다. 그것은 오비디우스의 『변신 이야기』의 테레시아스가 예언한 나르시스의 운명이기도 했다. 한 번도 파문을 일으킨 적이 없었던 숲속의 우물에서 나르시스가 이상한 갈증을 느끼고 기이한 그리움을 자아낸 것은 자신의 영상에서 죽은 누이의 얼굴을 보았기 때문이다. 아니, 자기 자신을 알게 되었기 때문이다.

그의 해석을 따르면서 나르시스의 목소리를 더 들어보자. 나르시스는 물에 비친 자기의 얼굴을 바라보면서 이렇게 절규한다. "이렇게 바라볼 수 있게만 해주어. 바라보면서 내 슬픈 사랑을 이별하게 해주어."[9] 사랑하는 자를 바라보면서 이별한다는 것, 그것은 자기 자신을 아는 그 죽음의 순간을 미루는 것, 즉 죽—어—감을 지연시키는 살—아—감의 한 방식이다. 자신의 얼굴과 죽은 누이의 얼굴을 겹쳐보면서 호곡하는 이 나르시스는 '한 가지에 나고/가는 곳을 모르는' 신라 월명사의 슬픈 노래 「제망매가」를 환기시킨다. 죽음의 저편으로 아무 말 없이 가버린 누이에 대한 그리움은 삶이 커져가는 자리에서 마주칠 수밖에 없는 죽음의 얼굴이다. 그래서 삶은 죽음의 얼굴을 만날 수밖에 없는 순간을 지연시키는 어떤 증오로 채워진다. 김현은 이 애愛와 증憎, 삶과 죽음의 친밀한 관계를 한 '미지인의 초상'에서 다음과 같이 읽는다.

그(이청준)의 소설에는 별다른 뚜렷한 이유 없이 형제간의 강한 증오가 이글거리고 있다. "그런데 왜 하필 그런 누이년만 보면 나는 깜박 잊고 지내는 '나'라는 것을 생각하게 되는지 모르겠다. 나의 어디가 누이년과 닮은 것도 아닌데 말이다. 견딜 수가 없었다. 년은 나에게 그런 감정을 돋아주기 위해서만 살아가는 것인지도 모를 일이었다." 「임부」의 한구석에서 작자는 이렇게 적고 있는데, 사실상 그의 소설의 몇몇은 그런 형제간의 증오로 이루어져 있다. 그런 증오는 별로 좋다고 할 것 없는 형제의 병을 자기도 되풀이하여 앓지 않을까 하는 의구심 때문에 야기되는 모양인데, 그런 증오심은 일반적인 양상으로 딴 소설 속에서 확산되고 있다. 그 증오심이 바람직한 것인지 아닌지는 잘 알 수 없지만, 이청준의 주인공의 에고가 증오에 의해 눈뜨고 있다는 사실은 확실한 듯하다.[10]

그는 나르시스 신화가 보여준 삶과 죽음의 변증을 이청준의 「임부」에 등장한 주인공 '나'의 누이에 대한 증오에서 읽었고, 그것이 나중에 연작 『남도사람』(1976-1981)의 오누이의 애증으로, 삶의 소리로 나타날 것을 예감했다. 『남도사람』에서 이글거리는 햇덩이는 곧 견딜 수 없는 소리가락이며 그것은 또 누이의 얼굴이었다. 그는 이청준 문학의 원형을 미리 읽은 것이다.

그가 해석한 나르시스의 우물은 파우사니아스와 오비디우스의 문학적 시선에 의해 더욱 깊어졌다. 그 우물은 처음부터 찢긴 거울이었다. 다시 말해 '나'의 우물은 반성적 성찰이나 재현의 도구가 아니라 기억의 심연으로 연결된 무격無隔한 우물이었다. 그것은 삶과 죽음 사이의 간극을 응시하는 수경水鏡이었다.

덧난 그리움 : 점액질의 '눈'

김현의 나르시스 시론은 '만남'과 '바라봄'의 문제를 성찰하는 과정이며 그의 비평적 사유를 이루는 주요한 문제틀이 된다. '만남'이 없이는 '나'일 수 없는 것이고, 나는 누구인가, 그리고 시인은 누구인가라는 물음은 '만남'이 없이 대답할 수 없는 것이다. 그는 만남의 문제를 해결하기 위해서 "이 고요한 풍토에서 처음으로 단절을, 수없는 타인 가운데서 처절한 고독을 느꼈던, 그러기에 써야만 했던 상箱"의 문학을 다시 읽는다. 안과 밖이 모두 잠긴 방 안에서, 이상이 "만남을 소유하기 위해 얼마나 고통했던가"를 그는 본다.

> 영원히 다다를 수 없는 존재자 저편에서 허상처럼 존재하는 자기이면서 자기 아닌 타자의 죽음을, 마치 거울 속의 자기를 보는 듯이 상은 쳐다보면서 이 분열을 호곡한다. (…) 그것은 내 곁에 서식하면서도 영원히 붙잡을 수 없는 유리 저편의 인간과 같다. 그리하여 하나의 이상은 죽는다. (…) 그는 왜 다시 시작하지 않았을까. 왜 그는 이 지점에서 다시 '생성'되지 않고 그의 생에 '종생'을 고하고 굳어버렸을까?

> (…) 왜 상은 다시 실패할까—그것은 우리 모두가 이미 기적의 시대에 살고 있지 않으며, 모든 것을 우리 스스로 만들며, 생기生起시키며 유지시켜야만 하기 때문이 아닌가.[11]

이상은 만남을 향한 그침 없는 요구 속에서, 이 덧난 그리움의 고통을 껴안고 자기 자신을 향해 문제를 제기했다. 그러나 이상은 자기 자신을 영원히 만날 수 없다는 것을 알았다. 이상의 실패한 만남과 그의 죽음을 김현은 다음과 같이 해석한다. 이상은 실패할 수밖에 없다, 그 이유는 신 없는 시대에 살고 있는 우리는 더 이상 기적의 시대에 살고 있지 않기 때문이다. 그런 "나는 주저하고 망설이고 여기저기를 기웃거리고, 동요하고 있는 듯하다. (…) 나는 기웃거리고 있다."[12] 그러나 그는 또 말한다. 이 상실의 체험을 거듭하면서 이상은 "고통했다", 그리고 썼다라고. 이것은 절망의 끝이 아니라 이 자리가 이상을 넘어서야 할 시인의 자리라고, 또 우리의 자리라고, 그는 말한다. 진정한 만남에의 욕구가 새로운 시를 탄생하게 한다. "무수히 죽어버린 나 위에 새로운 나는 피어난다."[13]

나르시스, 이상, 오르페에서 마주친 죽음, 만남, 바라봄의 문제는 그의 '눈'을 더욱 깊게 만든다. 먼 스트라스부르에서 그는 "과연 내가 세계를 새롭게 볼 수 있었을까"라고 묻고, "자기에게서 멀리 떨어질수록 자기에게로 가까이 간다!"라고 답한다. 그의 '눈'은 정지된 것이 아니라 움직이는 활동이다.

내 방에서 거리를 내려다보다가, 나는 검은 외투를 입은 두 명의 성인成人이 자전거를 타고 가는 것을 가로수 가지 사이로 발견하였다. 그때 무엇인가가 내 마음을 충격하였고, 나는 그것을 표현할 수 있는 말을 몇 초간 찾았다. 그러나 그것을 단 한두 마디로 표현할 수 있는 말을 나는 찾지 못했다. 형제처럼 나란히……라는 표현이 곧 내 혀 밑에서 간질간질 내 입술을 간지럽혔지만, 나를 충격한 것은 그것이 아니었다. 나를 정말 안온하게 만든 것은 몸보다도 더 큰 두 자전거의 네 개의 커다란 바퀴, 아니 원이었다. 그런데 그것을 표현할 말이 생각나지 않는 것이었다. 한참을 고생하다보니까, 말 대신에 하나의 이미지가 떠오른다. 목포의 역전 광장에서 헤어스름이 내릴 때까지, 옷을 찢겨가며, 자기보다 더 큰 자전거를 가지고, 자전거 타기를 배우는, 어깨가 좁고 다리가 긴 창백한 소년이. 그리고 그 소년은 금세 어느 짤막한 소설 속에서 읽은 바 있는, 작업장에 마련되어 있는 작업용 차를 타고 선로의 끝까지 와버린, 그리고 거기에서 갑자기 어둠을 발견한 한 소년으로 변모하고, 그리고 그의 쓸쓸함으로 나를 가득 채웠다. 나는 다시 책상 앞에 앉아, 전등불을 켜고 이것을 적었다. 75년 3월 14일 6시였다.[14]

위의 문단을 다음과 같이 몇 부분으로 나누어 읽어 본다.

1) 거리에서 두 명의 성인이 자전거를 타고 가는 것을 본다.

2) 그것은 내 마음을 충격하였고, 나는 그것을 표현할 수 있는 말을 찾지 못한다.
3) 나를 충격한 것은 두 자전거의 내 개의 커다란 바퀴, 원이다.
4) 그것을 표현할 말이 생각나지 않는다. 말 대신 하나의 이미지가 떠오른다.
5) 목포의 역전 광장에서 자전거 타기를 배우는 창백한 소년이 떠오른다.
6) 그 소년은 어느 소설에서 읽은 소년, "거기에서 갑자기 어둠을 발견한 소년으로 변모하고"
7) "그리고 그의 쓸쓸함으로 나를 가득 채웠다."
8) 나는 책상에 앉아 이것을 적었다. "75년 3월 14일 6시였다."

위의 문장들은 다음과 같이 이해된다. 자전거를 타고 가는 두 사람의 모습은 내 마음에 충격을 준다. 그러나 나는 그 무엇이 충격을 주었는지를 구체적으로 표현할 수 있는 말을 찾지 못한다. 그들의 모습보다 자전거의 둥근 바퀴, 즉 원이 '나'를 충격한 것임을 발견한다.(이미지1) 그것을 표현할 말이 생각나지 않고 대신 하나의 이미지가 떠오른다.(이미지2) 유년 시절의 소년이 떠오르고(기억1) 다시 그것은 소설 속의 소년으로 옮겨가고(기억2), 나는 "그의 쓸쓸함"으로 가득 찬다. 그리고 나는 책상에 앉아 이것을 적었다.(현재)

그의 눈은 자전거 바퀴가 '원'의 형상으로, 그것이 다시 목포 바다의 한 소년의 모습으로, 그리고 또 책 속의 소년이 만난 어둠으로 옮겨간다. 눈 안에는 말과 이미지, 기억 속의 기억이 얽혀 있다. 여기에서 나는 두 가지를 해명할 필요를 느낀다. "그의 쓸쓸함"인가, "그 쓸쓸함"인가. '쓸쓸함'이 누구의 것인지가 분별되지 않는다.(단순한 오자일지라도 마찬가지다) 쓸쓸함은 그가 읽은 소설의 작가의 것인가, 소설 속의 소년의 것인가, 그것을 읽은 '나'의 것인가. 아마도 '쓸쓸함'은 그 누구의 것이 아니라 그들 전부가 느낀 쓸쓸함일 것이며 그것은 곧 '나'의 쓸쓸함일 것이다. 책상 앞에 적은 "이것"은 과거의 기억 전체를 가리키는가, 지금 적고 있는 문장 자체를 지시하는가, 글을 쓰고 있는 현재의 시간을 의미하는가. 이것 역시 대답하기 어렵다. 과거의 기억과 현재의 글쓰기를 포함한 내용이 "이것"일 것이다.

그의 '눈'은 자전거 '원'소년으로 옮겨가고, 마지막으로 소년이 어린 시절에 바라보았던 "바다"와 "옻나무", "펄의 감촉", "황톳길의 더위", "모깃불의 매캐한 냄새"[15]를 찾는다. 바다의 기억으로 이루어진 이 점액질의 눈은 그의 문학적 상상 체계를 이루는 가장 작은 음소音素이자 시촉각의 이미지이다. 그것은 사물의 외피가 아니라 물렁한 깊이를 느끼고感 아는知 눈이다.

본다는 것에 대하여 의식하면 할수록 '눈'은 더욱 엄격하게 자기 자신을 향한다. 눈은 먼 곳의 새로움을 보기 위한 것이 아니라 '나'를 가장 멀리 가지고 가 그것을 다시 확인하기 위한 성찰의 힘이다. 그는 다음과 같이 확언한다, 그리고 다시 질문한다. "자기 자신의 발전의 단계가 환하게 보일 때까지, 자기를 객관화할 것. 그 경우 자신은 어디에 있는 것일까? 자신을 객관화하는 힘 속에 있는 것인가? 아니면 객관화된 자기 속에 있는 것일까?"[16] 그는 "객관화된 자기"가 아니라 "자신을 객관화하는 힘 속에 있는" '나'를 선택한다.

그것은 객관화하는 힘 속의 '나'가 이전의 '나'와 동일하지 않다는 것을 의미한다.

그리고 그의 눈은 멀리 떨어진 두 가지 방향을 동시에 본다.

> 가치있는 번역은, 마치 하나하나의 눈보다는 두 개의 눈이 대상을 파악하는 데에 큰 도움을 주듯 원저자의 정신의 움직임과 번역자의 그것이 두 개의 눈처럼 작용할 때에 이루어진다.[17]
>
> 사일구 세대가 문학의 전범으로 삼은 것은 노장老莊 · 선禪 · 정주학程朱學 · 양명학陽明學 등이 아니었고, 그렇다고 실학 · 판소리 · 탈춤 · 민요도 아니었다. 그들이 전범으로 삼은 것은 니체, 키에르케고르, 헤겔, 프로이트, 카뮈, 사르트르, 말로, 생-텍쥐페리, 토마스 만, 헤세, 헤밍웨이, 포크너 같은 외국 문인들이었다. 이들은 전범이었지 경쟁자가 아니었다. 그들이 영원한 모범자가 아니라 경쟁자라는 것을 깨달은 것은 훨씬 뒤의 일이었다.[18]

그의 '눈'은 하나의 중심으로 모아지는 원 위의 한 점이 아니다. 그의 눈은 평면 위의 두 정점定點에서의 거리의 합이 언제나 일정한 점의 자취인 타원의 초점으로 사유한다. 그는 두 개의 초점을 가진 타원형의 눈으로 외국문학과 전통문화를 겹쳐 읽는다. 이 점에서 「한 외국문학도의 고백」(1967)에서 "나는 새로운 것, 외국의 것을 우리 문학의 속성인 것처럼 파악하고 있었던 것이다."라는 고백이 『행복의 시학』의 후기(1984)에서 "이제 나는 프랑스 문학과 한국문학의 구별이 없어지는 지점에 와 있다."라는 말로 옮겨가고 있는 맥락을 읽을 수 있다. 그는 두 가지 초점 사이를 조율하는 가운데 한국문학을 바라보는 시선을 넓힌 것이다.

1. 나는 사진 속의 그를 바라본다. 〈1974년 유학중인 스트라스부르에서〉, 〈1977년 여름의 망중한〉, 〈1984년 유럽 여행 중〉이라는 제목이 달린 세 장의 사진[19]에서, 그의 '눈'은 이쪽에 있는 렌즈에 초점을 맞추려는 듯이 있다. 그 사진들은 더욱 엄격하게 자신이 어디에 있는지를 묻고 있는 것이다.

2. 1977년에 그가 그린 유화 세 편[20]에서, 화폭 전체는 물결치는 바다 같다. 그 안에는 새의 형상을 닮은 것이, 그리고 두 명의 사람이 아주 작게 그려져 있다. 1983년에 그린 그림에서는 화폭 전체를 뒤덮은 검은 바다 사이로 작은 빛이 새어나온다. 이전의 그림에 비해 빛은 점점 희미하게 거의 감추어져 있다. 1983년의 유화 그림에서 검은 바다와 밝은 빛의 관계는 "어둠 속에서야 밝음을 볼 수 있다는"[21] 것과 다르게, "어둠 속에서 서서히 밝아지는 촛불처럼 세계를 서서히 밝히는 원리"[22]를 형상화한다. 그것은 서로 다른 "대립성을 간직한 채 삶의 어두움을 덧없이 채색"하여 "녹으면 다시 드러날 삶의 모습을"[23] 보여주는 문학이다.

어떤 망명 : 김승옥-이청준-박상륭-김승옥

김현의 비평을 읽어가는 동안, 나는 '나'가 던진 무수한 질문들과 마주친다. 그 물음에 대한 '나'의 명증한 대답을 듣지 못할 때가 더 많다. 하나의 질문은 또 다른 질문으로 옮겨가고, 그때 앞서의 질문들은 새로운 방향으로 수정된다. 질문 자체가 반성의 대상이 되는 것이다. 대답을 듣는 것이 한없이 지연된 그 공백은 읽고 있는 사람에게 또 다른 질문을 불러일으킨다.

그는 1966년 3월과 8월, 1969년, 1978년에 이르는 동안, 한 편의 소설에 대해 서로 다른 네 가지 질문을 던지고 있다. 이것은 해석의 단절인가, 또 다른 연속인가. 김승옥의 소설 「서울, 1964년 겨울」을 분석하고 있는 네 편의 글(「존재와 소유」(1966.3), 「미지인의 초상 1—김승옥과 홍성원의 경우」(1966.8), 「자기 세계의 의미」(1969), 「김승옥의 「서울, 1964년 겨울」(1978.9)」)에서, 한 작품에 대한 물음이 다르게 설정됨에 따라 그 해석의 결이 달라지고 있음을 읽을 수 있다. 무엇이 어떻게 달라지고 있을까. 이 단절된 듯 연속된 해석의 지층을 따라가 보자.

「존재와 소유」(1966)에서는 「서울, 1964년 겨울」을, "무진에 살며, 그의 과거를, 외롭게 미쳐가는 것을, 진실한 인간의 고뇌를 살지 않는 한, 그의 부끄러움은 끝나지 않으리라"라고 하면서, 이 태도의 희극을 벗어나기 위해서 그 구조를 밝혀보는 작품으로 읽는다. 여기에서 자기만의 구원을 추구하는 '안'의 태도는 과연 옳은 것인지, 옳지 않은 것인지가 문제시된다.

그 사내가 자살할 것을 알면서도 홀로 놓아두지 않을 수 없었던 안의 구원의 태도는 옳은 것인가, 옳지 않은 것인가. 김승옥은 주저하고 있는 듯하다. 결국 안은 그러한 초현실주의적 태도로써 구원을 얻는다는 것에, 자기만이 구원을 얻는다는 것에 약간 부끄러움을 느낀다. 뭔가 두려워지기 시작한 것이다. (…)

"김형, 우리는 분명히 스물다섯 살짜리죠?"
"난 분명히 그렇습니다."
"나도 그건 분명합니다."
그는 고개를 한번 기웃했다.
"두려워집니다."
"뭐가요?"
내가 물었다.
"그 뭔가가."

아마도 안은 계속하여 밤의 해방과 자신의 소유물을 찾을 것이다. 그러나 그것은 전의 그 태도와는 많이 달라지리라. 그는 새로운 조정을 겪지 않으면 안 되리라. 결국 타인의 구원을 생각하지 않는 구원이란 부끄러운 것이니까. (…) '나'는 그럭저럭 세상을 살아나갈 것이다. 그러나 이러한 기회주의자는 너무나도 많고, 그렇기 때문에 나에게는 별로 흥미가 없다. (…) 나로서 주목하고 싶은 것은 지독히 개인적인 구원

양식을 바라보고 있는 안의 경우이다. (…) 인간은 도대체 무엇을 소유할 수 있을까, 인간은 도대체 언제 진짜가 되는 것일까. 아니 인간이란 무엇일까라는 아주 근본적인 문제에 대해서 그의 방법론적 회의가 무엇을 낳을 것인가에 대해서는 침착하게 기다리기만 하자.[24]

위의 글에서 논점은 타인의 구원을 생각하지 않고 자기만의 구원을 생각하는 '안'의 태도에 관한 것이다. 그는 기회주의자의 성격을 지닌 '나'라는 인물에는 흥미를 느끼지 않는다. 그는 '안'의 개인적인 구원 양식을 주목하면서 '안'의 태도에서 '부끄러움'을 읽는다. 바로 거기에서 인간이란 무엇인가에 대한 근본적인 문제를 던진다. 무엇인가에 대한 두려움보다 인간으로서의 부끄러움의 감정이 초점인 것이다.

구원의 방식에 관한 질문은 「미지인의 초상 1」김승옥과 홍성원의 경우」(1966.8)에서도 이어진다. 그는 '안'이 취한 구원의 방식을 홍성원의 긍정적 방향과 대비시키면서, 앞의 글에서 언급한 '안'의 개인적인 구원의 방식을 부정적인 방향으로 해석한다. 이제 해석의 초점은 '안'이 아니라 '월부 판매 상인'으로 옮겨 간다.

사실상 이렇게 껍질을 벗긴 후에 사람들은 어떻게 살 수 있을까? 아니 도대체 산다는 게 무슨 의미를 갖는 것일까? 이러한 그의 질문은 「서울」에 완전하게 집약되어 있다.

자살하여 죽은 월부 판매 상인은 「생명 연습」 이래 그가

> 벗겨놓은 가장 적나라한 인물처럼 보인다. 이렇게 껍질이 벗겨지면 사람들은 죽을 수밖에 없는 것일까? 어떤 가치의 척도라는 것은 영영 없는 것일까? 그는 주저하고 있다. 다만 그 사고의 편린을 그는 「서울」의 안安이라는 대학원 학생을 통해 보여주고 있을 뿐이다. 그의 생에 대한 태도는 아직도 우리에게 명백하게 드러나 있지 않다. 그러나 나는 그가 성실하게 생과 인간을 바라본다면, 반드시 어떤 결론을 찾아내리라는 것을 믿는다. 여하튼 이것은 그가 괴로워하고 있다는 좋은 증거일 것이다.[25]

'사내'는 자기 세계를 그대로 벗겨놓은 인물이다. 그 사내에겐 자살 밖에 다른 출구가 없다. 그런데 문제가 되는 것은 이 소설에서 사내의 자살을 바라보는 어떤 가치의 척도가 명백하게 드러나지 않고 있는 부분이다. 그는 잘 드러나지 않는 '안'의 생에 대한 태도를 작가가 괴로워하고 있다는 한 증거로 읽는다. 해석될 수 없는 공백은 작가의 글쓰기에 대한 새로운 요청으로 채워진다.

「자기 세계의 의미」(1969)에서는 「존재와 소유」(1966)에서 던진 질문을 반복한다. 하지만 결론은 서로 차이가 있다.

> 혼자만이 구원을 받는다는 것은 옳은 일인가? 그 가난뱅이 사내가 자살할 것을 알면서도 그를 가만 놔두지 않을 수 없었던 그의 구원의 태도는 옳은 것인가 옳지 않은 것인가? 작가는 자세한 언급을 회피하고 있지만, 다음과 같은 의미

> 심장한 구절을 남기고 있다. (…) 아마도 타인의 구원을 생각하지 않는 자기만의 구원이란, '부끄러운' 것은 아니지만 '두려운 것'에 속하는 모양이다. 그렇다면? 그것은 작가 자신의 앞날을 기다리는 길밖에 없을 것이다.[26]

1966년 3월에 쓴 글에서 그는 '안'의 태도를 "자기만이 구원을 얻는다는 것에 약간 부끄러움을 느낀다. 뭔가 두려워지기 시작한 것이다."라고 했다. 그 말은 1969년의 글에서 "아마도 타인의 구원을 생각하지 않는 자기만의 구원이란, '부끄러운' 것은 아니지만 '두려운 것'에 속하는 모양이다."라는 추측형의 문장으로 수정된다. 왜 그는 '안'의 태도를 부끄러움을 느끼는 것에서 부끄러운 것은 아니라는 것으로, 또 "두려워지기 시작한 것"에서 "두려운 것에 속하는 모양"으로 본 것일까.

이 작은 변화를 이해하기 위해서 이청준과 박상륭의 소설을 분석한 두 편의 글에 기댈 필요가 있다.

> 그에게 있어서의 소설의 세계란 그가 그곳에 들어가서 독자들에게 편안하게 무엇인가를 얘기해줄 수 있는 그런 안락한 거주의 세계가 아니라, 그가 과연 그 속에 들어갈 수 있을까, 그 속에서 그가 할 수 있는 일이란 무엇인가 하는 것에 대한 부단한 성찰을 요구하는 고뇌의 세계이다.[27]

> 그 관습이나 풍속, 그리고 그것을 가능케 한 금기 자체를

부정해버릴 때, 그것을 부정한 자는 사회의 입장에서 본다면, 그 사회란 거짓투성이의 가짜 화해를 살고 있다. 가짜 화해! 그렇다면 금기가 없고, 모두가 자유스러운 인신이 될 수 있는 그런 사회가 올 수 있을 것인가? 유리의 육조 촌장이 우리에게 되묻는다. 그렇다면 너희들은 황폐한 마른 늪에서 고기 잡을 생각도 않고 지낼 작정인가?[28]

「60년대 작가 소묘」(1972)라는 글에서, 그는 이청준의 예술가소설에서 예술가(소설가)의 예술 작품(소설)과의 관계를 읽고, 「인신의 고뇌와 방황」(1976)이라는 글에서는 박상륭의 『죽음의 한 연구』의 주인공의 득도가 불화를 전제로 하고 있다는 점에 주목한다. 그는 이청준의 예술가소설에서 보편적 질서의 파괴라는 문제를 읽어내고, 박상륭 소설의 주인공을 통해서 가짜 사회에 대한 불화 상태와 금기의 위반을 읽는다. 이들의 소설에서 가짜 화해를 이룬 세계에 대한 부정성을 추출한다.

이런 점에서 기대어, 1966년 3월의 글과 1969년에 쓴 글에서 달라진 지점을 살필 수 있다. 두려운 것은 '안'이라는 한 인간의 행동과 태도로 구원할 수 없는 '세계' 자체였다. 이것은 부끄러움을 자각하는 것만으로는 맞설 수 없는 세계, 그 세계가 주는 두려움이었다.

마지막으로, 「김승옥의 「서울, 1964년 겨울」(1978.9)」은 앞서 두 편의 글에서 분석한 내용을 종합하면서 인물들의 태도를 시대적 맥락에서 해석한다.

> 대학원생과 구청 병사계 직원은 타인에게 자신을 열어놓지 않는다. 그들은 철저하게 자기 속에 함몰되어 있다. 그 함몰은 세계에는 의미있는 것이 하나도 없으며 의미란 자기가 세계에 부여하는 의미뿐이라는 것을 확인하게 한다. (…) 대학원생 안은 세계의 의미를 파헤치려 하지만 그 세계의 압도적인 억압에 억눌려 그것을 보지 않으려 하며 구청 병사계 직원은 부자를 내심으로는 바람직한 것으로 생각한다. 그들의 사소한 것에 대한 집착은 그들이 삶을 영위하고 있는 사회가 요구하는 것을 사실은 수락하면서도 수락하지 않은 체하는 정신적 집착인 것이다.[29]

이 글에서는 인물의 대립 구도가 확연해진다. '외판원 사내'는 자기와 타인을 연결시킬 수 있는 사랑이나 연민의 감정을 찾으려 애를 쓰다가 자살한 인물인 반면, '안'과 '나'라는 두 인물은 세계의 억압에 눌려 그것을 보지 않으려 하며, 자기 세계에 대한 정신적 집착을 보인 인물들이다. 따라서 '외판원 사내'와 대립되는 '안'과 '나'라는 인물은 60년대의 닫힌 의식으로 파악된다. 더 나아가 그는 이 주인공들이 소설 밖의 비극적인 현실에서 결코 좋은 삶을 살아가지 못할 것이라고 전망한다.

읽어본 대로, 「서울, 1964년 겨울」을 분석한 네 편의 글은 조금씩 다른 질문들을 제기하는 가운데 미세한 해석의 차이를 보여준다. 질문과 해석들은 완전히 단절된 것이 아니라 서로 연속되어 있어서 문제의식을 해결해가는 탐색구조를 보여준다. 이러한 점은 「비평고」(1962-1963)[30]에 처음 등장하여 김현 비평의 대표적 수식어가 된 '공감의 비평'이 어떻게 실천되고 있는지를 구체적으로 살피게 한다.

네 편의 글을 쓰는 '나'는 세계, 작가, 작품 사이에서 물음 그 자체로 활동한다. '나'가 자리한 이 '사이'란 자크 데리다가 말한 "정의되지 않은 방향 전환의 거처"라고 바꾸어 말할 수 있을 것이다. 그것은 방향을 선택하지 못한 불안 상태가 아니라 아직 정의되지 않은 해석의 방향들을 충전하고 있는 장소이다. '나'는 질문에 곧바로 답하는 것을 미루면서, 또 다른 질문을 향해가는 망명자이다. 따라서 그가 말한 대로, 비평가와 실제 작가와의 만남이 아니라 '작가의 의식'과의 만남 즉 "두 개의 의식의 능동적 부딪침—울림"[31]을 뜻하는 공감의 비평이란 달리 말해 하나의 해석을 향한 정주定住의 읽기가 아니라 어떤 해석을 열어가는 망명의 읽기라 할 수 있다.

아니다, 이것은 그것이 아니다, 애써 그것이라고 해도

김현, 그에게 작품은 늘 새로운 해석에 의해 다른 것을 비추기를 기다리는 '거울'이다. '나'는 작가, 작품, 세계가 다 같이 흔들리는 불안한 지층 위에 서 있다. '나'는 어느 거울에도 머물지 못하고 주저한다. —이것은 그것이 아니다, 애써 그것이라고 해도. 아니, '나'는 어느 거울 앞에서도 머물지 않는다. 지연된 해석의 공백은 지연되면서 채워진다.

이 지연되는 해석의 공간들은 허무적인 공空의 세계가 아니다. 「바라봄과 텅 빔—거울의 이미지 분석」(1982)에서, 그는 바르트가 동서양의 거울 이미지를 비교한 문단[32]을 분석하면서 한국문학 속의 거울 이미지를 살핀다. 그는 바르트의 문단을 다시 읽는 가운데, 왜 거울이 서양에서는 나르시스적인 대상이며, 동양에서는 공의 상징이었는지를 더 따지고, 그러한 상징이 어떤 맥락 속에서 고착된 것인지를 묻는다. 그리고 그는 다음과 같은 결론에 이른다. 바르트가 서양의 거울을 나르시스적인 대상으로 볼 수 있었던 것은 말라르메—발레리—릴케 등의 상징주의 시론의 전통 때문이었고, 동양의 거울을 공의 상징으로 본 것은 선사禪師들의 계송 때문이라는 것이다. 이어서 그는 한국문학의 거울 이미지를 세 가지 유형에서 살핀다. 상징주의적 이미지를 아무런 마찰 없이 받아들인 것(신석초), 존재 확인의 근거로서의 거울 이미지를 현대화시켜 자아의 분열을 보여주는 것(이상), 거울—티끌의 이미지를 다른 이미지로 바꿔 불교적 교훈을 답습하고 있는 것(이광수)으로 유형화될 수 있는 한국문학의 거울 이미지는 문학적인 아름다움을 주지 못했다는 것이다.

이와 같은 비판에서 눈여겨볼 대목은 신석초의 거울 이미지를 상징주의적 이미지에 기대어 비판하고 있는 부분과 이상의 거울을 자아의 분열을 보여주는 것으로 해석하고 있는 부분이다. 한국문학 속의 거울 이미지에 대한 그의 비판적 해석을 나는 『삼국유사』의 '흥덕왕과 앵무새' 이야기[33]에 등장하는 거울을 매개로 하여 다시 읽어 본다. 이 이야기에서 흥덕왕의 슬픔은 앵무새의 고통으로 대신 전해지고 있다. 거울 밖의 앵무새는 거울 속의 앵무새가 사실은 제 짝이 아니라 '그림자'인 것을 알고 슬프게 울다가 죽었다. 신라의 앵무새는 거울 속의 그림자가 '가짜'라는 것을 알았던 것이다. 그 앎은 거울의 안과 밖을 그림자/실체, 가짜/진짜의 대립적 인식 위에서 생겨난다. 그것은 자아의 분열을 겪고 실패한 만남에 이른 이상의 거울이 지닌 구조와 같다. 반면, 안과 밖이 대립하지 않는 거울은 파우사니아스의 문학과 상징주의 문학의 전통(발레리의 시 「나르시스는 말한다」)에 의해 해석된 거울이다. 앵무새는 파우사니아스의 나르시스처럼 거울 속에서 죽음의 얼굴을 발견하고 그것에 매혹되어 자살한 것이 아니라 거울에 비친 자신의 그림자가 '거구루'[34]라는 사실을 알았기 때문에 죽은 것이다.

다시 앞서 본 김현의 거울 분석에서 인용된 이상과 신석초의 거울로 돌아가 보자. 나는 그의 분석에서 신라의 앵무새(이상)와 상징주의 문학의 나르시스(신석초)가 보여준 두 개의 거울의 대립을 넘어서고 그것을 감싸기 위한 방법적 고뇌를 읽는다. 그것이 혹시 그가 푸코의 미술 비평에 관심을 가진 궁극적인 이유가 아니었을까. 그는 푸코가 벨라스케스와 마그리트 그림 속의 거울을 분석하고 있는 것에서, 두 개의 거울 이미지를 대립시켜 그 가운데에 숨겨진 '마네'를 드러낸다.(벨라스케스/(마네)/마그리트) 그런 후에 다음과 같은 의미심장한 통찰을 남기고 있다.

> 내가 품고 있는 제일 중요한 의문 중의 하나는 벨라스케스의 순수 재현, 재현 주체의 사라짐의 연장선 위에 마그리트의

> 순수 언표가 자리잡고 있는 것이 아닌가 하는 의문이다. 순수 언표에서는 주체 자체가 나타나지도 않는다. 순수 언표는 재현 주체의 사라짐이라는 현상까지 사라져야 나타나는 현상이다. 주체의 사라짐의 사라짐이 바로 순수 언표의 여건이다. 주체들은 그 언표 속에 사라져 분산된 요소들로만 존재한다. 아니 그 요소들을 재구성하면 주체라고 우리가 부르고 있는 것이 구축될지 모른다라는 것이 더 올바른 표현이다. 그렇다면, 벨라스케스에서 마그리트에 이르는 선은 직선이 아닐까? 블랑쇼의 멋진 표현을 빌면, 사라짐 속에서 사라짐이라는 사실이 나타나듯이, 주체가 사라지면 사라짐 속에서 사라짐이라는 사실이 나타나지 않을까? 사라짐이라는 사실의 다른 이름이 순수 언표가 아닐까? 그 사라짐을 시간화한 것이 19세기의 역사적 에피스테메가 아닐까? 사라짐은 시간의 풍화 작용 없이는 일어날 수 없는 현상이기 때문이다. 그렇다면, 에피스테메들의 단절은 하나의 피상적인 현상이 아닐까? 유한성은 사라짐을 전제로 하고 있는 것이 아닌가![35]

여기에 대한 자세한 분석은 다음을 기약하기로 하자. 그가 남긴 의문들에서 추측할 수 있는 것은 치밀한 질문 속에서 푸코 이론이 지닌 한계를 분석하고 그것을 넘어서려고 하는 지점을 예비하고 있다는 점이다. 그는 다음과 같이 묻는다. 푸코가 벨라스케스와 마그리트의 거울을 살피면서 "마네론을 공간하지 않은 것은, 바타이유의 「마네론」에서 전기적인 것을 빼고 그의 작품 분석에만 전념한다 해도, 그 결론은 아마도 같았으리라는 그의 예감 때문이 아니었을까?" 이 질문 앞에서 나는, 그가 마그리트와 푸코 사이에서 쓰고자 했던, 어쩌면 이미 쓰고 있었을지도 모를 거울 이야기는 어떤 것이었을지 더욱 궁금하지 않을 수 없다. 어쩌면 그것은 나르시스의 거울과 앵무새의 거울이 포개져 있는 상태, 혹은 나르시스의 거울로 앵무새의 거울을 감싸고 있는 그런 거울이 아니었을까. 나변那邊에 그 거울이 있는가.

고통 '하다' : 마그리트/(고흐)/(블랑쇼)/푸코

상처와 고통을 어떻게 표현할 수 있을 것인가. 이에 대해 그는, 작가 "그 자신이 상처가 되지 아니하면 민족은 그를 통해 아픔을 느낄 수가 없다."[36]고 말한다. 작가 자신이 상처가 된 작품을 통해서 독자들은 그 상처를 느끼게 된다는 것이다.

소설의 경우, 그것은 문체로 드러나야 한다. 작가가 자신을 숨기면서 사람들의 의식 속으로 들어가 그것을 그대로 재현하는 것은 불가능한 일이다. 서정인의 문체가 지닌 비밀은 "타인의 행위를 그대로 재현할 수 없"는 "그 한계에까지 가까이"[37] 가서 삶의 양면을 드러내는 데에서 찾을 수 있다고, 그는 말한다. 글쓰기는 "고통을 고통으로 제시함으로써" "고통에 대한 관념적 언사나 상징적 영상을 제공하지 않고도, 독자들을 그의 주인공의 고통 속에 몰고 가, 그를 그토록 만든 사회적 현실 자체에 대한 증오심을 불러일으키게 하는 것"[38]이어야 한다. 이때 독자들은 작가 자신과 주인공의 고통을 재경험 함으로써 사회 현실 자체에 대한 증오심을 키울 수 있게 된다. 정현종의 시가 주는 고통은 "일상적인 삶과 이상적인 삶 사이에 찢겨 있는 시인의 공포"를 시적 창조력으로 전환시키고 있기 때문에 고통이 정치적이 될 수 있다. "참된 것은 고통 속에서 배태된다!"[39]

작가들의 상처와 고통은 글쓰기의 창조적 원천이다. 작가들의 몸은 고통 자체가 되어야 한다. 그것은 고흐의 몸이 '하는' 고통이다.

> 그(고흐)는 그 자신이 고통의 기록이며 동시에 고통인 예술가 중의 하나이다. 자신의 고통을 관찰하면서 자신을 고통 그 자체로 묘사한다는 힘든 일을 그는 해낸 것이다. 그것이 그리고 그를 가짜 미치광이와 가른다. 진짜 고통하는 사람은 자신이 거기에서 벗어나야 한다는 것을 알고 있다. 그러나 가짜로 고통하는 사람은 그것을 오히려 즐긴다. 그것은 아프지 않기 때문이다. 그러나 진짜로 아프지 않고 어떻게 남에게 진짜 아픔의 소리라고 느껴질 소리를 내지를 수 있을까. 그의 광태마저도 현대식 건물 속에 수용해버린 사회를 향해서, 우리에 갇힌 짐승처럼 고흐는 소리지른다. "나를 이곳에서 나가게 해다오"라고.[40]

그가 본 고흐의 그림은 주체와 대상을 분리시킨 재현의 한계를 지운 하나의 몸이었다. 고흐가 표현한 고통은, 고통을 느끼다 혹은 고통스럽다와 같은 명사나 형용사가 아니라 '고통하다'라는 능동형이다. 고흐의 그림은 세계가 주는 고통을 몸으로 말하는 고흐 자신이다. 고흐의 그림은 고통'하는' 문학이다. 그것은 "글쓰기 자체가 테오리아이며 프락시스"인 것과 같다. 즉 그것은 "안중근安重根의 권총 사용은 한용운韓龍雲의 펜이나 김교신金敎臣의 잡지와 마찬가지로 이론이며, 실제인 것이다."[41]

나는 그가 마그리트와 푸코 사이에서 쓰고 있었을 그 글은 고통'하는' 고흐의 그림에 근접해 있었을 것이라고 짐작한다. 그의 고통하는 문학은 푸코와 바타이유의 관계를 더 살피다가 블랑쇼의 '사라짐'의 철학에 더욱 가까워졌을 것이다.

소리의 몸 : 신라의 나르키소스

그의 말과 글은 '소문의 벽'으로 둘러싸인 세계와의 오랜 싸움이었다. 그는 근심어린 어조로 이렇게 묻는다. "또다시, 좋은 세상이 오고 있다고 풍문은 전하고 있다. 과연 좋은 세상이 올 것인가? 그것은 헛된 바람이 아닐까?" 귀양 가는 선비가 많아지고 천하에 큰 돌림병이 창궐하는[42] 이 세상을 이겨낼 수 있는 문학적 방법이란 무엇인가.

> 그녀의 자살을 통해 신의 섭리뿐이던 세계는 코페르니쿠스적인 전환을 보인다. 세계에 의미가 없다고 하더라도, 의

> 미가 없다고 자살하는 행위까지 의미 없는 것은 아니다. 자살은 세계의 의미 없음을 부정하는 부정적 세계의 행위이다. 자살은 의미 부여 행위이다.[43]

> 예술 작품 속에서 계속 살고 싶다, 스스로 구멍이 되어 구멍을 막고 싶다, 그 무의식적 의지가 예술을 바라게, 욕망하게 하는 것이다. 그렇다면 예술 작품 속의 편안함은 모든 다른 편안함을 스스로 막는 편안함이다. 그것은 이 세계를 살 만한 곳으로 만들고 싶다는 느낌의 다른 말이다.[44]

하나의 방법은 '차이'를 가져오는 죽음으로서의 '자살'이다. 자살은 세계의 의미 없음을 부정하는 부정적 행위이다. 또 하나의 방법은 "스스로 구멍이 되어 구멍을 막고 싶다"는 욕구로서 "모든 다른 편안함을 스스로 막는 편안함", 예술적 편안함의 추구이다. 이 소설—말의 형상은 가무를 이해할 줄 아는 '제강'의 구멍 없는 몸이다. 몸 전체가 구멍인 제강의 몸이다. 그것을 그는 "육체 없는 육체적 말"[45]이라고 부른다.

그는 자살이 아니라 소리의 몸을 찾아 죽음 가까이로 갔다. 그래서 그가 죽음 직전에 읽은 기형도의 시는 "울음으로 시를 만들어 모든 사람들에게 들려"주는 노래로 기억된다. 그는 아주 오랜 노래소리로 그의 넋을 달랬다.

> 「제망매가」의 슬픈 어조와는 다른 냉랭한 어조로, 한 시인의 죽음을 알게 해주었다. (…) 나는 그의 시들을 모아, 그의 시들의 방향으로 불을 지핀다. 향이 타는 냄새가 난다. 죽은 자를 진혼하는 향내 속에서 새로운 그의 육체가 나타난다.[46]

그가 기형도의 넋을 달래기 위해 부른 오마르 카이얌의 시(어느 누가 대답할 수 있으리오/어디에서 왔으며 어디로 가는가를)는, 월명사가 죽은 누이의 넋을 진혼한 노래 「제망매가」(한 가지에 나고/가는 곳 모르겠구나)의 한 구절과 겹쳐 들린다. 그 노래는 원효가 사복의 어머니를 위해 부른 게송(김훈의 진혼가)과 다른 것이었다. 그가 부르지 못한 진혼가는 '사복'이 죽음 직전에 남긴 한 마디의 '말', "죽는 것도 사는 것도 다 괴롭다生死苦兮!"이었으리라.[47] 그는 기형도의 죽음에서 나르시스와 월명사의 누이 얼굴을, 사복이 땅 밑 연화장의 세계로 걸어 들어가 만나게 될 어머니의 얼굴을 미리 만났던 것이다. 이 모든 얼굴은 곧 마주하게 될 그 자신의 것이었다.

김현의 비평은 고통하고 망명하는 한 사람의 여행기였다. 그리고 한 사람의 역사를 나날이 성실하게 기록한 일기였다. 그의 '여행기'는 자기 자신을 가장 멀리서 가장 깊숙하게 비추는 거울이었다. 그의 '일기'는 내밀한 고백이 아니라 글쓰기의 고독이 주는 두려움과 고뇌로 인하여 써진, 문학의 극한을 견디려는 하나의 시도였다.[48] 그래서 김현 비평 속의 '나'의 말들은, 삶을 말하는 자리에서 작품을 분석하고 작품을 분석하는 자리에서 인간은 어떻게 살아야 하는지를 묻는다.

나는, '나'의 마음이 울적할 때 느낌표를 표시한 부분 중의 한 대목을 여기에 옮겨본다. "천 편의 곡목을 연주해본 연후에 음악을 알 수 있고 천 개의 칼을 본 연후에 칼의 성능을 알 수 있다고 한다. 이와 마찬가지로 원만하게 문학을 관조하려면 먼저 많은 작품을 읽어야 한다."[49] 김현 비평 속의 '나'를 더 이상 '소문' 속에서 만나지 않기 위해서는 더 많은 읽기의 시간이 필요할 것이다. 그럴 때, 지금 쓰고 있는 이 글은 아무런 쓸모없이 사라질 것이다.

갈색 아가미 붓

기형도와 반 고흐

어떤 몸

나의 생은 미친 듯이 사랑을 찾아 헤매었으나
단 한 번도 스스로를 사랑하지 않았노라.
- 기형도, 『질투는 나의 힘』

이 글은 반 고흐(의 죽음)에 관한 '나'의 생각들을 옮겨 적은 것이다. 그런데 반 고흐의 죽음 '곁'을 방황하는 나의 생각들은, 바르게 말해, 오직 나의 몸에서 생긴 것이라고 보긴 어렵다. 이 글의 주인은 내가 아니라 어떤 생각들이며, 더 쪼개서 말하면 "그 무엇이 생각한다Es denkt."[1]라고 바꾸어 놓을 수 있다.

'그 무엇'이 있을 수 있다면 그것은 여러 겹의 시공간과 여러 권의 책들 사이에서 묵묵하게 거주하고 있는 흔적기관들의 몫일 것이다. 또 이 글이 반 고흐의 죽음 '곁'에 머물 수밖에 없고 또 그러기를 고집하는 이유는 그 무엇으로도 결코 한 사람의 삶과 죽음의 진실에로 다다를 수 없다는 것을 증거하기 위해서이다. 그러므로 이 글은 다만 여기저기에 뒤섞인 날것들을生 뒤늦게 알아차리고覺 그것들을 하나의 생각으로 정돈하는 데에 충실하고자 한다. 언젠가는 모진 바람을 만나 산산이 흩어질 구름 같은 생각들이며, 구멍이 송송 뚫린 언어그물로 겨우 붙잡아 둔 물렁한 생각들에 불과할지라도.

나의 생각이 반 고흐 곁을 맴돌기 시작한 것은 그의 죽음에 관한 수많은 사람들의 규정과 고독하게 싸우고 있는 아르토의 목소리를 만난 뒤부터였다.[2] 아르토는 반 고흐를 광기로 치닫게 하고 자살로까지 몰아댄 장본인이 바로 우리가 살고 있는 이 '사회'라고 진단했다. 이 글은 이러한 아르토의 목소리를 껴안으면서 다른 한 가지를 더 고민하기 위해서 쓴 것이다.

우리는 곧잘 '예술가'라는 존재를 '천재와 광기'의 신화에 비추어 떠올릴 때가 많다.[3] 그것이 남다른 직관과 상상력의 힘을 온몸에서 끌어올리는 예술가들에게 부여할 수 있는 최고의 찬사라 할지라도, 그러한 언어적 이미지를 아무런 되새김 없이 받아들일 때 지극한 찬사는 권력적인 수사에 그치거나 맹목적인 믿음이 될 수 있다. "쉬운 믿음은 얼마나 평안한 산책과도 같은 것"(「이 겨울의 어두운 창문」), 그러나 "나는 기적을 믿지 않는다"(「오래된 書籍」)[4], 그러므로 우리는 신화적인 이미지로 치장된 예술가들의 겉옷을 무심코

걸치지 않도록 끝까지 경계하면서 그들의 '몸'이 살다간 자리를 차분한 마음으로 펼쳐 읽어보아야 할 것이다.

어떤 몸이 스쳐간 '그 무엇'이 있었기에 그들이 살다간 흔적은 소리 없는 소리가 되어 우리의 몸마저도 견딜 수 없게 하는가. — "오오, 모순이여, 오르기 위하여 떨어지는 그대. 어느 영혼이기에 이밤 새이도록 끝없는 기다림의 직립으로 매달린 꿈의 뼈가 되어 있는가."(「이 겨울의 어두운 창문」)—앞선 물음들에 대한 나름의 응답을 듣기 위해서 지금 나의 생각들은 반 고흐의 죽음 곁을 누비고 있다.

그러나 이 글이 할 수 있는 노력은 고작 어떤 몸이 겪어온 역사 안으로 들어갔다가 그의 죽음 곁을 걸어 나오는 여정으로 그치게 될 줄 안다. 하므로 이 글에서 돌멩이나 낙엽 따위를 줍는다 해도 이 글은 그 결과를 책임질 방도를 알지 못한다. 하면서도 혹시 전사前史로서의 위대한 몸을 생각함이 없이 어떠한 찬사도 결정적인 찬사일 수 없다는 생각에 간결한 동의를 보내는 사람들이 어느 순간에 어느 곳에 항상 있(었)으리라는 위안과, 또 어떤 종류의 위안은 멀고 먼 곳에서 기대할 것이 아니라 자기 안에 거주하고 있는 불투명한 것들로부터 불현듯 만들어지기도 한다는 소박한 믿음을 가지고 있는 사람들이 있(었)으리라는 생각을 떠올려 본다. 망설임 없이 이 글의 여기저기에 여러 사람들의 목소리와 문자언어들이 파고든 것은 모두 다 그런 이유에서이다.

기억이란 달리 말해 몸己이 적은記 말言이다.[5] 어느 때 나를 스쳐갔던 그 문자의 파편들은 내 몸 안으로 스며들어 문신紋身을 이루고, 가까운 미래에는 한 점의 토르소torso로 태어나길 바라는 덩어리[6]를 이루며 웅성거리고 있다. 이 글에서는 그러므로 '어떤 몸'을 말하기 위해 수많은 다른 몸들을 일부러 곁에 두고자 한다. 반 고흐가 남긴 침묵의 공간은 나의 몸이 기억하고 있는 기형도의 시들이 대신 채울 수 있도록. 무연無緣한 목소리들의 교란이 1890년 7월의 어떤 몸의 죽음과 1989년 3월의 어떤 몸의 죽음(또 수많은 몸들의 죽음) 사이에 놓인 '백년 동안의 고독'을 서로 어루만져줄 것이다.

그(들)의 몸은 지나치게 외로웠으므로 처절했으므로, 한정없이 머뭇거렸으므로 어설펐으므로, 이제부턴 다시 그것에 힘을 실어주고자 한다. 그러기 위해 이 글은 반 고흐의 몸을 우선 빌려 쓰고 있으나 궁극적으로는 그에게서 '어떤 몸'을 완전히 떼어놓길 더 원한다. **반 고흐와 '어떤 몸'이 영영 이별하게, 그래서 외려 '어떤 몸'의 떠남을 더 많은 그(들)에게 선물로 주기 위해. 자신의 몸을 단 한 번도 사랑한 적 없었던 그(들)에게.**

갈색 아가미

아가미는 물고기가 세상과 직접 만나는 문門이다. 물 속 이야기를 안고 뭍으로 올라온 물고기는 이 아가미로 처음 마음을 연다. 물고기는 뭍으로 올라와 대지에게 말을 걸고 그러자마자 아가미의 죽음을 산뜻하게 내놓아야 한다. 열어 만나고, 열자 죽어가야 하는 것이 여린 아가미가 육지에서 해야 할 마지막 일이다. 짧고도 화려

하다. 아가미는 세 가지 빛깔의 옷으로 바꾸어가면서 실낱같은 생을 종말한다. 아가미의 헐떡임이 완벽하게 그쳐야 물고기의 죽음이 완성된다. 붉은 색의 아가미는, 갈색으로, 검은색으로 차츰 변해간다.

대체로 어떤 몸의 살아감이 아가미의 죽음을 닮는 경우는 흔하지 않다. 어느 누가 그것도 죽음 직전의 그 짧은 순간에 세 벌의 살옷으로 고쳐 입겠으며, 혹 그게 쉬운 일이라 해도 미치광이가 아니고서는 불가능하다.(미치광이로 짐작되는 사람의 옷차림은 지나치게 자주 바뀌거나 단 한 번도 쉽사리 바뀌지 않는다는 점을 봐도, 그렇다) 반 고흐는 물고기의 아가미처럼 너무 빨리 늙어갈 만큼 여리디 여린 것이 문제였을 뿐, 차라리 건강한 광인狂人이었다. 그는 세상이 재촉하는 죽음의 한가운데에서 헐떡이는 아가미처럼 숨가쁘게 살다 갔다. 여린 아가미 반 고흐는 동물성보다 물고기의 입에 물린 여린 해초를 본능적으로 탐했다(나비, 게, 까마귀 등은 여기서 말하는 동물과 다른 것이다). 식물성 반 고흐는 갈색 살갗을 지닌 우체부, 의사, 농부, 노인, 여인들과 사이프러스 나무, 측백나무, 복숭아나무, 밀밭, 짚더미, 아이리스, 해바라기 따위를 즐겨 그렸다.

햇살과 별빛 사이를 자주 서성거렸던 그의 화폭은 검은빛을 띤 주황색, 다색茶色, 갈색褐色에서부터 적 · 황 · 청 삼색으로 된 상여의 삼색휘장三色揮帳의 빛깔에 이르기까지 다채롭다. 폭넓은 색계界와 같이, 반 고흐는 손을 촛불에 그을려 세상과 닮은 검정색이 되고자 했고, 한쪽 귀를 잘라 숨겨진 아가미의 붉은색을 되찾고자 했다. 벌건 촛불을 모자 위에 놓고 그림을 그렸던 반 고흐의 기행奇行은 그래 이상할 것 하나 없다. 그것은 살아감 속에서 언젠가 마주할 죽음을 향한 색들의 행렬이었다.

1888년 10월 20일, 고갱은 고흐의 초청으로 프랑스 아를에 도착한다. 고갱은 그와 기질적으로 비슷한 구석이 있었지만 본질적으로 추구하는 바가 달랐다(랭보가 베를렌을 만나 초록빛 압생트 한 잔을 나눈 건 그래도 조화로운 편에 속한다). 고흐는 렘브란트, 밀레, 도미에를 좋아했고 고갱은 라파엘로, 앙그르, 드가를 좋아했다. 원시적인 신화의 세계에 관심이 있었던 고갱은 강한 색채로 본질적인 상징을 추구하고자 했던 반면, 고흐는 붓길이 뒤섞여서 나오는 우연의 감각으로 일상의 고통을 담고자 했다. 고갱이 해바라기를 그리고 있는 고흐의 초상을 그려주었을 때, 고흐는 "바로 나로군. 하지만 마치 광인같군."이라고 벌컥 화를 냈다. 크리스마스가 가깝게 다가오던 날 밤, 고흐는 이별의 말을 전하는 대신 한쪽 귀를 잘라 고갱에게(사실은 창부에게) 선물로 바쳤고 고갱은 한쪽 귀가 잘린 고흐를 떠나 이듬 해 1889년 타히티로 갔다.

왜 하필 고흐는 중이中耳를 도려내었는가. 어쩌면 그것은 자신의 광기를 알아차려 준 고갱을 향한 극단적인 동조가 아니었을까, 혹 물살을 가르는 아가미의 흔적을 지우기 위한 몸부림이었을까, 몸 속에 꿈틀대는 소용돌이치는 물결의 소리를 잊기 위해서. 소용돌이를 그리고 또 그려도, 그는 깊고 푸른 소리의 원흔적까지 지울 수는 없었을 것이다. 어떤 오랜 울음 소리가 반 고흐의 몸을 줄곧 괴롭혔던 것이다. **"얘야, 그것은 네 속에서 울리는 소리란다. 네가 크면 너는 이 겨울을 그리워하기 위해 더 큰 소리로 울어야 한다."**(「바람의 집—겨울 版畵 1」). 그가 고갱과 다툼을 하고 난 후 오른쪽 귀를 잘라버린 건 바로 이 예민하게 헐떡이는 아가미—귀에서 나오는 울림 탓이었는지도 모른다. 살덩이를 마음의 증거로 내놓아야 후련한 사람에게 귀 한쪽을 자르는 일은 특별한 결단 없이도 행해질 수 있는 그런 사소한 것이었다.

붓길, 반음半音, 숨결

사람들은 그를 땅의 화가, 빛과 색의 화가라고 부른다. 그러나 그가 그린 대지는 온통 물결로 출렁인다. 나는 그것을 두고, 아마도 그가 물길을 따라 숨쉬던 아가미의 흔적을 오랫동안 지니고 있었던 증거로 내놓고 싶다. 아르토는 반 고흐의 붓길을 "i자와 쉼표"로 적고 있는데, 그것은 달리 보면 고흐의 아가미가 거칠게 지나간 '숨결' 자국 같다. 그래서인지 반 고흐의 그림 속에 등장하는 사물들의 형태와 그것을 두른 색채는 분명한 이름을 붙이기도 어렵다. 짚더미, 해바라기, 별, 사이프러스, 복숭아나무, 농부, 구두라고 개념화해서 받아들여서이지 고흐의 화폭 위에 등장하는 거의 모든 사물들은 어느 것 하나도 일상에 실재하는 것들과 똑같은 것을 가리키지 않는다. 개념화해서 말할 때 갈색이지 반 고흐의 갈색은 어떤 갈색으로 규정할 수 없는 갈색이다. 그런 점에서 **반 고흐의 색은 다른 색과 분명하게 구별되는 색이 아니라 색의 언어가 무한하게 겹치면서 차오를 수 있는 어떤 뉘앙스nuance에 가깝다. 그것이 그의 괴로움이었다.**

때문에 그의 화폭은 사물과의 마주침을 통해서 얻어지는 색채의 우발성이 어떤 우울한 어조를 두른 채 점령한다. 사물과 색채와의 만남, 그 우발적인 마주침을 온통 살려서 사물을 그리자고 하는 그의 붓길은, 거센 붓—결을 따라 결코 분절될 수 없는 색의 스펙트럼을 무언無言의 화폭 속에 그대로 옮겨놓는 수밖엔, 다른 도리가 있을 수 없었다. 그러니까 시적이라 할 만큼 운율에 가득 찬 그의 붓 찌름과 붓 올림의 반복 행위는 도와 레 사이에 있는 도#, 레와 미 사이에 있는 레#을 연주하려 애쓰는 연주자의 것이나 다름없다 하겠는데, 이러한 반음半音적 기질로 인해 그의 화폭은 간결하게 정돈되지 않고 어지럽게 중첩되어 흐른다.

반 고흐의 고향 네덜란드는 바다보다 낮은 땅이 4분의 1을 차지하고, 마약을 다소 부드럽게 생각하는 곳이며, 세계 최초로 안락사를 인정한 나라이기도 하다. 바다, 마약, 죽음이 교차하는 나라, 네덜란드에서 화가 렘브란트, 반 고흐, 몬드리안이 태어났다. 이들 중에서 반 고흐가 네덜란드의 풍토에 가장 많은 빚을 진 화가라는 점은 그의 화폭을 잠깐 둘러봐도 쉽게 알 수 있다.

> "나는 향수병에 굴복하면서 나에게 말했다. **네 나라, 네 모국은 도처에 존재한다고**. 그래서 절망에 무릎을 꿇는 대신 적극적인 멜랑콜리를 선택하기로 했다. 슬픔 때문에 방황하게 되는 절망적인 멜랑콜리 대신 **희망을 갖고 노력하는 멜랑콜리**를 택한 것이다."(1880년 7월, 『영혼의 편지』, p.19)[7]

한 마리의 물고기, 반 고흐는 그의 말대로 매순간 도처에서 향수병을 앓았다. 그러나 그가 그리워한 고향은 그가 태어나고 자란 네덜란드만을 가리키지 않는다. 그가 욕망하는 도처가 향수병의 근원지였다. '희망을 갖고 노력하는 멜랑콜리'한 의식은 스스로 "어둡고 텅 빈 희망 속으로 걸어 들어가"(「먼지투성이의 푸른 종이」) "나는 곧 무너질 것들만 그리워했다"라고 탄식하고, 때로는 "구름들은 길을 터주지 않으면 곧 사라진다"(「길 위에서 중얼거리다」)라고 위협하면서도 희망의 가능성을 놓지 않았다. "순간적으로 혹은 만성적으로 소위 말하는 흥분 상태의 편집증 단계와 매우 자주 번갈아 나타나는 억제와 기호 해독 불능증"[8]으로 괴로워하던 이 멜랑콜리한 의식은 자기 자신의 병증을 해독하기 위해 쉴 틈 없이 붓을 움직였으며 지상에서 더 이상 향수를 느낄 수 없을 때 별빛으로 옮겨갈 준비를 했다.

표의문자

색과 사물 간에 놓인 간극과 불일치를 명증하게 인식하고자 노력한 고흐의 눈빛은 자기 자신을 더욱 외롭게 했다. 돌돌 말려 흘러내리는 별빛과 나무에서 느껴지는 투박한 질감은 사물 그 자체에 가장 충실하고자 하는 그의 순진한 붓에서 나온 결과물이다. 그는 말한다. **"붓이 그의 영혼과 지성을 위해 존재한다."**(1885년, 『영혼의 편지』, p.134) 그의 붓이 이르고자 하는 곳은 어디였을까.

> 색채를 통해서 무언가 보여줄 수 있기를 바라는 것이다. 서로 보완해 주는 두 가지 색을 결합하여 **연인의 사랑**을 보여주는 일, 그 색을 혼합하거나 대조를 이루어서 **마음의 신비로운 떨림**을 표현하는 일, 얼굴을 어두운 배경에 대비되는 밝은 톤의 광채로 빛나게 해서 **어떤 사상을** 표현하는 일, 별을 그려서 **희망을** 표현하는 일, 석양을 통해 **어떤 사람의 열정을** 표현하는 일, 이런 건 결코 눈속임이라 할 수 없다. 실제로 존재하는 걸 표현하는 것이니까.(1888년 9월 3일)[9]

반 고흐의 붓길 속에서 나는 어떠한 발음으로도 표현될 수 없는 소리를 듣고, "透明한 물위엔/어떤 붕어가 잃고 간/아가미 한 쪽." (「水彩畵」)을 본다. 이런 방식으로, 고흐는 색과 사물의 관계를 기의와 기표의 자의적인 관계를 따르도록 하면서 의도적으로 그 관계를 멀어지게 하고 중층적인 배치로 놓아둠으로써 전혀 다른 '무엇'을 말하고자 했다. 다시 말해 그가 추구한 사랑, 떨림, 어떤 사상, 희망, 그리고 어떤 사람의 열정을 표현하는 "문자 체계는 언어의 의복이 아니라 하나의 변장"처럼 "발음되는 말의 그 어떠한 음도 자기 고유의 기호로 적혀 있질 않"[10]는 글자처럼, 달리 말해 그것은 "단어의 철자 속에 남아 있으나, 발음을 위해서는 필요가 없으며, 그러나 어원을 찾는 열쇠로서"[11]만 소용이 될 뿐인 퇴화된 흔적기관 vestigial organ처럼, 화폭의 가장 깊숙한 곳에 자리해 있다.

그가 생각하는 붓은 단지 그림을 위한 도구로서가 아니라 자신의 영감, 정신, 영혼을 한꺼번에 말할 수 있는 목적 그 자체였다. 사물과 색채를 다루던 붓길에 대한 의식적 긴장이 극점에 달했을 때, 그래서 그는 물감을 입 속으로 쑤욱 넣어보기도 했던 것이다. ―"어느 순간 단순한 모순 때문에 죽음을 택할 의식들이 있다. 그렇다고 미치광이, 점찍어두고 분류된 미치광이만이 그러는 것은 아니다. 오히려 건강하고, 그가 옳다는 것만으로도 충분한 이유가 된다."(『반 고흐의 자연』, p.113) '건강한' 그의 **붓길이 이르고자 하는 곳은 결코 분절될 수 없는 숨결이며 어떠한 음으로도 발음될 수 없는 흔적기관이며 여러 색과 대상들이 서로 어울렸을 때에만 읽을 수 있는 표의문자**表意文字**의 세계였기 때문이다.**

여기에서 잠시 추리소설적인 시선을 취해, 반 고흐가 이러한 세계를 담아낼 수 있었던 까닭―의도했든 의도하지 않았든 간에―을 거슬러 올라가볼 필요가 있다. 19세기 회화는 오랜 신화적, 종교적, 문학적 주제에서 벗어나 회화만의 고유성을 시도했다. 반 고흐도 마찬가지로 이러한 시대적 분위기를 긴장감 있게 흡수하면서, 그 자신만의 '독창적인 책 읽기'를 통해 회화언어의 새로운 지평을 모색한다.

> 셰익스피어 안에 렘브란트가 있고, 미슐레 안에 코레조가, 빅토르 위고 안에 들라크루아가 있다. 또 복음 속에 렘브란트가 있고, 렘브란트 안에 복음이 있다. 네가 올바르게 이해한다면 그것은 같은 것이다. **그것을 왜곡하지 말고 비교대상을 독창적인 사람들의 장점 속에서 찾아야 한다는 사실**도 잊지 마라.(1880년 7월)[12]

고갱이 말라르메와 만나 서로의 언어를 나눈 적이 있었듯이, 또 보들레르가 도미에에게 시를 지어 바친 적이 있듯이,[13] 반 고흐는 특히 프랑스 자연주의 소설가들과 직간접적으로 접촉하고 지냈다. 그는 문학언어의 전통을 두루 섭렵하면서 나름의 방식으로 회화언어의 가능성을 찾고자 했다. 그는 성경, 미슐레, 빅토르 위고, 셰익스피어, 졸라 등과 렘브란트, 밀레, 들라크루아 등을 겹쳐 읽었다. 이런 시각으로 반 고흐의 〈펼쳐진 성서, 꺼진 촛불 그리고 소설책〉(1885)과 〈파리 사람의 소설〉(1888)을 보면, 화폭 안의 책들은 문학적인 내용을 회화의 주제의식으로 가져온 것도 아니고, 책의 내용과도 아무런 상관이 없이 그저 있는 것처럼 보인다. 그려진 '책'은 자신의 독서이력을 보여주는 사실적인 자료의 나열에 그치는 것이 아니라 그것들은 곧바로 주위에 놓인 성서와 촛불 쪽으로 시선을 옮기도록 유도하는 힘센 시니피앙으로 작동한다. 책상 위에 놓인 그 책들은 마치 바람이 불면 언제든지 그곳을 떠나 다른 사물들과 교접할 수 있는 가벼운 낱글자의 몸처럼 앉아 있다. 반 고흐는 그러한 책들의 배치를 통해 또 다른 색들의 화음을 연주하고자 했던 것은 아닐까. —**"그 이상한 연주를 들으면서 어떨 때는 내 몸의 전부가 어둠 속에서 가볍게 튕겨지는 때도 있다."**(「먼지투성이의 푸른 종이」)

반 고흐의 문학적인 태도로 인해 그가 그린 '자연'은 고갱의 상징적 세계, 졸라류의 자연주의 소설, 그리고 쿠르베의 사실주의 회화와는 다른 종류의 느낌을 준다. 반 고흐는 렘브란트의 극적인 서사와 자기해부 능력이 들라크루아의 열정적인 가슴과 만나도록, 쿠르베의 사실주의적인 망막과 고갱의 강렬한 색채가 만나도록, 밀레의 농부들이 지닌 숭고함이 미슐레의 민중 철학과 도미에의 슬픈 웃음과 만나게 했다. **그는 그림 혹은 책들의 부딪침 속에서 어떤 시적인 것을 발견했던 것이다.** 흘러넘치는 시적 잉여분으로 그는 간혹 편지를 썼다.

그가 그리워한 남프랑스와 동양의 햇살은 어떤 구체적인 공간에 대한 갈망에서가 아니라 오랫동안 꿈꿔왔던 빛의 이미지를 좀 더 확장하기 위해 채택된 우연한 장소였을 뿐이다. 그곳들은 책 속에서 읽은 환상적 이미지의 대리물이었다. 이 같은 그의 태도는 그가 기존의 회화들을 마주하는 방식과도 유사한 점이 있다. 반 고흐의 성실한 손은 죽음 직전까지도 들라크루아의 〈피에타〉와 렘브란트의 〈라자로의 부활〉 등 대가들의 작품을 자신만의 느낌으로 베끼고 자신만의 색으로 옷을 입히는 일에 열중했다. 그 속에서 그는 전통의 관례에 머물지 않고 전통을 새로운 방식으로 확장할 수 있는 방법을 찾고자 했던 것이다. **반 고흐의 부지런한 책읽기와 창조적인 모사模寫 작업에서 우리는 흩어진 이성의 파편을 찾을 수 없다. 몇 번의 고비가 있었으나, 그는 거의 대부분의 시간을 절도 있는 파토스로 일관했다.**

반反자연, 반半자연

세 사람은 신神이 사라진 시대, 19세기 중후반 다른 시기 다른 곳에서 태어났다. 세속화가 점진적으로 진행되는 이 시기에 태어난 니체(1844-1900), 반 고흐(1853-1890), 벤야민(1892-1940)은 절대가 사라진 시대를 운명적으로 겪어야 했다.[14] 어떤 방식으로든 한번쯤 신적인 존재를 진지하게 사유해본 사람들은 자신들의 죽음에 대해서도 촉촉한 반응을 가진다. 앞서 말한 그들은 열심히 죽음을 떠올리며 지냈다 하겠는데, 그들의 강렬한 눈빛은 간혹 프랑스에서 교차했다. 저마다 조금씩 다른 프랑스의 곳곳을 관찰했으나 그들의 눈빛은 다 같이 "저열한 방탕, 무정부, 무질서, 정신착란, 일탈, 만성적인 광기, 부르주아지의 무기력, 정신이상, 의도적인 거짓말, 어마어마한 위선, 인종 차별을 드러내는 때묻은 모멸"(『반 고흐의 자연』, pp.9-10)로 가득 찬 부조리한 시대의 중심을 향해 있었다.

반反자연의 시대는 자연을 파괴하고 소멸시킨 그 자리에서 싹텄다. 예민하게 살아가는 사람들은 이런 반자연의 흐름을 늦추고 대항할 나름의 방식을 고뇌한다. 이들은 반자연의 시대에 걸맞게 점진적인 자연의 흐름을 거역하는 급진적인 방식으로 미리 죽음을 선택하고 실천하려 했다. 반자연의 강도가 거셀수록 자연사死의 흐름을 스스로 거절하는, 광증이나 자살과 같은 극단적인 몸짓을 보였다. 아르토의 말대로 "자연에 반反하는 행동을 결심하기 위해서라면 나쁜 인간의 대무리가 먼저 있어야 한다." 스스로를 쓸쓸하고 장엄하게 여기는 의식들은 **"상식으로 무장한 이 세상에서/새로 태어나는 것이 어디 있으며 새롭게 소멸하는 것이/무엇이냐,"**(「쓸쓸하고 장엄한 노래여2」)라는 절망을 두려워하지 않는다. 그들은 오직 절망적인 방식으로 반자연의 시대가 앗아간 자연을 되찾기 위한 노래를 부르고 꿈을 꾼다.

지도에서 도시나 마을을 가리키는 검은 점을 보면 꿈을 꾸게 되는 것처럼, **별이 반짝이는 밤하늘은 늘 나를 꿈꾸게 한다.** 그럴 때 묻곤 하지. 왜 프랑스 지도 위에 표시된 검은 점에게 가듯 창공에서 반짝이는 저 별에게 갈 수 없는 것일까? 타라스콩이나 루앙에 가려면 기차를 타야 하는 것처럼, 별까지 가기 위해서는 죽음을 맞이해야 한다. 죽으면 기차를 탈 수 없듯, 살아 있는 동안에는 별에 갈 수 없다. 증기선이나 합승마차, 철도 등이 지상의 운송 수단이라면 **콜레라, 결석, 결핵, 암 등은 천상의 운송 수단인지도 모른다.** 늙어서 평화롭게 죽는다는 건 별까지 걸어간다는 것이지.(1888년 6월)[15]

어느 날 반 고흐는 사이프러스 나무 위에 걸린 별빛 한 조각에게로 달려갔다. 그는 그곳으로 평화롭게 걸어가지 못했다. 반 고흐에겐 지상에서의 몸이 천상의 별로 옮겨갈 수 있는 운송수단에 불과한 것이었다. 스스로의 몸을 지상에서 별빛으로 이르는 매개물로 생각했던 그리고 실천하려 했던 **반 고흐의 몸은 그 자체로 '무巫'의 형상을 재현하려 한다.** 다시 말해 그의 몸은 "자연과 인간 사이의 통역"(레오나르도 다 빈치)[16]을 담당한다. 니체와 벤야민에게 별빛은 철학적인 성찰의 도구였으나 반 고흐에게 그것은 오로지 하나밖에 없는 자신의 몸을 내놓아서라도 도달해야 할 유일한 꿈의 자리였다. 니체와 벤야민에게 철학적 사유의 밑그림이었던 별자리는 반 고흐가 마지막 순간에 안착할 수 있는 숨—쉼休息의 장소, 즉 죽음의 거주지였다. 끝내, 별빛을 살라먹은 반 고흐.

반쯤은 인간의 몸으로 반쯤은 자연의 몸으로 살았던 반半자연의 몸, 반 고흐, 그가 그린 자연은 자연의 겉모습에 충실한 사실주의적인 자연이 아닌 자연의 깊숙한 곳에서 찾을 수 있는 문학적인 자연에 더 가까이 갔다. 매순간 눈앞에 주어진 것들에 충실했던 반 고흐는 어느 해 가을엔 **"결국 자신만의 독특한 색으로 조용히 창작을 하면 자연도 이에 동의하며 따라와."**(1885년 가을, 『반 고흐』, p.145)라고 하면서 색의 무한놀이에 자연의 질서마저도 뒤따르게 한다. 마침내 그는 "죽지 않는 것은 오직/죽어 있는 것뿐"이고, "변화하지 않는 것은 변화뿐이"(「나무공」)라는 섬뜩한 자연의 진실을 발견한 것이다. 그것은 그가 주어진 대상을 향해 몰입하는 "약시弱視의 산책"(「포도밭 묘지 1」)과 같은 시선과 또 자기 앞에 주어진 대상을 좁혀 들어가 "코끝으로 바라보고 있는"[17] 몸짓을 취해 왔던 결과이다. 아르토의 과장에 따르면 이런 시선은 반 고흐 이전에 니체가 유일하게 지니고 있었다[18] 한다. 이 같은 점이 반半자연의 몸, 반 고흐가 '자연'을 다루는 인상주의 화가와 이웃하였지만 한 가족이 될 수 없는 이유이며 쿠르베의 사실주의 회화와도 거리를 갖게 된 지점이다.

촉촉

그저 '떠돌이 사내'이며 그냥 '일꾼'이라고도 불렸을 집시 사내의 노래는 "모든 풍요의 아버지인 구름/모든 질서의 아버지인 햇빛"

그리고 "사냥해온 별/모든 사물들의 圖章/모든 정신들의 장식/랄라라, 기쁨들이여!/過誤들이여! 겸손한 친화력이여!"(「집시의 詩集」)라는 가사를 가지고 있었으리라. 이 모든 것을 노래하는 몸은, 단지 정신의 대립물로서의 육체가 아니라 정신의 육체성과 육체의 정신성을 동시에 오가는 물질적인 '살덩이'로 이루어져 있다. 아가미의 삶처럼 촉촉한 살덩이로 떠돌았던 집시 사내, **반 고흐의 몸은 "천 개의 다리와 천 개의 촉각을 지니도록 유혹받는 것을 두려워"[19] 하는 학자들의 몸이 아니라 "魂은 主人 없는 바다에서 一萬갈래 물살로 흘"(「詩人 1」)러 다니는 시인의 몸에 가까운 것이었다.** 거침없이 항해하는 바람의 몸, 이 촉촉觸觸[20] 한 살덩이는 거리에서 느낀 고통과 그냥 마주할 뿐, 거기에서 한 걸음 더 나아가 무엇인가를 인식하고 구성하는 몸이 아니다. 살덩이는 그것 자체로 살 뿐, 어떤 받아들임受도 애착愛도 취함取도 없는 고독한 의식이다. 고흐의 몸이 꼭 그랬다. 자연과 화폭을 매개하는 살덩이, 반 고흐에게는 **거리의 모든 것들이 표현되어야 할 그리움/그림이었다.** 그러나 "오오, 그리운 생각들이란 얼마나 죽음의 편에 서 있는가"(「10월」), 그는 살아있는 것들마저도 죽음의 곁으로 몰아간다, 심지어 자기 자신조차도.

그는 일생 동안 43번이나 고독했다. 그리고 43점의 자화상을 남겼다. 반 고흐의 촉촉한 시선은 지극히 소량의 독毒으로 세상의 '한가운데中'를 찌르다가 어느새 그 방향을 바꾸어 자기 자신의 육체마저도 공격한다. "내 얼굴이 한 폭 낯선 풍경화로 보이기/시작한 이후, **나는 主語를 잃고 헤매이는/가지 잘린 늙은 나무**"(「病」)가 되어 자신마저도 화폭 속의 풍경으로 옮겨놓았던 것. 그때부터 그는 진화의 대서사시가 결말에 이르기도 전에 자신의 거친 손으로 진화의 흐름을 자주 절단하는 버릇을 가진다. —그리고 나선, "나와 죽음은 서로를 지배하는 각자의 꿈이 되었네."(「포도밭 묘지 1」)

그칠 줄 모르는 열정의 화가 반 고흐는 이미 자신의 작업 속에서 미래에 다가올 죽음을 충분하게 예견하고 있었다. —**"그래. 내 그림, 나는 거기에 목숨을 걸고 있기 때문에 내 이성은 몹시 휘청거리곤 해"**(『반 고흐』, p.18) 따라서 섣불리 그의 병적 상태와 자살 충동에 대해 '미친 사람'의 짓일 것이라는 단언을 내리지 않도록 조심해야 한다. 무리한 연결이 허용된다면, 반 고흐의 발작은 인간의 몸이 진화하는 과정에서 겪을 수 있는 "몸의 다양성을 보여주는 하나의 사례"일 뿐이고, 그의 광기에 찬 자살은 "진화 적응의 부작용일 뿐 고장 난 몸이 아니다."[21] 우리는 다시 그의 죽음을 둘러싼 스캔들에 대해서 숙고해봐야 한다.

중독

우리는 반 고흐의 죽음을 둘러싼 숱한 진단들—생 레미의 한 정신병원에 자발적으로 입원한 일을 비롯하여 발작과 간질, 매독과 압생트로 인한 퇴행적 증상, 정신착란이나 정신분열 등—중에서 어느 것이 죽음의 직접적인 원인이 되었는지를 따지는 일을 일단 접어둘 필요가 있다. 그런 일보다 차라리 그가 죽음 직전까지 걸어왔던 길의 한쪽 모퉁이 어딘가에 흩어놓았을 그의 말과 행동들을 차분하게 발굴하는 편이 더 바람직할 것이다.

고흐가 전업 화가로서 그림을 그린 시기는 27세부터 37세까지, 불과 10년 동안이다. 프랑스의 아를, 생 레미, 오베르에서의 3년은 그의 창작열이 가장 거세게 타올랐던 시기로 기록된다. 그는 1890년 5월부터 7월까지 머물렀던 오베르에서 80여 점을 완성한다. 프랑스에서 그의 중독은 극에 달한다. 그의 그림은 프랑스로 옮겨가면서 더 두꺼운 물감으로 덧칠되어 갔는데, 가난한 그가 그토록 물감을 낭비할 수 있었던 것은 그의 중독이 건강한 상식으로 무장되어 있는 삶의 질서에서 한참 벗어난 것이었기 때문에 가능했던 것이다. 여기에서 다시 그토록 열정적이었던 그가 왜 자살했는지를 되물어야 한다. 그 이유는 무엇보다 **고흐 자신 안에 도사리고 있던 그침 없는 요구 때문이었다, 중독**中毒**. —"자리를 바꾸던 늙은 구름의 말을 배우며 나는 없어질 듯 없어질 듯 生 속에 섞여들었네"**(「植木祭」)

고흐의 중독 증세는 1885년 프랑스로 유입된 일본 차茶의 포장지에 그려진 우키요에浮世繪를 보고 자포니즘Japonism에 푹 빠졌던 사실에서도 확인된다. 당시 그가 477점에 달하는 우키요에를 수집했던 사실로 미루어 보아, 그의 광증은 이 시기 인상주의 화가들보다 심하면 심했지 예외는 아니었던 모양이다.[22]

어떤 몸의 꾸준한 살아감은 중독이라는 말로 대신할 수 있다. 고흐의 열정적이고 건강한 삶은 "닳고 닳은 病의 넘쳐남으로"(『반 고흐의 자연』, p.90) 채색되고, 그의 그침 없는 병적인 요구는 과잉된 절망을 낳았다. 절망은 어떤 희망이 오랫동안 머물렀다가 떠나간 자리에만 남는다. 절실하게 원했던望 사람만이 그것으로부터 완전히 끊는絕 순간을 만날 수 있는 것이다. 그럼에도 반 고흐, 그는 생의 마지막 순간까지도 한 자락의 희망을 놓지 않았다. "어떠한 슬픔도 그 끝에 이르면 짓궂은 변증의 쾌락으로 치우침을 네가 아느냐." (「포도밭 묘지 2」)

초기에 견지한 고흐의 사실주의적인 시선은 강한 색채에의 중독증과 어우러지면서 보이는 것보다 '보이지 않는 것'을 더 갈망하게 된다. 그가 고갱에게 헌정한 〈자화상〉(1888)에서는 휘몰아치는 붓결을 절제하고 마치 **"불멸의 부처를 섬기는 검소한 중[일본 승려] 같은 모습"**을 그려보고 싶었다고 했고, 파리에서 열린 바그너의 음악회를 몇 차례 다녀가면서(바그너에 관한 책도 읽으면서) **"우리의 색과 바그너의 음악 사이의 관계를 이미 아주 강하게 느끼고 있었"**(1888년 9월, 『반 고흐』, p.144)노라고 했다. 그런 그가 자살 직전에 도달한 결론은 바로 **"고통은 광기보다 강한 법이다."**(1890년 5월 4일, 『영혼의 편지』, p.294)라는 것이다.

오직 수공업적인 의지로 살아온 자신의 삶을 붓다Budda[고통을 먼저 깨달은 자]의 가르침을 따르는 자의 것과 등치시켜 표현한 데에서 그가 느낀 고통의 강도가 어느 정도였는지를 가늠해볼 수 있다. 생의 정점에 이른 시기에, 광기보다 더 큰 그의 고통은 제자리를 이탈한 음표들이 흘러다니는 〈사이프러스나무가 있는 별이 반짝이는 밤〉(1890년 5월)과 헐떡이는 갈색 아가미가 하늘로 마구 솟구치는 〈까마귀가 나는 밀밭〉(1890년 7월)에서 한껏 연주되었다.

위대한 혼자

어떤 몸이 극단의 고통을 호소할 때 사회는 그들을 미친 사람이라 부른다. 그러나 어떻게 보면 '미친 사람'은 푸코의 비유처럼 분류체계를 손질하는 정원사의 손에서 끝없이 미끄러지는 자, 그래서 "사회에서 전혀 귀 기울이지 않는 사람, 행동을 용인해 주지 않는 사람, 억눌러야 하는 사람"[23]이다. 이른 시기, 사회의 질서를 고민하던 동양의 공자도 광자狂者에 대해 관심을 가졌다. 그런데 공자의 눈에 비친 미친 사람이란, 지금 우리가 상상하는 것과 달리, 아주 이상한 사람들이 아니었다. 그들은 한쪽으로 치우치고 한쪽에 집착하는 경향이 있으나 과감하고[狂者進取], 고집이 평소와 다르다는 것이 특징이고[狂之言疆也. 謂有疆力異於平日也], 또 조급함을 가지고 있는 사람들이다[疾跳也. 一曰急也].[24] 즉 그들은 '중용中庸'의 덕이 조금 모자란 사람들일 뿐이다.

이런 생각을 곁에 두고 보면, 반 고흐는 광인이 아니라 균질화된 무리동물의 세계와 결별한 자, 즉 "가장 고독한 자, 가장 은폐된 자, 가장 격리된 자, 선악의 저편에 있는 인간, 자신의 덕의 주인, 의지가 넘쳐나는 자가 될 수 있는 자"이다.[25] 달리 말해 그들은 이디오진크라시 Idiosynkrasie [26]적인 몸짓으로 교환가치로 동일화된 사회를 거부하고 '차이'를 생산하려는 충동에 사로잡힌 자들이며 그들 스스로, "우리는 世上과 타협하지 않은 최후의 무리였다."(「우리는 그 긴 겨울의 通路를 비집고 걸어갔다」)고 자부하는 자들이다. 그들을 다르게 부를 있는 이름이 있다면 우리는 흔해 빠진 '천재'라는 말을 떠올릴 수 있을 것이다. 조증躁症의 몸을 가진 아르토[27]라면, "누가 떠나든 죽든/**우리는 모두가 위대한 혼자였다.** 살아 있으라, 누구든 살아 있으라."(「비가 2—붉은 달」)고, 검붉은 바람의 언어로 울증鬱症의 몸인 반 고흐를 위로할 것이다.

들린 몸

휴일의 대부분은 죽은 자들에 대한 추억에 바쳐진다 (…)
때때로 죽은 자들에게 나를 빌려주고 싶을 때가 있다 (…)
위대한 작가들이란 대부분 비슷한 삶을 살다 갔다, 그들이 선택할 삶은 이제 없다
- 기형도, 「흔해빠진 독서」

아르토는 반 고흐의 죽음을 1인칭의 언어로 읽고 썼다. 아르토의 책 속에는, 반 고흐의 죽음을 말하는 아르토의 숨결이 팔딱거리며 비산飛散한다. 연금술, 타로, 카발라, 점성술 등 밀교적인 전통을 흡수한 그노시스주의자인 아르토는 반 고흐의 그림에 들어 있는 소리 없는 소리들을 들었다. 반 고흐의 자연, 반半자연, 반反자연의 세계에 심하게 감염된 아르토의 글자들은 그 자신 또한 세상에서 휘발되고 싶은 강한 열망에 사로잡힌 듯, 곧 바깥으로 튀어나가 겨울밤의 눈처럼 날릴 것만 같다. 검게 그을린 아르토는 숨찬 반 고흐의

붓길에서 단斷—숨할 자신의 미래를 예감한다(그는 반 고흐론을 쓰고 난 후 얼마 지나지 않아 운명을 달리했다). 그들에게 "죽음이란/假面을 벗은 삶인 것"을.

그렇게 그들은 "서로 닮은 아픔을 向하여/불을 지피었다."(「겨울 · 눈雪 · 나무 · 숲」) 반 고흐의 한 점 한 점에 도무지 흡수되지 않는 휘발의 목소리를 지닌 아르토가 한 글자 한 글자씩을 찍어 화답하면서 반 고흐와 그 자신의 넋을 다 함께 진혼鎭魂했다."아아, 사시나무 그림자 가득 찬 세상, 그 끝에 첫발을 디디고 죽음도 다가서지 못하는 온도로 또 다른 하늘을 너는 돌고 있어."(「밤 눈」)

어떤 몸, 이제 '너'는 쓸쓸한 밤, 소리 없이 내리는 눈雪이 되었을까. 그들이 사용한 검푸른 종이에는 아마 이렇게 적혀 있었을지 모른다. : "**거리의 상상력은 고통이었고 나는 그 고통을 사랑하였다. 그러나 가장 위대한 잠언이 자연 속에 있음을 지금도 나는 믿는다. 그러한 믿음이 언젠가 나를 부를 것이다.**"[28] 우리는 흩날리는 '어떤 몸'에 붙들려 매혹된 적이 있었는가. 이러한 물음을 앞에 던져두고, 거기에 빠져든 사람들은 많았을 것이다. 그 중에서 어떤 이들은 유년의 앳된 눈眼이 이유 없이 사로잡혔던 장면 하나를 천천히 되감아볼 것이다. : "그림을 그리려 할 때 내가 사용한 색이 바로 나를 색칠하고 있지 않는가. 그 색깔로 무언가를 스케치하기도 전에, **그 색깔은 나를 변장시켰던 것이다.** 색깔들이 팔레트에서 서로 혼합될 때, 나는 그것을 마치 용해된 구름처럼 생각하고 화폭에 묻혔다. (…) 색채의 구름과 함께 나 자신은 내가 그린 도자기 그림 속으로 혼입되어버렸던 것이다."[29]

● 바다, 몸, 구멍 : 이청준의 바다에게서 김현 읽기

1. 「나르시스 시론—시와 악의 문제」(1962.3), 『존재와 언어/현대 프랑스 문학을 찾아서』(김현문학전집12), 문학과지성사, 1992, p.13.
2. 『존재와 언어』(1964)의 '후기'.
3. 「존재와 소유」(1966.3), 『현대 한국 문학의 이론/사회와 윤리』(김현문학전집2), p.397.
4. 「폴 발레리의 시와 방법」(1965.8), 『존재와 언어/현대 프랑스 문학을 찾아서』(김현문학전집12), p.243.
5. 「미지인의 초상 1—김승옥과 홍성원의 경우」(1966.8), 『현대 한국 문학의 이론/사회와 윤리』(김현문학전집2), pp.261-265.
6. 「미지인의 초상 2—유현종과 이청준의 경우」(1967), 『현대 한국 문학의 이론/사회와 윤리』(김현문학전집2), pp.274-276.
7. 「존재와 소유」(1966.3), 『현대한국문학의 이론/사회와 윤리』(김현문학전집2), p.384.
8. 「자기 세계의 의미」(1969), 『현대한국문학의 이론/사회와 윤리』(김현문학전집2), p.388.
9. 「미지인의 초상 1—김승옥과 홍성원의 경우」(1966.8), 『현대 한국 문학의 이론/사회와 윤리』(김현문학전집2), p.265.
10. 김승옥, 「환상수첩」(1962), 『환상수첩』, 문학동네, 2004, pp.94-95.
11. 김승옥, 「무진기행」(1964), 『무진기행』, 문학동네, 2004, p.189.
12. 이 부분은 다음의 글 「동시대인의 산책 : 김승옥과 기형도, 겹쳐 읽기」를 참조.
13. 「바다의 이미지 분석 · 서—샤토브리앙의 바다」(1968), 『존재와 언어/현대 프랑스 문학을 찾아서』(김현문학전집12), pp.277-278.
14. 「바다의 이미지 분석 · 서—샤토브리앙의 바다」(1968), 『존재와 언어/현대 프랑스 문학을 찾아서』(김현문학전집12), pp.285-286.
15. 이청준, 「바닷가 사람들」(1966), 『이어도』, 열림원, 1998, p.25.
16. 「두꺼운 삶과 얇은 삶」(1978.9), 『우리 시대의 문학/두꺼운 삶과 얇은 삶』(김현문학전집14), p.366.
17. 「미지인의 초상 2—유현종과 이청준의 경우」(1967), 『현대 한국 문학의 이

론/사회와 윤리』(김현문학전집2), p.276.

18. 「결단과 선택의 윤리적 문제」(1974.9.6), 『행복한 책읽기/문학단평 모음』(김현문학전집15), p.456.
19. 「고향 탐색의 문학적 의미」(미확인), 『책읽기의 괴로움/살아 있는 시들』(김현문학전집5), p.147. 「고향 탐색의 문학적 의미」는 이문구의 『관촌수필』(1977)과 『자서전들 쓰십시다』(1977)에 실린 이청준의 「귀향 연습」을 분석한 글로서 1977년 무렵에 쓴 글로 보인다.
20. 이청준, 「귀향 연습」, 『눈길』, 열림원, 2000, pp.184-187.
21. 「고향 탐색의 문학적 의미」(미확인), 『책읽기의 괴로움/살아 있는 시들』(김현문학전집5), p.150.
22. 「고향 탐색의 문학적 의미」(미확인), 『책읽기의 괴로움/살아 있는 시들』(김현문학전집5), pp.150-151.
23. 「고향 탐색의 문학적 의미」(미확인), 『책읽기의 괴로움/살아 있는 시들』(김현문학전집5), p.151.
24. 「떠남과 되돌아옴」(1986), 『분석과 해석/보이는 심연과 안 보이는 역사 전망』(김현문학전집7), pp.152-153.
25. 「떠남과 되돌아옴」(1986), 『분석과 해석/보이는 심연과 안 보이는 역사 전망』(김현문학전집7), p.156.
26. 「샤토브리앙의 세 연애소설에 대하여」(1984), 『존재와 언어/현대 프랑스 문학을 찾아서』(김현문학전집12), pp.293-294.
27. 「만화도 예술인가」(1975.5.8), 『김현 예술 기행/반고비 나그네 길에』(김현문학전집13), p.74.
28. "이미지라는 말의 어원 자체가 나타내주듯이—image는 산스크리트어인 —ma—에서 온 말이다—그것은 말의 가장 넓은 의미에서 모방하는 힘이다. 그것은 어떤 상징 체계에 따라 대상들을 모방한다. 이 모방이 덩어리로서의 이미지란 상상 체계의 능동적 힘이다. 상상 체계는 이미지를 통해 그 모습을 드러낸다."(「바다의 이미지 분석 · 서—샤토브리앙의 바다」(1968), 『존재와 언어/현대 프랑스 문학을 찾아서』(김현문학전집12), p.275)
29. 「젊은 시인을 찾아서」(1984), 『젊은 시인들의 상상세계/말들의 풍경』(김현문학전집6), pp.13-14.

30. 「젊은 시인을 찾아서」(1984), 『젊은 시인들의 상상세계/말들의 풍경』(김현문학전집6), p.13.
31. 「소설은 왜 읽는가」(1985), 『분석과 해석/보이는 심연과 안 보이는 역사 전망』(김현문학전집7), p.222.
32. 「젊은 시인을 찾아서」(1984), 『젊은 시인들의 상상 세계/말들의 풍경』(김현문학전집6), p.15.
33. 「폭력의 구조: 르네 지라르 연구」(1987), "글머리에", 『폭력의 구조/시칠리아의 암소』(김현문학전집10), p.19.
34. 『행복한 책읽기/문학 단평 모음』(김현문학전집15), p.66, pp.86-87, p.115, p.181에서 각각 인용.
35. 「말들의 풍경」(1989), 『젊은 시인들의 상상세계/말들의 풍경』(김현문학전집6), pp.211-212.
36. "씌어지지 않은"이라는 표현은 이청준의 소설 『씌어지지 않은 자서전』(1969)에서 빌려왔다.

● 동시대인의 산책 : 김승옥과 기형도, 겹쳐 읽기

1. 기형도, 「짧은 여행의 기록」(1988.8.2-8.5), 『기형도 전집』, 문학과지성사, 1999, p.307. 기형도의 글은 『기형도 전집』에서, 김승옥의 소설은 『무진기행』과 『환상수첩』(문학동네, 2004)에서 인용. 본문에서는 제목과 쪽수만 표기.
2. 그러나 80년 광주 이후에 쓴 평론집 『분석과 해석』의 책머리에서, 김현은 "나는 거의 언제나 사일구 세대로서 사유하고 분석하고 해석한다."(『분석과 해석/보이는 심연과 안 보이는 역사 전망』(김현문학전집7), 문학과지성사, 1992, pp.13-14)고 한 말을 그대로 믿는다면, 이 글은 김현이 읽었던 것과 조금 다른 길을 걸을 수밖에 없을 것이다.
3. 김승옥, 「환상수첩」, pp.96-97.
4. 김승옥, 「환상수첩」, pp.94-95.
5. 기형도, 「환상일지」, p.246.
6. 김현, 「자기 세계의 의미」, 『현대한국문학의 이론/사회와 윤리』(김현문학

전집2), 문학과지성사, 1991, p.388. 김현은 1966년 3월과 8월, 1969년, 1978년에 이르는 동안, 김승옥의 소설 「서울 1964년 겨울」을 분석한 네 편의 글(「존재와 소유」(1966.3), 「미지인의 초상 1—김승옥과 홍성원의 경우」(1966.8), 「자기 세계의 의미」(1969), 「김승옥의 「서울, 1964년 겨울」(1978.9)」)을 썼다. 한 작품에 대한 물음들이 다르게 설정됨에 따라 그 해석의 결이 조금씩 달라지고 있음을 읽을 수 있다.

7. 김승옥, 「환상수첩」, p.42.
8. 김승옥, 「무진기행」, p.193.
9. 김승옥, 「무진기행」, p.189.
10. 김현, 「존재와 소유」, p.392.
11. 김현, 「자기 세계의 의미」, pp.388-389.
12. 김승옥, 「서울 1964년 겨울」, pp.285-286.
13. "그 사내가 자살할 것을 알면서도 홀로 놓아두지 않을 수 없었던 안의 구원의 태도는 옳은 것인가, 옳지 않은 것인가. 김승옥은 주저하고 있는 듯하다. 결국 안은 그러한 초현실주의적 태도로써 구원을 얻는다는 것에, 자기만이 구원을 얻는다는 것에 약간 부끄러움을 느낀다. 뭔가 두려워지기 시작한 것이다."(김현, 「존재와 소유」(1966), pp.400-402) "아마도 타인의 구원을 생각하지 않는 자기만의 구원이란, '부끄러운' 것은 아니지만 '두려운 것'에 속하는 모양이다."(김현, 「자기 세계의 의미」(1969), p.389)
14. 김현, 「존재와 소유」, p.397.
15. 기형도, 「짧은 여행의 기록」, p.296.
16. 기형도, 「짧은 여행의 기록」, p.302.
17. 기형도, 「짧은 여행의 기록」, p.312.
18. 원폭피해자들은 대개 일본으로 끌려간 사람들이었고 당시 7만여 명의 한국인 피해자가 발생하였다. 이들은 외적으로 증상이 나타나지 않지만 백혈병에 걸릴 확률이 많은 사람들이다. 원폭피해자들은 다음 세대로 '유전'되는 백혈병의 공포를 안고 살아간다. 정근식 편, 『고통의 역사—원폭의 기억과 증언』(선인, 2005)에 따르면 히로시마 · 나가사키의 한국인은, 종전 후 2만 3천여 명이 남한으로 귀국했다. 기형도가 만약 더 소설을 썼더라면, 추방된 '난민'의 역사를 더듬어 갔을 것이라고 추측해 본다.

19. 기형도,「겨울의 끝」, pp.226-227.

20. 마르그리트 뒤라스, 유지나 역,「일과 말들」,『말의 색채』, 미메시스, 2006, p.219. 바로 뒤에 이어지는 문장도 놓칠 수 없다. "자신 안에서 일어나는 것, 그리하여 서사적 기질에 속하지 않은 것만이 흥미롭다. 사람들은 그것을 이야기할 수 없다. 일상적 삶에도 어떤 키워드들이, 문법으로부터 떨어져 나간 말들이 존재한다. 예를 들어 〈밤〉이라는 말, 〈태양〉과 〈밤〉, 〈시간〉이라는 말, 〈일〉이라는 말, 〈책상〉이라는 말, 〈집〉, 〈죽음〉이라는 말, 〈바람〉이라는 말, 〈강〉, 〈평원〉, 〈평범함〉, 〈바다〉, 〈모래〉, 〈광대함〉, 〈먹다〉라는 말 등이 그런 것들이다."(p.220)

21. 김현,「미지인의 초상 1」, p.261에서 재인용.

22. 기형도,「어느 푸른 저녁」의 시작 메모 중에서(『문학사상』, 1985년 12월호),『기형도 전집』, p.334.

23. 1917년 러시아혁명 당시, 시인 블라디미르 마야콥스키의 구호.

24. 발터 벤야민, 조형준 역,「건설 현장」,『일방통행로』, 새물결, 2007, pp.34-35. 그렇기 때문에 "아동용품—시각 교육 재료, 장난감, 책 등—의 제작에 현학적으로 골몰하는 것은 어리석은 일"이라고.

25. 아감벤이 말하는 '동시대인'은 니체를 읽은 롤랑 바르트의 말, "동시대인이란 반시대적인 자이다."라는 말에서 나온 것이다. "동시대인이란 현재의 어둠을 지각함으로써 현재의 접근할 수 없는 빛을 포착하는 자인 것만은 아니다. 동시대인이란 시간을 나누고 가필함으로써 시간을 변형할 수 있고, 또 그것을 다른 시간과 관련시킬 수 있으며, 역사를 미증유의 방식으로 읽을 수 있고, 그것을 필연에 따라 '인용할' 수 있는 자이기도 하다. 여기에서 필연은 절대로 그의 자의식성에 비롯되는 것이 아니라 그가 대답하지 않을 수 없는 요청에 비롯한다."(조르조 아감벤, 양창렬 역,「동시대인이란 무엇인가」,『장치란 무엇인가』, 도서출판 난장, 2010, p.88)

나변那邊의 거울 : 김현 비평 속의 '나'와 그 주변

1. 「인간과 종교와 문화」(1974), 『김현 예술 기행/반고비 나그네 길에』(김현문학전집13), 문학과지성사, p.19.
2. 이 글에서는 '김현'이라는 이름 대신 '나' 혹은 '그'라는 표현을 쓸 것이다. 비평가 김현은 이 글을 쓰는 필자(나)와 구분하기 위해 작은따옴표('나')를 써서 표기한다.
3. 『미셸 푸코의 문학비평』, 책머리에(1989), pp.98-100.
4. 「억압 없는 사회를 향한 노력」(미확인), 『폭력의 구조/시칠리아의 암소』(김현문학전집10), p.306.
5. 박준상, 「블랑쇼의 문학론」, 『프랑스 철학과 문학비평』, 문학과지성사, 2008, p.112.
6. 「작가」(미확인),『김현 예술 기행/반고비 나그네 길에』(김현문학전집13), pp.157-158.
7. 「나르시스 시론—시와 악의 문제」(1962), 『존재와 언어/현대 프랑스 문학을 찾아서』(김현문학전집12), p.13.
8. 「나르시스 시론—시와 악의 문제」(1962), 『존재와 언어/현대 프랑스 문학을 찾아서』(김현문학전집12), p.11.
9. 오비디우스, 이윤기 역, 『변신 이야기』, 민음사, 2001, pp.136-137.
10. 「미지인의 초상 2—유현종과 이청준의 경우」(1967), 『현대 한국 문학의 이론/사회와 윤리』(김현문학전집2), p.277.
11. 「이상李箱에 나타난 만남의 문제」(1963), 『김현 예술 기행/반고비 나그네 길에』(김현문학전집13), p.357.
12. 「신 없는 시대의 질주」(1963), 『존재와 언어/현대 프랑스 문학을 찾아서』(김현문학전집12), p.199.
13. 「만남 혹은 시인의 환상—오르페 신화의 구조」(1964), 『김현 예술 기행/반고비 나그네 길에』(김현문학전집13), p.383.
14. 「아르파공의 절망과 탄식」(1974-1975), 『김현 예술 기행/반고비 나그네 길에』(김현문학전집13), pp.42-43.
15. 「두꺼운 삶과 얇은 삶」(1978), 『우리 시대의 문학/두꺼운 삶과 얇은 삶』(김

현문학전집14), p.366.

16. 「아르파공의 절망과 탄식」(1974.10-1975.5), 『김현 예술 기행/반고비 나그네 길에』(김현문학전집13), pp.33-34.
17. 「뛰어난 오역을 보고 싶다」(1979), 『우리 시대의 문학/두꺼운 삶과 얇은 삶』(김현문학전집14), p.276.
18. 「60년대 문학의 배경과 성과」, 『분석과 해석/보이는 심연과 안 보이는 역사 전망』(김현문학전집7), p.244.
19. 『자료집』(김현문학전집16) 참조.
20. 『자료집』(김현문학전집16) 참조.
21. 「어둠 속의 밝음」(1978), 『우리 시대의 문학/두꺼운 삶과 얇은 삶』(김현문학전집14), p.64.
22. 「시와 풍요한 삶」(1979), 『우리 시대의 문학/두꺼운 삶과 얇은 삶』(김현문학전집14), p.280.
23. 「아름다운 무서운 세계」(1984), 『우리 시대의 문학/두꺼운 삶과 얇은 삶』(김현문학전집14), p.250.
24. 「존재와 소유」(1966), 『현대한국문학의 이론/사회와 윤리』(김현문학전집2), pp.400-402.
25. 「미지인의 초상 1—김승옥과 홍성원의 경우」(1966.8), 『현대한국문학의 이론/사회와 윤리』(김현문학전집2), pp.258-269.
26. 「자기 세계의 의미」(1969), 『현대한국문학의 이론/사회와 윤리』(김현문학전집2), p.389.
27. 「60년대 작가 소묘」(1972), 『현대한국문학의 이론/사회와 윤리』(김현문학전집2), p.407.
28. 「인신人神의 고뇌와 방황—이루어짐의 도식」(1976), 『문학과 유토피아』(김현문학전집4), pp.201-211.
29. 「김승옥의 「서울, 1964년 겨울」」(1978.9), 『우리 시대의 문학/두꺼운 삶과 얇은 삶』(김현문학전집14), p.122.
30. 「비평고」(1962-1963), 『현대비평의 양상』(김현문학전집11), p.342.
31. '책머리에'(1980), 『문학과 유토피아』(김현문학전집4), p.5.
32. 바르트의 『기호의 제국』(1970)에서 인용한 문단은 "서양에서는, 거울은 본

질적으로 나스시스적(자기 도취적)인 대상이다. 사람이 거울에 대해 생각할 때는 거기에서 자신을 보기 위해서일 뿐이다. 그러나 동양에서는, 거울은 공空인 것 같다. 그것은 상징의 공의 상징이다. 도인道人의 정신은 거울과 같다. 그것은 아무것도 거머쥐지 않으며 아무것도 배척하지 않는다. 그것은 받아들이나, 간직하지 않는다"라고 한 도승 道僧은 말한다. 거울은 다른 거울만을 사로잡으며, 그 한없는 반사는 공 자체이며, 그것이 바로 형태인 것이다."(「바라봄과 텅 빔—거울의 이미지 분석」(1982), 『존재와 언어/현대 프랑스 문학을 찾아서』(김현문학전집12), p.225)

33. "제42대 흥덕대왕은 보력 당나라 경종의 연호 寶歷 2년 병오(826)에 즉위하였다. 얼마 못되어 당나라에 사신으로 갔던 사람이 앵무새 한 쌍을 가지고 왔는데 오래잖아 암놈은 죽고 홀로 된 수놈이 늘 구슬프게 울어마지 않았다. 왕이 사람을 시켜 거울을 그 앞에 걸도록 하였더니 새가 거울 속에서 제 그림자를 보고 제 짝을 만난 줄 알았다가 그만 거울을 쪼아보고는 그것이 그림자인 줄 알고 슬프게 울다가 죽었다. 왕이 노래를 지었다 하나 사실을 알 수 없다."(일 연, 이가원 · 허경진 역, 『삼국유사』, 한길사, 2006, pp.374-376)
34. 거꾸로逆라는 뜻을 껴안은 거울의 옛말은 '거구루'였다. 《석보상절》(15세기)에는 '거우루'라는 모습으로 나타났다가 자음과 모음이 하나씩 탈각되고 나중에는 '거울'이라는 두 음절로 축약된다.
35. 「푸코의 미술 비평」(1990), 『폭력의 구조/시칠리아의 암소』(김현문학전집10), pp.297-298.
36. 「그 자신이 상처가 되지 아니하면」(1972), 『김현 예술 기행/반고비 나그네 길에』(김현문학전집13), p.264.
37. 「작가 의식의 성장」(1977), 『우리 시대의 문학/두꺼운 삶과 얇은 삶』(김현문학전집14), p.116.
38. 「고통스런 압지의 이미지」(1976), 『우리 시대의 문학/두꺼운 삶과 얇은 삶』(김현문학전집14), p.25.
39. 「고통의 정치학」(1977), 『우리 시대의 문학/두꺼운 삶과 얇은 삶』(김현문학전집14), pp.94-96.
40. 「미술 기행」(미확인), 『김현 예술 기행/반고비 나그네 길에』(김현문학전집13), p.58.

41. 「아르파공의 탄식과 절망」(1974-1975), 『김현 예술 기행/반고비 나그네 길에』(김현문학전집13), p.44.

42. 『분석과 해석』(1988)의 제사로 인용된 문장으로, 『산해경』에서 주(?)와 비蜚가 나타나면 일어나는 현상.

43. 「떠남과 되돌아옴—이청준의 최근 작품들에 대하여」(1986), 『분석과 해석/보이는 심연과 안 보이는 역사 전망』(김현문학전집7), p.156.

44. 「예술적 체험의 의미」(1985), 『우리 시대의 문학/두꺼운 삶과 얇은 삶』(김현문학전집14), p.323.

45. 「병든 세계와 같이—아프기: 『칠조어론』의 주변」(1990), 『분석과 해석/보이는 심연과 안 보이는 역사 전망』(김현문학전집7), p.342.

46. 「영원히 닫힌 빈방의 체험—기형도, 한 젊은 시인을 위한 진혼가」(1989), 『젊은 시인들의 상상 세계/말들의 풍경』(김현문학전집6), p.309.

47. 사복은 어머니가 죽자, 그를 찾아온 원효에게 "그대와 내가 옛날에 경을 싣고 다니던 암소가 이제 죽었으니 함께 가서 장사지내는 것이 어떻겠는가?"라고 묻는다. 이에 응한 원효는 사복의 어머니의 시체 앞에서 이렇게 빌었다. "나지 말지어다, 그 죽음이 괴롭도다. 죽지 말지어다, 그 삶이 괴롭다 莫生兮其死也苦! 莫死兮其生也苦!" 그러자 사복은 그 말이 번거롭다고 하고, 다음과 같이 고쳐 말했다. "죽는 것도 사는 것도 다 괴롭다 生死苦兮!". 그런 후에 사복은 어머니의 시체를 지고 땅 아래 연화장의 세계로 들어갔다(일연, 이가원 · 허경진 역, 『삼국유사』, 한길사, 2006, pp.374-375)

48. "일기—완전히 고독한 것처럼 보이는 이 책—는 종종 작품이라는 이름으로 작가에게 오는 고독에 대한 두려움과 고뇌로 인하여 쓰인다. (…) 이 시간은 미래로 가며 그렇게 영원히 가버리는, 항상 추월되는 것의 작업으로서의 시간이다."(모리스 블랑쇼, 박혜영 역, 『문학의 공간』, 책세상, 1998, pp.26-27)

49. 「『문심조룡』에 대하여」(1981.7.27), 『우리 시대의 문학/두꺼운 삶과 얇은 삶』(김현문학전집14), 286-287.

● 갈색 아가미 붓 : 기형도와 반 고흐

1. 프리드리히 니체, 김정현 역, 『선악의 저편』, 책세상, 2007, p.35.
2. 앙토냉 아르토, 조동신 역, 『나는 반 고흐의 자연을 다시 본다』, 숲, 2003(이하 『반 고흐의 자연』). 1947년 파리에서 반 고흐의 전시회가 개최되는 동안, 아르토는 정신과 의사인 베르와 르르와가 쓴 『반 고흐의 악마성』이라는 책을 접하게 된다. 반 고흐의 예술작품이 정신질환에서 나왔다고 주장하면서 그를 광인으로 단정짓는 이 글을 읽은 뒤, 아르토는 단숨에 반박하는 글(Van Gogh le suicidé de la société)을 완성한다. 앞의 책은 이 글의 내용을 번역한 것이다.
3. 이런 식의 평가는 반 고흐가 죽기 약 6개월 전에, 프랑스 비평가 알베르 오리에가 쓴 「고립된 사람들 : 빈센트 반 고흐」(1890년 1월)에서부터 시작된다. 오리에는 반 고흐의 '기질'을 분석한 뒤 예술가의 창작물과 성격 사이의 관련성에 대해 언급했다. 그의 눈에 비친 반 고흐의 모습은 과잉된 에너지, 지나친 신경과민, 표현속의 폭력, 정신착란에 빠진 사람, 기괴하고 끔찍한 미친 천재, 과도한 탐미주의자 등 다양한 수사학적 언어로 묘사되었는데, 그 표현들은 반 고흐를 비롯하여 광기와 천재성을 지닌 예술가들을 지칭하는 원형적인 이미지로 자리잡았다. 1903년 반 고흐의 친구였던 고갱이 그를 미친사람으로 흥미롭게 서술하면서 반 고흐에 대한 이와 같은 평가는 하나의 전통으로 자리잡은 듯하다.(멜리사 맥킬런, 이영주 역, 『천재 예술가의 신화와 진실 : 반 고흐』, 시공아트, 2008, pp.7-21 참조. 이하 이 책은 『반 고흐』로 줄여 씀)
4. 기형도의 시들은 『기형도 전집』, 문학과지성사, 1999에서 가져왔다.
5. 한자 '言'과 '己'는 본래 대나무와 끈의 매듭을 가리키는 것으로, 둘 다 문자를 갖기 전에 인간의 기억을 돕기 위한 보조수단이었다. '記'자를 이렇게 파자해서 보면 '기록하다'이라는 말의 기원적 의미가 잘 드러난다.
6. "한 사람이 살아온 과거란 기껏해야 운반 도중 사지가 모두 잘려 나간, 그리하여 지금은 값비싼 덩어리밖에 남지 않은 아름다운 조상彫像과 같은 것으로 그는 그러한 덩어리로부터 자기의 미래의 상을 깎아내야만 하기 때문이다."(발터 벤야민, 조형준 역, 『일방통행로』, 새물결, 2007, p.96)

7. 반 고흐, 신성림 편역, 『반 고흐, 영혼의 편지』, 예담, 2008. 반 고흐가 쓴 편지들은 이 책을 참고했다. 이하 『영혼의 편지』로 줄여 표기.
8. 줄리아 크리스테바, 김인환 역, 『검은 태양—우울증과 멜랑콜리』, 동문선, 2004, p.20.
9. 『영혼의 편지』, p.208.
10. 페르디낭 드 소쉬르, 최승언 역, 『일반언어학 강의』, 민음사, 1990, p.41. 당시에 언어학자 소쉬르에 눈에는 발음되지 않는 문자언어가 대중들의 언어생활에까지 심각한 영향을 미칠 수 있는 위험천만한 것으로 여겨졌던 모양이다. 다음과 같은 말 속에 잘 드러나 있다. "이러한 현상은 쓰여진 문헌이 중요한 역할을 하는 매우 문학적인 고유 언어에서만 일어난다. 이 경우 시각적 영상이 잘못된 발음을 만들어내게 된다. 이것이야말로 정말 병적인 현상이다."(같은 책, p.43) 열렬한 독서가인 반 고흐가 당시에 이 문장을 읽었다면, 무슨 생각을 했을까.
11. 찰스 다윈, 박동현 역, 『종의 기원 2』, 신원문화사, 2003, p.407. 다윈(1809-1882)은 이 책(1859)의 마지막 부분에서 "흔적적인 퇴화한 또는 발육을 정지한 기관들"을 다루고 있다. 여기에서 반 고흐의 붓길을 진화론의 근거 중의 하나인 '흔적기관'을 들어 비유한 것은 과학적이냐 비과학적이냐를 다투고자 하기 위한 것이 아니다. 그보다는 데리다가 말한 '흔적trace'이라는 개념을 연상하는 것이 더 좋을 것이다. 하이데거에게서 데리다가 차용한 이 개념은 '삭제했지만 완전히 지워지지 않는 상태 sous rature'를 표시(×)함으로써 단어 자체를 쓴 부분과 삭제된 부분을 동시에 인쇄해서 보여주는 방법적 전략이다.
12. 『영혼의 편지』, pp.21-22.
13. 반 고흐 또한 사모했던 도미에의 고독한 모습은 보들레르의 「도미에의 초상에 바치는 시」에 잘 표현되어 있다. 보들레르의 눈에 비친 도미에는 섬세한 예술가였고, 웃음을 가르쳐준 현인이자 예언자였다. "그의 무모한 익살은 오직 가면,/이를 악물고 참는 고통이요/그의 심장은 따뜻한 햇빛으로 빛난다네/천진난만하고 활달한 웃음 속에서"(박홍규, 『오노레 도미에』, 소나무, 2000, pp.205-206)
14. 사실 그들은 서로 만난 적이 없다. 하지만 지금의 눈으로 그들을 바라봤을

때 하나의 별자리를 그린다. 반 고흐의 다음과 같은 말, "문명화된 사람들 대부분은 우울증과 비관론이라는 병에 걸려 있다. 나도 웃고 싶은 마음을 잃고 살아온 게 몇 년인지."(1887년 여름-가을, 『영혼의 편지』, p.152), 그런 웃음의 필요성 때문에 그는 모파상, 라블레, 볼테르의 『캉디드』를 읽는다고 했다. 이러한 반 고흐의 생각은 니체의 도덕생리학적 관점과 냉소주의, 벤야민의 묵시론적 세계관과 멜랑콜리 등과 흡사한 구석이 있다.

15. 『영혼의 편지』, pp.190-191.
16. 미하엘 하우스 켈러, 김현희 역, 『예술 앞에 선 철학자』, 이론과실천, 2003, p.44에서 재인용.
17. 에두아르 푹스가 도미에에 관해 쓴 글 속에 있는 한 구절이다. 발터 벤야민, 반성완 역, 「수집가와 역사가로서의 푹스」, 『발터 벤야민의 문예이론』, 민음사, 2000, p.307.
18. "정신의 속임수 없이 영혼에 입혀진 옷을 벗기고, 영혼의 굴레에서 육체를 해방시키고, 마침내 인간의 육체까지도 훌러덩 벗겨내는 시선."(『반 고흐의 자연』, p.107)
19. 니체, 『선악의 저편』, 앞의 책, p.173.
20. 불교의 12인연설(無明—行—識—名色—六入—觸—受—愛—取—有—生—老死)의 중간 부분에 해당하는 '촉觸'은 인식을 촉발시키는 주요한 계기이다. 용수가 "觀十二因緣品"에서 설한 "因於六觸故 卽生於三受 以因三受故 而生於渴愛"라는 구절에 해당한다.(김성철 역주, 『중론(中論)』, 경서원, 2005, pp.451-459)
21. 이러한 설명은 현대의 진화의학(다윈의학)이 취하고 있는 관점 중의 하나이다.(강신익, 『몸의 역사—의학은 몸을 어떻게 바라보았나』, 살림출판사, 2007, pp.82-89) 그들은 몸을 기계로 보는 근대의학을 거부하고, 수천만 년에 이르는 진화의 관점에서 인간의 몸을 봐야 한다고 주장한다. 인간의 몸을 기계의 부품으로 다루지 않고 '시간과 관계의 연결망' 속에서 봄으로써 근대 의학의 흐름을 새롭게 전환시키고 있다.
22. 〈일본 여자〉(1887), 〈이탈리아 여인〉(1887-1888), 〈탕기 아저씨 초상〉(1887-1888)에서 볼 수 있는 다양한 색채와 평면적인 배치 방식은 우키요에 목판화를 통해서 배운 것이다.

23. 손택의 이 말은 푸코의 생각을 그대로 잇고 있다.(수전 손택, 홍한별 역, 「아르토에 다가가기」, 『우울한 열정』, 시울, 2006, p.231)

24. 공자는 최고의 덕으로 지나침도 부족함도 없는 중용中庸을 중시하여, 한쪽에 치우치고 집착하는 사람들을 가리켜 중용의 덕을 갖추지 못한 광자狂者라고 정의했다. 그러나 중용의 길을 행하는 사람을 얻을 수 없다면, 그 차선책으로 그들을 선택할 수 있다고 생각했다.(「子路」, 『論語』)(최영찬 · 최남규 · 황갑연 · 박용진, 「狂과 狷」, 『동양철학과 문자학』, 아카넷, 2003, pp.213-215)

25. 프리드리히 니체, 『선악의 저편』, p.191. 니체는 바로 다음 문장에서 "오늘날 위대성이라는 것이 가능한가?"라고 회의적인 물음을 던지고 있지만.

26. 테오도르 아도르노는 문명화된 현대인에게 유일하게 남아 있는 원시적이고 동물적인 반응양식을 이디오진크라시라고 했다. 그것은 생물학적인 원초 상태를 재현한다.(김유동, 『아도르노 사상』, 문예출판사, 1993, p.116)

27. 손택은 아르토의 미학을 "궁극적인 조증躁症의 헤겔주의"라고 표현했다.(수전 손택, 『우울한 열정』, p.193)

28. 「밤 눈」의 시작 메모 중에서, 『기형도 전집』, p.333.

29. 발터 벤야민, 박설호 편역, 「무메 레렌」, 『베를린의 유년시절』, 솔, 1998, p.76.

2부 왜 쓰는가

문학적 감수성의 이면[裏面]

한국현대작가들의 글쓰기 경험과 그 '변형'의 치유력

문학과 의학의 접점 : 변형의 서사

'왜 쓰는가'라는 물음에 대한 작가들의 대답은 다채롭다. 그런 점에서 '왜 쓰는가'라는 질문은 아무런 대답을 들 수 없는 무용한 질문이 될 수도 있다. 그런데 이 물음 앞에서 무한대로 미끄러지는 이질적인 응답들이 오히려 우리를 특별한 곳으로 이끈다.

『나는 왜 문학을 하는가』라는 책에 실린 한국현대작가들의 내밀한 고백과 자기성찰적 진술은 글쓰기라는 행위를 촉발시킨 문학적 감수성의 흔적과 그 편차를 엿보게 한다.[1] 뿐만 아니라 작가들 나름대로 글쓰기의 경험을 고백하고 있는 사이에 드러난 질병학적인 토로와 자기치유의 서사는 문학과 의학의 접점을 사유할 여지를 남기고 있다.

작가들이 글을 쓰는 이유는 여러 가지다. 글을 쓰는 이유가 고통과 괴로운 기억에서 벗어나기 위해서이거나 혹은 신명나는 놀이로서 즐거움과 쾌락을 주기 때문이라는 등 엇갈린 입장을 담은 진술이 교차한다. 또 글쓰기의 스펙트럼은 "삶의 세목들을 새겨 넣은 신산스러운 자기 확인의 지형도에 다름아니"(김명인, 「우연과 필연」, p.45)라는 개인적 삶의 자리와 연관되는 것에서부터 "문명화된 시대를 살더라도 따뜻한 삶에 대한, 그리고 따뜻한 삶에 대한 그리움을 이야기하는 우리 내면의 파수꾼이고 싶다"(이순원, 「마음밭 일구는 내면의 파수꾼」, p.184)는 세상과의 접속점에 이르기까지 깊고 넓다.

왜 쓰는지에 대한 작가들의 응답을 몇 가지로 분류하는 것은 불가능하다. 게다가 이들의 진술 속에서 글쓰기의 동기와 이유를 직접적으로 들을 수 있는 경우는 거의 드물다. 작가 자신조차도 진술 내용과 따로 떨어져 그 외부에 존재한다. 즉 실제작가인 '나'와 진술 속의 '나'는 동일하지 않고, 진술 밖의 '나'와 진술 안의 '나'는 서로 연결된 듯 분리되어 있다. 그리고 작가들이 글쓰기의 경험을 말하는 가운데에는 그들이 세계를 감지하는 다층적인 세계감感이 노출되고 있다. 글쓰기라는 행위를 유발시킨 어떤 감정이나 기분상태, 상처와 기억 등에 관한 작가들의 진술은 곧 한국작가들의 문학적 감수성이 형성되고 있는 지점을 드러낸다.

범위를 좁혀서, 이 글에서 특히 관심을 두고 읽고자 하는 부분은 무엇이 작가들로 하여금 글을 쓰게 하고, 작가들은 글쓰기를 통해서 어떠한 방식으로 자기치유에 이르고 있는가에 관한 것이다. 흥미롭게도 작가들이 글쓰기 경험을 다양한 방식으로 토로하는 중에는 '질환 이야기illness narrative'가 적지 않게 들어 있다. 이는 문학과 의학의 관계를 보다 더 밀접하게 살피게 하는 부분이다.[2]

> 누구나 육체의 치료사가 될 수 있지만 작가는 상처에서 진주를 캐내는 정신의 의사가 아닌가.(강석경, 「나의 한가운데로 가는 여정」, p.14)

> '나는 지금 소설을 쓰고 있다'. 오직 그 문장에만 해당하는 일을 나는 하고 있었다. (…) 그저 '나는 지금 소설을 쓰고 있다', 그 문장뿐이었다. 그리고 그때까지 살아오면서 받았던 모든 상처는 치유됐다.(김연수, 「Ten days of happiness」, p.54)

> 글을 쓴다는 것은 그런데 무엇일까? (…) 할 말이 많다는 것은 맺혀 있는 것이 많다는 이야기이겠다. 맺혀 있는 것이 많다는 것은 세상 또는 세상 사람들한테서 상처를 받았다는 이야기이겠다. 그것도 회복 불능의 깊은 상처를.(김성동, 「홀로 피어나는 '그늘의 꽃'」, p.50)

> 나의 문학은 나의 병력病歷과 다름 아니다. (…) 나도 괴로웠던 젊은 시절의 추억, 폐쇄회로와 같은, 회색빛 겨울날과 같은, 기억으로부터 벗어나고 싶었다.(김영현, 「문학, '깊은 강'을 건너온 나의 숙명」, p.58)

남들과 잘 어울리기 싫었고 자폐증, 대인기피증 비슷한 걸 앓았다. 나는 내 깊은 절망 속으로만 침잠했다. 그리고 거기서 문학을 만났다.(도종환, 「시는 내 인생의 길이었다」, p.94)

나는 어쩌면 나의 환경이나 주어진 운명에 대한 저항과 고발의 욕구를 위해서, 단순한 정신적 배설을 위해서 글쓰기에 열중했던 것이다.(안정효, 「글을 써야 하는 이유」, p.150)

우선, 나는 고백하기 위해서 문학을 한다. (…) 문학적 고백의 형태는 참으로 다양하고 복잡해서 죄와 허물뿐만 아니라 열등감, 상처와 장애, 가난, 슬픔과 외로움, 수치심, 통증 등등.(윤흥길, 「내 영혼의 빈 그릇을 채우기 위하여」, p.158)

이 비정한 세계에서, 감수성이 가장 예민한 성장기에, 나와 내 가족들이 겪어야만 했던 그 가혹한 체험들을 세상 사람들에게 이야기하고 싶었고, 이야기하면서 가슴속에 고여 있는 울음을 퍼내고 싶었고, 그렇게 함으로써 위로받고 상처를 치유받고 싶었던 것이다. (…) 이 세계는 여전히 난폭하고 비정하며, 나는 또 너무나 자주 그리고 깊이 상처받고 전율한다(이동하, 「전쟁의 상처와 무능한 손」, pp.165-168)

위에서 볼 수 있는 것처럼, 대부분의 작가들은 글쓰기의 경험을 질병학적인 은유를 빌려 서술한다. 여기에서 먼저 눈에 띄는 어휘는 '상처'와 '치유'이다. "회복불능의 상처", "배설", "고백" "상처와 장애" "자폐증, 대인기피증" "분열과 발작" 등의 표현들에서 작가들의 모습은 어떤 아픔과 고통을 호소하는 환자의 모습과 자연스럽게 겹친다.

작가들의 진술은 환자가 자신의 질병 내러티브를 통해서 분석과 해석, 변형과 재구성하는 질환 이야기와 흡사한 구석이 있다. 그런 점은 글을 쓰는 이유에 대한 객관적이고 합리적인 설명이 아니라 그것을 가상, 변신욕망, 환상, 자전적 허구 등 다양한 형태의 이미지와 내러티브로 '변형'시켜 진술한 부분에서 도드라진다. 여기에서 작가들은 자신의 질병을 스스로 해석하는 의사로서의 역할을 수행한다. 따라서 환자이자 의사로서의 작가들에게 글쓰기라는 행위는 질병에 대한 자기분석의 자리이자 자기치유의 여정이 되고 있다고 할 수 있다.[3] 그들의 진술에서 자주 엿보이는 변형의 내러티브는 글쓰기 자체가 주는 고통의 경험과 작가 나름대로의 치유과정을 의학적인 관점에서 접근할 여지를 준다.

거슬러 올라가면 문학예술의 창조적 근원인 상상력 자체가 '변형'의 원리에 기반해 있었다. 문학예술의 역사는 곧 변형의 역사이다. 문학예술의 상상력은 작가가 세계와의 마주침을 다양한 변형을 거쳐서 세계를 드러내는 작업이다. 《삼국유사》, 《산해경》, 《변신이야기》, 「나르키소스의 변형」, 「변신」 등 변형의 모티프를 직접적으로 보여주고 있는 동서양의 작품들을 비롯하여 어쩌면 거의 모든 예술작품이 변형의 논리에 의해 이루어져 왔다고 해도 지나친 표현이 아닐 것이다.[4] 그 중에서 신화는 문학예술의 기나긴 역사 속에서 인간의 원초적인 욕망을 변형해 놓은 가장 오래된 흔적이다. 신화적 이미지는 인간의 심층적 욕망의 데포르마시옹déformation이다.[5] 따라서 신화와 의학의 접점에서 신화를 통해 과학적 의학이 잃어버린 치유의 전통을 재발견하고, 지금의 입장에서 재해석하려는 일은 의미있는 작업이라 여겨진다.[6]

《변신 이야기》에 실린 한편의 이야기가 던져주는 몇 가지 물음으로부터, 이 글에서 논의할 상처와 고통, 변형, 치유 등에 관한 실마리를 얻어 본다.

> "나는 델포이 땅의 주인이며, 테네도스 섬의 주인, 파타라 항구의 주인이오. 나는 저 신들의 아버지 유피테르의 아들이오. 내게는 과거, 현재, 미래를 아는 재주도 있소. 수금竪琴을 나보다 잘 뜯는 인간이나 신은 하나도 없을 것이오. 내 화살은 백시백중百矢百中이오만, 나보다 솜씨가 나은 자가 있어서 내 가슴에 치유할 길 없는 상처를 입히고 말았소. 의술은 내게서 비롯되었소. 그래서 세상사람들은 나를 일러 파이에온('고치는 자'라는 뜻, 아폴로의 별명)이라고 하오. 아, 나는 약초를 잘 아는 의신醫神이오만, 이 사랑병 고칠 약초는 없으니 이 일을 어찌리오. 남을 돕는 재주가, 있어야 할 그 임자에게는 하릴없으니 장차 이 일을 어쩌리오."

다프네의 그 부드럽던 젖가슴 위로 얇은 나무껍질이 덮이기 시작했다. 머리카락은 나뭇잎이 되고 팔은 가지가 되기 시작했다. 조금 전까지만 해도 그렇게 힘있게 달리던 다리는

> 뿌리가 되고, 얼굴은 이미 나무 꼭대기가 되고 있었다. 이제 다프네의 모습은 거기 남아 있지 않았다. 눈부신 아름다움만 거기에 남아 있을 뿐…. 그는 월계수 가지를 다프네의 사지인 듯이 끌어안고 나무에 입술을 갖다 대었다. 나무가 되었는데도 다프네는 이 입맞춤에 몸을 웅크렸다.[7]

쿠피도가 쏜 사랑의 화살을 맞은 아폴로는 다프네를 좇으며 사랑을 고백하지만 다프네는 늘 달아날 뿐이다. 아폴로의 탄식은 절절切切하다. 아폴로는 과거 현재 미래의 시간대를 예지할 수 있는 능력을 지녔고, 수금harp 竪琴을 잘 켜는 연주능력을 가지고 있으며, 약초를 잘 아는 의신醫神으로 그의 별명은 '고치는 자'라는 뜻의 파이에온이다. 그러나 그는 사랑의 병만은 고칠 수 없다. 아폴로의 손이 닿는 순간 결국 다프네는 월계수 나무로 변한다. 다프네는 아폴로의 추격 끝에, 그 막다른 상황에서, 식물적인 존재로 변신하여 긴박한 상황을 모면한다. 다프네의 변신은 한계적 상황을 벗어나는 유일한 방식이었다. 다프네가 월계수 나무로 변신한 다음에도 아폴로의 중독된 사랑의 통증은 멈추지 않는다. 이 이루어질 수 없는 사랑의 한 장면을 신화는 생생하게 전하고 있다. 다프네의 변신은 붙잡을 수 없는 세계의 본질, 다면체적 자연, 궁극적인 아름다움을 말해주고 있는 것이 아닐까. 그 다프네를 뒤쫓는 아폴로의 치유할 길 없는 갈애渴愛에서 작가들의 고통스러운 글쓰기를 떠올리는 것은 너무 지나친 상상일까.

상처와 기억의 재구성 : 가상

작가들이 글을 쓰는 이유는 저마다 다르지만, '어떤 그 무엇'으로부터 글쓰기를 시작했다는 점에서는 거의 동일하다. 작가들은 사소하고 보잘 것 없는 것들의 움직임을 포착하고, 그것으로부터 진지한 사유를 이끌어내고 글쓰기의 기원으로 삼는다. "생생한 삶의 편린들", "미지의 세상과 새로운 체험에 대한 강렬한 호기심"이 "내 몸과 마음을 부추긴 때문"(황석영, 「말라 버려선 안 될 사랑을 확인하고 싶어서」, p.300)에 글을 쓴다는 고백에서처럼, 우연하고 사소한 것들이 감수성을 자극한다.

> 밀물처럼 몰려온 이러한 함성의 분출이 썰물처럼 빠져 나가면, 일상을 되찾은 우리의 주변에서 풀벌레의 노래가 다시 들려오고, 어디선가 낮은 목소리로 여전히 중얼거린다. 소음과 연호가 우리의 귀를 가득 채웠을 때도 이 소리는 그치지 않았다. 다만 들리지 않았을 뿐이다.(김광규, 「중얼거리기 위하여」, pp.38-39)

> 내 문학은 해 저문 저 배고픈 푸른 들길에서 시작되었다. 푸른 어둠에서 캄캄한 어둠으로 건너가는 저 숨막히는 자연의 긴장 속에 나는, 내 문학은 있었다.(김용택, 「문득 시가 내게로 왔다」, p.60)

문학행위를 깔아 둔 지 오래 된 카펫을 들춰 보는 일과 비교해 봄직하다. 우리들 일상의 삶들이 배설해서 밑바닥에 가라앉은 고통과 갈등과 비통함의 먼지들, 혹은 사람들이 대수롭지 않게 생각해서 무심코 밟고 다니는 사소한 것들을 들춰내어 그것의 명분과 의미를 되새김질하고 비통해서 울음을 터뜨리는 것이다.(김주영, 「자유는 나의 숙명, 고통은 나의 벗」, p.78)

나는 여자가 끌고 들어오는 무언가를 본다. 그것은 여자의 그림자였을 수도 있을 것이다. 한순간 나는 여자가 살아온 지난 날들을 다 알 것만 같은 착각에 사로잡힌다. 더 이상 여자는 낯설지 않다. 본다는 것. 나는 본다. 그러므로 나는 존재한다.(하성란, 「시선에 대하여」, pp.270-273)

"사자와 코끼리같이 크고 엄청난 것"이 아니라 "먼지", "풀벌레 소리", "낮은 목소리", "중얼거림", "캄캄한 어둠", "그림자" 등 삶의 이면에 자리한 비가시적이고 비언어적인 것들이 작가들의 눈과 귀를 건드린다. 이 비실체적, 비표상적인 이미지, 소리, 침묵이 글을 쓰게 한다. 작가들의 감수성에 포착된 사소한 것들은 글을 쓰는 순간부터 더 이상 사소한 것이 아니게 된다.

어떻게 하면 저것들을 말하게 할까. 저것들의 말의 욕구로 어둠의 모든 입술들을 움짓거리게 할까.(강은교, 「마중물을

찾아서」'나의 하루'를 따라」, pp.16)

> 나는 내가 보고 겪은 것, 만난 사람과 그때의 느낌을, 남은 물론이고 스스로 믿을 만한 것으로 여기게 하기 위해 소설을 쓰게 되었는지도 모른다. 더 범위를 넓혀 말하자면 누구나 인생에서 우연히 마주치게 되는 호랑이, 혹은 호랑이의 발자국 같은 '그 무엇' 때문에 문학을 하게 되었을 것이다.(성석제, 「호랑이 발자국」, p.129)

> 부정확한 것, 시비가 가려지지 않는 것, 뭐라고 형언할 수 없는 것, 이를테면 말해질 수 없는 것…. 그런 것들이 이 세계에 부유하고 있다는 것을 어렴풋이 느끼기 시작하면서 나는 내 노트에 문장을 지어 보기 시작하지 않았나 싶다.(신경숙, 「해결되지 않는 것들을 향하여」, p.137)

"말해질 수 없는 것", "보고 겪은 것", "아이의 얼굴", "그 무엇", "저것들"이 글을 쓰게 한다. "우연히 마주치게 되는" 모든 것들이 글쓰기의 기원을 차지한다. 이와 같이 작가들의 글쓰기는 대부분 주어진 것에 대한 수동적인 경험에서 비롯된다. 다시 말해 작가들의 감수성은 일상의 모든 것으로부터 '상처받을 수 있음vulnérabilité'의 수동성, 즉 타자의 지배를 받듯 상처와 고통에 노출되어 그것에 의해 지배된다.[8] 그들이 토로하는 '상처'란 물리적인 충격에 의한 아픔만을 지칭하지 않고 해독될 수 없는 것, 언어로 번역될 수 없는 것, 미지의 것, 불가해한 것이다. 즉 상처의 경험은, 개념체계에 포섭되지 않는 정체불명의 '상형문자'이자 '기호signe'이다.[9] 그런 "상처들을 수락하고 받아들였을 때" "내 속을 덧나게 한 상처가 무엇인지, 그것들을 발견하고 다스리려 발버둥쳤던 또 다른 주제를 구체화"(김명인, 「우연과 필연」, p.45)시키는 과정이 곧 글쓰기이며, "작가들은 상처를 추적하면서 그들이 속한 사회의 왜곡된 면이나 인생의 환부를 열어젖힌다."(강석경, 「나의 한가운데로 가는 여정」, p.13)

그럼에도 세계는 작가의 손에 의해서 완전히 해석되지 않는다. "이 세상 삶의 현상은 거대한 원어 텍스트, 내가 부리는 언어는 '원어를 고스란히 재생시킬 수 없는 운명을 타고난 역어'일 수밖에 없"(이윤기, 「'삶의 텍스트' 번역하면 내 몸이 가벼워진다」, p.192)다는 것을 인정할 수밖에 없다. 이 극도의 수동적인 자리에서 시작되는 "문학을 포함한 모든 예술은 이야기로 시작되고 이야기는 난해를 포괄하려는 노력이다."(김정환, 「'글의 독재' 넘어 예술의 민주주의로」, p.74)

그런 한편, 글쓰기는 상처와 대면하여 분석 해석하는 치유의 과정이기도 하다. 글쓰기에 의해 상처의 원형은 끊임없이 재구성된다. 이런 과정을 거쳐 상처는 견딜만한 것으로 변형 치환된다. 그 중의 하나로 '기억'의 변형을 들 수 있다. 작가들의 기억을 차지하고 있는 내용은 어린 시절에 실제로 겪은 일, 다른 사람으로부터 들은 이야기, 역사적 사건 등 사실적인 것과 허구적인 것이 뒤섞여 있다.

기억한다는 것은 이미 대상세계를 자신만의 언어로 재구성한다는 것을 의미한다. 거기에는 여러 가지 '기억 오류'들이 개입된다. 잘못된 출처의 기억을 사실이라고 믿어버리는 경우 오귀인 誤歸因 misattribution, 지난 경험을 상기시킬 때 덧붙여지는 기억 피암시 성 suggestiblity, 현재의 관점에서 다시 쓰여지는 기억 편향 bias, 고통스런 정보나 사건들을 반복하는 기억 지속성 persistence 등 여러 가지 기억유형이 글쓰기의 경험 속에서 반복적으로 나타난다. 두려움, 불쾌, 고통을 주었던 기억들은 적절한 변형을 거치고 또 "기억의 반복을 통해 역설적으로 자신의 고통과 트라우마에서 그 어떤 치유나 망각을 욕망"[10]하고, 그것에 대해 오히려 능동적이고 우세한 위치를 차지하려 한다. 그런 점에서 작가들은 수행 commission의 기억 오류[11]를 의도적으로 범함으로써 오히려 치유의 가능성을 찾는다고 하겠다.

게다가 작가들에게 기억은 단지 화석화된 과거가 아니라 지금 여기의 현실을 넘어 과거와 미래를 연결하는 창조적인 힘이다. 이 기억의 통로를 따라 글쓰기는 "잃어버린 것" "깊이를 알 수 없는 심연" "현실 저 너머의 세계"를 찾아가는 여정이다.

> 사막의 어떤 풀은 물을 찾아 뿌리를 몇 킬로미터나 뻗어 나간다는 것이다. 그 뿌리를 기억하지 않으면 안 된다. 그러므로 나는, 그것이 비록 혁명과 같이 엄청난 사건이라고 하더라도 그 자체보다는 근본정신을 다루려고 노력한다. (…) 그러기 위해서는 '뿌리'로 가야 한다.(윤후명, 「'나'를 찾아가는 길: 내 꿈은 살아 있다」, p.155)

문학을 통해 발견하는 심층, 진실, 고움은 캄캄한 지하실에서 켜댄 한 개비 성냥불처럼 덧없고 무력하다. 그 불꽃은 우리를 위로해 주거나 해방시켜 주지도 않지만, 그러나 그 불꽃이 사라져도 '우리가 보았던 불꽃'은 꺼지지 않는다.(이성복, 「시는 '머리의 언어' 전복시키는 '몸의 언어'」, p.175)

나는 보이는 현실 저 너머의 세계를 꿈꾸었다. 아니면, 현실의 뒤편이거나 속내에 드리워지는 인간의 의식과 느낌 같은 것을 포착하고 싶은 것이다.(이윤택, 「삶의 본질에 가 닿는 시적 상상을 맘껏 부리리라」, p.196)

깊이를 알 수 없는 심연이 곳곳에서 입을 벌리고 있다. 두겹의 길도 있다. 세겹의 길도 있다. 네겹의 길도, 다섯겹의 길도 있다. 그것은 길이면서 동시에 길이 아니다. 두겹의 혀를 본 일이 있는가? 세겹의 혀를 본 일이 있는가? 네겹, 다섯겹의 혀를 본 일이 있는가? 그것을 보지 않고서는 소설이라는 불가사의한 길을 통과할 수 없다.(정찬, 「인간이 지향해야 할 삶의 가치」, p.236)

작가들에게 기억이란 단순히 과거의 자료를 저장하는 곳이 아니라 시공간의 변형을 일으키는 역동적인 에너지이다. 기억의 원재료를 사후적인 서사를 통해 엮어낼 때 생기는 이 마찰음이 곧 창작의 에너지이다. 다시 말해 글쓰기의 경험에서 불가피하게 전이, 변

형, 왜곡, 뒤바뀐 평가, 갱신되는 기억은 '힘으로서의 기억'인 것이다.[12]

상처와 기억의 변형과 재구성을 통해, 작가들은 현실세계와의 인터페이스(접점)에서 '가상假象'이라는 장치를 마련한다. 이 가상은 가혹한 현실에 대면할 수 있는 힘으로 작용한다. 다시 말해 그것은 "우리 의식 속에서 만들어진 수많은 가상은 극도로 혹독한 생존조건에서 우리의 마음이 상처받고, 그 상처가 치유될 때 방사되는 빛과 같은 것"[13]이라 할 수 있다. 작가들이 마련해놓은 가상은 현실적 상처의 가혹함을 견디고 그것을 치유하는 하나의 방식이다.

> 검은 글자가 하얀 백지를 바탕으로 삼아 비로소 자신을 드러낼 수 있듯이, 문학 역시 멀리 빛나고 있는 설산의 존재를 전제하고서야 지금 이곳의 비루한 현실을 묘사하고 서술하는 자신의 과업의 정당성을 주장할 수 있는 것 아닐까.(남진우, 「내 마음속 순결한 설산雪山을 향해 걸어갈 뿐」, p.92)

> 문학하는 일은 헛것에 대한 투자임이 분명하다. (…) 아무것도 손에 잡히지 않는 헛것인 줄 알면서도 그것을 쫓아가는 동안 나는 시인이다.(안도현, 「이 세상과의 연애」, p.148)

> 한때는 존재했으나 지금은 흐린 기억 저편으로 사라져 버린 시간들, 그 시간 속의 목소리와 웃음, 빛깔, 체취, 움직임들을 다시 태어나게 할 수 있다면! 시간의 흐름을 거침없이

거슬러 올라, 오래 전 지상에 머물렀다 떠난 이름 없는 사람들의 꿈과 절망, 사랑과 고통에 생명을 불어넣어 우리들의 눈앞에 되살아나게 할 수만 있다면! 그리하여 그들과 다시 오늘 이 자리에서 만날 수 있게 되기를, 나는 감히 꿈꾼다. 그 가당찮은 망상이, 혹은 끝내 버릴 수 없는 욕망이 내게 소설을 쓰게 하는 것인지도 모른다.(임철우, 「무엇이 내게 소설을 쓰게 하는가」, p.216)

오래 된 시간들은 내 속에서 새로 태어나기를 바라고 있다는 것을 나는 알게 된다. 그 순간이면 나도 덩달아 정말 그 시간들을 살아 움직이게 하고 싶었다. 다시 일으켜 다른 운명의 길을 가게 하고 싶었다. 칠십년대의 즐거운 아이는 어디로 갔는가, 그 젊디젊은 벗들은 지금 왜 지상에 없는가, 그때 출연료보다 열 배는 비싼 정장을 입고 여의도를 어슬렁거린 그 코미디언은 지금 무엇을 하고 있는가 …. 그들에게 나는 다른 시간을 살아가게 하고 싶다. 내가 쓰는 글이라는 공간 속에서 나는 그들의 작은 시간들을 신화의 시간으로 만들어 주고 싶다. 좌절된 인간의 시간들을 불러서 새로운 이름을 붙여 주고 싶다. 그것이 내가 문학을 하는 이유다.(허수경, 「살기, 기억하기, 쓰기」, p.290)

"설산雪山", "헛것", 이와 같이 스스로 마련해놓은 가상은 글쓰기가 주는 고통을 견디게 한다. 그것을 바탕으로 잃어버린 것, 망각된 것, 죽어버린 것, 침묵하고 있는 것에 "신화의 시간"을 불어넣는다. 이 가상적 이미지는 곧 자유로운 실현을 방해하는 여러 가지 억압들로부터 해방시켜 주며, 이 부정의 힘을 통해 불화의 상태로부터 벗어나게 해준다. 가상의 미적 변형물인 문학은 "아픔과 슬픔과 허망함을 다스리"는 "마음의 진정제 역할"(마종기, 「신명나는 놀이, 혹은 황홀」, p.99)을 하며 "현실로부터 받은 상처와 소외감이 하찮은 부스럼딱지처럼 떨어져 나가는"(이윤택, p.194) 경험을 주며, "겁주고 주눅들게 만드는 현실의 갖가지 억압기제로부터 해방되고 자유로워지며 구원"(윤흥길, 「내 영혼의 빈 그릇을 채우기 위하여」, p.160)을 준다.

변신 욕망과 망상 : 놀이

작가들의 눈에 비친 세계는 혼란, 낯설음 그 자체이다. "삶은 거대한 낭비"(전경린, 「작가에 대한 일곱 가지 기대에 관한 추억」, p.222)이고, "세계의 중심엔 언제나 불화가 가득 차 있다"(박범신, 「부러진 가위」, p.102). 글쓰기는 이 왜곡된 세계와의 싸움, 즉 세계와의 불화를 넘어서기 위한 분투이다. 글쓰기는 "광기의 악령을 내 속에서 몰아내지 않으면 안 된다는"(전상국, 「문학은 내 삶의 구원자이자 존재이유」, p.227) 자기요구라 할 것이며 "괴물의 동굴 같은 이 세계, 거기에서 구원되는 것, 마술로부터 해방되는 것, 그리하여 진정한 사랑을 성취하는 것"(최인석, 「수상쩍은 짓」, p.257)과 동일한 것이다. 바꿔 말해 "왜 쓰느냐는 이 캄캄한 미로를 벗어나기 위해서고, 어떻게 쓰느냐는 그 길을 찾는 것과 같다."(서정인, 「왜 쓰냐?」, pp.127-128)

세계와의 불화 속에서 작가들은 억압된 욕망과 금기禁忌를 변형시켜 서사화한다. 동시에 작가들은 글쓰기를 통해 변신의 순간을 꿈꾼다. 인간의 변신욕망을 잘 담고 있는 동서양의 신화가 "변신을 통해서 폐색閉塞된 현실적인 삶의 지양과 초월이 가능하다고 믿기 때문"[14]에 나왔던 것처럼, 다음과 같은 작가의 진술 속에서도 현실을 벗어나려는 변신욕망의 흔적들을 어렵지 않게 볼 수 있다.

> 아마도 아직 태어나지 않은 내가 내 속의 어머니를 낳으려고, 그녀인 나를 낳으려고, 나는 문학을 하는가 보다.(김혜순, 「나는 아직 태어나지 않았으므로」, p.88)

> 내 육신은 고통과 증오와 치욕과 방황을 먹지만 그것들을 다시 뱉어내어 집을 짓고 그 '내부'로 사라질 수만 있다면 나는 육신을 다 써 버린 어느 날 날개를 달고 나와 늠름하게 이젠 버려도 되는 그 집 위에 앉아 내가 살아낸 세상을 유유히 바라볼 수 있으리라. 그러나 내가 먹은 그 많은 '뽕잎들'이 사랑의 명주실로 소화되지 않고서는 집이 되지 않는다는 사실의 발견이야말로 또 한층의 고통이었는지 모른다.(장석남, 「대나무와 누에고치와 그 '비스므리한' 어떤 것이 있어서」, p.221)

소설에서고 현실에서고 가엾고 불쌍하고 억울하게 당하는 힘없고 가난한 사람들의 이야기는 전혀 간격이 없이 내 가슴의 정면으로 부딪쳐 왔고, 나는 곧바로 그들로 변신해 통증을 앓아야 했다.(조정래, 「왜 문학을 하는가」, p.249)

내가 소설 쓰는 중요한 이유 중에 하나가 바로 변신의 매력이다. 소설가는 자기 자신이라는 하나의 아이덴티티에 만족하지 않고, 여러 사람의 아이덴티티를 자기 자신 속에 가지려 하는 자이다. 소설가는 변신을 거듭하면서 수많은 작중인물들을 창조해낸다. 작중 인물은 작가의 분신이면서 동시에 별개의 존재이기도 하다.(현기영, 「변신의 즐거움」, p.293)

작가들은 글쓰기의 경험을 매개로 하여 전혀 다른 존재로의 변신을 꿈꾼다. 작가들은 다양한 인물을 창조하여 변신에의 욕망을 대리충족하기도 한다. 문학적 글쓰기를 매개로 한 작가들의 변신욕망은 개인의 차원을 넘어 타인과의 접속을 가능하게 하는 자리를 연다. 한편 이 변신욕망은 현실적인 한계를 넘어서기 위한 초월에의 욕망이기도 하다. 그것은 세상과의 싸움을 위한 전략적인 변형 장치이기도 하다. 이러한 점은 몇몇 작가들이 전생前生의 기억을 재구성하고 있는 이야기들에서 더 흥미롭게 읽을 수 있다.

우리 몸과 마음속엔 짐승과 사람이 함께 살며, 그 둘은 때로 협력하고 때로 다툰다. 인류 문명이 흔히 정신분열적 증세를 보인다는 사실이 그래서 놀랍지 않다.

예술은 그렇게 두려움에 질린 마음의 원시적 부분들을, 즉 수성獸性을 대변한다. (…) 거의 모든 예술가들이 지성과 과학에 적대적 태도를 보이고 문명을 거세게 비판하는 것은 바로 그런 사정 때문이다. (…) 예술은 우리의 몸과 마음속에 있는 짐승과 사람 사이의 거리가 점점 멀어지는 현상을 걱정스럽게 바라본다.(복거일, 「수성獸性의 옹호」, p.123)

내가 맨 처음 지구상에 모습을 드러낸 때는 지금으로부터 백만 년 전이었다. (…) 나는 순록이라는 생물로 지금의 스칸디나비아 반도에서 태어났다. (…) 인간의 문자로 표현하자면 '침묵의 시간'이었다. (…) 한 포기 파피루스로 나는 다시 태어난 것이다. (…) 도둑의 왕초였다. (…) 그렇게 살았으면 됐지 왜 또다시 이 땅에 태어났던가. 그 다음부터는 실수의 연속이었다. 그 위 제국과 하렘을 거느린 술탄으로 보낸 삼십 년의 생이나, 파리 뒷골목에서 노래를 부르고 몸을 파는 집시 여인으로 살았던 이십오 년의 생이 바로 그러했다.

내가 다섯 번째로 지구 위에 나타난 '때'와 '곳'은 부르봉 왕조 말기의 프랑스 파리 (…) 저주스러운 삶을 살았고, 삶을 저주했으며, 영혼을 비틀며 흘러나오는 그러한 저주를 노래로 불렀다. (…) 다시는 지구로 돌아오지 않으려 했다. 그런 내가 왜 또다시 이곳으로 돌아와 하필 소설가라는 직업인으

로 이렇게 살아가고 있을까?(심상대, 「문학이 나를 탐낸다」, p.144)

전생이 있는가, 없는가. 그 있고 없음은 문제가 아니다. 나에게 흥미로운 것은 이야기이다. 내가 들은 길고 긴 전생 이야기는 여러 가지 사건들로 엮어진 대본이었다. (…) 전생의 대본대로 이생을 산다는 것은, 이생을 살면서 다음 내생(來生)의 대본을 쓴다는 것이다. 즉, 대본이 등장인물을 만들고 그 등장인물이 대본을 만든다. 출생은 전생에서 이생으로 나오는 문이며, 죽음은 이생에서 내생으로 나가는 문이다. 문과 문 사이에 계속 이어지는 삶, 영원한 삶이 있다.(이강백, 「겹겹의 과거를 현재진행형으로 풀어내는 희곡」, pp.162-164)

세계는 설정이고, 허구이고, 허상이며 어느 지점에서 표정을 싹 바꾸며 휘어져 버리는 부정형이고 들이댈 수 없는 비실재였다. 그리고 타자들은 무수한 거울 조각에 비친 창백한 유령이었으며 의미 없는 반향이어서 나는 생 이전의 본질 속에서 밤낮 없이 잠들어 있었다. 전생에 무엇이었느냐고 물으면 나는 틀림없이 허공이었다고 대답할 수 있다. 전에 나는 아무것도 아닌 적막이었다.(전경린, 「작가에 대한 일곱 가지 기대에 관한 추억」, p.223)

작가들이 설정한 "전생의 대본"은 현실에 대해 비판적 거리를 두고 다음의 생을 준비하고 꿈꾸는 작업이기도 하다. 바꿔 말해 그것은 인간본성의 밑바탕에 억눌린 동물성獸性을 옹호하는 것, 가령 "순록" "파피루스"와 같은 동식물적 존재로 회귀함으로써 반문명적 태도를 견지하는 것과 같다. 이 자전적 허구에 깃든 태도는 이디오진크라시Idiosynkrasie적인 몸짓으로 교환가치로 동일화된 문명사회를 거부하는 부정의 방식에 견줄 수 있다. "허공" "적막" 등과 같은 비유적 이미지는 억압적인 현실원칙을 넘어서려는 망상적 변형물이다.[15] 즉 작가들의 변신욕망에 든 퇴행적 요소는 현실세계에 맞선 방어의 메커니즘에 의지해 있다.[16]

이 변신욕망과 망상은 현실세계와의 불화상태에서 도피하려는 과거로의 퇴행으로 보일 수 있다. 하지만 이 낭만적인 변형 서사는 현실도피가 아니라 갈등을 야기하는 현실적인 모순을 성찰하고, 거기에서 생겨난 불안으로부터 자신을 방어하기 위한 긍정적 전략이다. 그리하여 변신욕망과 망상은 주어진 상처를 덧붙이거나 떼어내는 놀이처럼 현실세계가 주는 중압감의 강도를 낮추고 그것으로부터 면역력을 갖게 한다.

> 내가 보고 느끼는 것들을 표현해내려고 무진 애를 쓰는 틈 속으로 눈에 보이지 않는 것, 멀리 있는 것, 여기가 아닌 저기가 서로 엮어지고 짜여지며 또 하나의 세계를 일구었다. 현실에서는 가능하지 않은 일들이 노트 안에서는 상상력이 작용되어 가능해지기 시작했고, 타자에게 전달되지 않은 채 오

해만 일으키는 감정들이 노트 안에서는 미화작용을 일으키며 풍성한 밭을 일구어 나갔으며, 형제 많은 속에서 자라는 동안 무수히 침범당하는 나 개인의 일상이 노트 안에서는 무한대로 자유로웠다.(신경숙, 「해결되지 않는 것들을 향하여」, p.139)

마치 현미경으로 손바닥을 들여다보면 육안으로 안 잡히는 갖가지 미생물들을 발견하게 되듯이, 문학이라는 필터를 통해 베일에 가리어진 삶의 본모습은 여실히 드러나는 것이다. 그런 의미에서 문학은 흙 속에 묻혀 있는 글자를 읽어내는 어린 시절의 놀이와 다른 것이 아니다. (…) 이는 미술에서의 스크래치라는 기법과 놀랄 만큼 닮아 있다.(이성복, 「시는 '머리의 언어' 전복시키는 '몸의 언어'」, pp.174-176)

시를 쓰는 것은 한탄을 딛고 선 허망한 놀이인 것이다.(이형기, 「통념과 상식의 초극을 위하여」, p.206)

글쓰기라는 행위는 "스크래치"와 같이 일종의 변형놀이이다. 글쓰기는 세계의 사물들을 자신들의 취향에 따라 배치하고 새롭게 질서화하는 어린아이의 놀이가 시인의 것과 다르지 않다는 프로이트의 말을 연상시킨다.[17] 프로이트에 따르면, 어머니가 부재한 상황에서 아이들은 '실패 놀이 fort-da'를 반복하면서 자신들의 경험을 '놀이'로 바꾼다. 놀이를 반복함으로써 아이는 불쾌한 경험을 했던 수동적 상황에서 점차 능동적인 위치를 차지하고 쾌락을 느낀다. 이와 마찬가지로 작가들의 글쓰기는 수동성의 경험을 능동성의 놀이로 변형시키는 놀이다. 놀이하는 자로서의 작가는 현실과 상상의 경계를 헤맴으로써(이인성, 「자문자답」, p.199) 그 경계를 무너뜨리고, "악마와 천사의 경계지점에 위치한" 곳에서 "도식적 세상을 뛰어넘는 예술적 방식"(박상우, 「나는 내가 왜 문학을 하는지 모른다」, p.107)에 복무한다.

징후학으로서의 문학 : 마조히즘적 글쓰기

작가는 왜 글을 쓰기 시작했는가. 작가는 왜 무엇을 위해 글을 쓰는가. 대체 작가란 어떠한 존재인가. 앞서 나열한 물음들은 결국 하나의 물음으로 묶일 수 있다. 작가가 존재하는 방식은 글을 쓰는 이유와 글쓰기 자체의 경험과 따로 떼어놓을 수 없기 때문이다.

작가는 단지 신경증적 환자로서 글쓰기를 통해서 그것을 승화시키는 것에 머물지 않는다. 그들은 문명의 질병들을 진단하고 그것을 변형시킴으로써 새로운 삶의 가능성을 연다. 작가들의 "예술적 감수성sensibilité"은 들뢰즈가 말한 대로 창조하려는 의지, 창작을 통해 변모와 변형을 촉발해내려는 긍정적 힘의 의지이며 생산성의 장인 것이다. 의사로서의 작가는 인간의 삶 곳곳에 번식하는 문화적 병증을 감지하고 진단하여 문화적 병원균을 제거하고 삶의 즐거움을 증진시키고, 새로운 가치들을 창안하는 예술가이다.[18] 세계의 병적 징후를 포착해내고, 그 속에 든 권력적인 욕망을 폭로하고 진단하는 이들은 '의사로서의 작가'이자 '징후학자'이다. 글쓰기는 병적 징후를 하나의 '기호'로 포착하고 그것을 해독하려는 노력으로서, 문학적 글쓰기는 곧 징후학 symptomatologie이라 할 수 있다.

글쓰기는 주체인 작가 자신이 다른 존재로 탈바꿈하는 경험이다. 글을 쓰는 동안 작가는 자기 자신의 존재론적 변형을 감내한다. 글쓰기라는 행위는 작가를 자기동일적인 주체의 자리로 머물게 하지 않는다. 글쓰기의 경험은 세계와 세계 내 존재가 동시에 일으키는 변형이다. 그래서 문학은 "온몸, 온 존재와 하나가 되어 있는, 숨쉬기의 리듬이 언어의 파도를 타는 활동"(최윤, 「숨쉬기와 중독」, p.253)이며, "언어에 기대고, 기댈 뿐만 아니라 투신함으로써 머리의 개입을 막고 몸의 힘을 고스란히 전달하는 것이다."(이성복, 「시는 '머리의 언어' 전복시키는 '몸의 언어'」, 176)

작가들의 다양한 진술에는 쾌락, 환희, 슬픔, 아픔, 괴로움, 외로움, 부끄러움, 수치심 등의 다양한 감정들이 표출되어 있다. 글쓰기 경험에서 작가들이 표출하는 다양한 감정은 이미 의식화된 감정이다. 이러한 작가들의 "감정은 사상에 대비되는 의미의 감정이 아니라 느낌으로서의 사상 thought as felt, 혹은 사유로서의 느낌 feeling as thought에 가까운 것"[19]이다. 작가들은 이러한 감정 상태를 특권화하거나 의도적으로 극대화한다.

> 상처 없는 사람은 결코 먼 길을 떠날 수 없고, 이미 먼 길을 떠난 사람에겐 오히려 그 상처가 힘이 된다는 것을 나는 믿

는다.(정호승, 「시의 수련이 되고 싶다」, pp.239-240)

중독자들의 쾌락에는 그 전, 그 후의 고통과 씁쓰름함 혹은 회한이 없을 수 없다.(…) 내가 문학에서 빠져 나오지 못했다면 그것은 나를 사로잡았던 이제까지의 짙고 옅은 모든 중독을 모조리 흡수해 자기 것으로 하는 광대무변의 대양을 문학에서 보았기 때문이다.(최윤, 「숨쉬기와 중독」, p.254)

내가 쓰는 문학은 '울고 있는 자신의 모습을 거울을 통해 보았을 때 그 우는 모습이 불쌍해서 더욱 슬피 우는' 일종의 자위행위이며 근친상간의 자독自瀆인 것이다.(최인호, 「문학은 세상의 고통에 감응하는 하소연의 눈물」, p.263)

그 눈물이 새롭게 나를 부활시켜 주었다. 그 눈물에는 의심도 회의도 부정도 개입할 틈이 없었다. 눈물은 사랑이었다. 눈물은 시였다.(최하림, 「두 강이 만나는 마을에서」, p.268)

작가들은 이 개념적으로 분류될 수 없는 슬픔, 눈물, 고통 등을 수렴해 글쓰기의 동력으로 껴안는다. 작가들은 바르트의 용어로 바꾸어 이해하면, 코드화되고 문화적으로 약속된 개념적인 스투디움studium과 다르게 주관적인 시선에 의해 감지되는 "나를 끌어당기거나 상처를 주는 어떤 세부적인 요소"인 푼크툼punctum을 창작의 밑바탕으로 껴안는다 하겠다. 이것을 작가들이 스스로의 위치를 정의하고 있는 다음의 진술들에서 잘 읽을 수 있다.

> 시골 마을에는 곰배팔이, 절뚝발이, 육손이, 언청이와 같은 선천성 질환으로 불구가 되어 살아가는 사람들 (…) 평소에는 반편의 취급을 당하지만, 자신에게 부여된 궂은 일을 군소리 한마디 없이 치러 나가려는 의지를 가진 소설가로 기억되기를 바란다.(김주영, 「자유는 나의 숙명, 고통은 나의 벗」, p.79)

> 작가란 보지 말아야 할 것을 보아 버린 운명의 소유자들이다. 그렇지 않고서야 밤낮 없이 형틀 같은 의자에 앉아 있기를 자청하겠는지. (…) 글쓰기는 궁극적으로 소외자의 편이다. 해결되지 않는 것에 시선을 두고 있으며, 묶여 있는 것이라면 풀어 놓고 보려는 자유의 속성을 지니고 있다.(신경숙, 「해결되지 않는 것들을 향하여」, p.140)

> 모든 성가신 의무를 글쓰기로 대신하고, 그로써 삶에 대한 면죄부를 얻을 수 있다.(전경린, 「작가에 대한 일곱 가지 기대에 관한 추억」, p.224)

"불구가 되어 살아가는 사람들", "보지 말아야 할 것을 보아 버린 운명의 소유자들", "의무를 글쓰기로 대신하고, 삶에 대한 면죄부를 얻은 사람들". 이러한 작가들의 자기정의는 비극적인 성격을 지니고 있다. 또 이 비극적인 존재규정은 문학을 의지적으로 선택한 것이 아니라 "문학이 탐냈다", "문학이 선택했다" "견디고 있다" 등과 같이 수동적인 방식으로 진술하고 있는 대목과 겹친다. 여기에서 우리는 작가란 어떠한 존재이며, 작가들 스스로 글쓰기 행위에 대해 어떠한 의미를 부여하고 있는지를 미루어 헤아릴 수 있다.

> 글을 쓰는 것이 나의 소명이고 운명이라면 누가 나를 불렀는지 나는 모른다.(공지영, 「내가 누구인지 말할 수 있는 자는 나뿐이므로」, p.30)

> 이 행위가 습관적으로 이루어지고 있다고 해도 나는 이것을 통해 아슬아슬하게 나를 견디고 있다. 오랜 세월 동안 내 선조와 내 몸 안에 쌓이고 고착되고 끊임없이 강화된, 약하면서도 고집불통인, 이 육체화된 상처, 육체화된 폭력을 가지고 나는 매일 매일의 삶을 살아내야 한다. (…) 그 욕심 사납고 고약한 일상생활과 부딪치며 수치를 감수하며 내 몸의 요구를 들어 주어야 한다.(김기택, 「나를 견디는 일」, p.42)

> 선택하지 않았어도 우리는 세상에 던져졌고, 시대를 살아왔다. 정말이지 시의 운명에 내가 의탁하고 있다면 그것 또한 숙명인 까닭에 힘들게 지고 갈 수밖에 없다.(김명인, 「우연과 필연」, p.47)

힘들고 어렵고 지칠수록 마음은 점점 더 행복해진다. 새로운 소설을 시작할 때마다 '이번에는 과연 내가 어디까지 견딜 수 있을까' 궁금해진다.

나는 완전히 소진될 때까지 글을 쓸 수 있다. 이건 내가 할 수 있는 일이다.(김연수, 「Ten days of happiness」, p.55)

고독하지 않고 배고프지 않은, 불멸의 세계에 대한 잔인한 그리움이 내가 느끼는 결핍감 속에 운명적으로 깃들여 있다. 그 모든 그리움을 다 채울 길 없으니 쓰지 않고 어떻게 내 목숨 견디겠는가.(박범신, 「부러진 가위」, p.103)

이번만큼은 절대 내가 스스로 선택한 삶이 아니라는 점이다. 말하자면 나는 내 자신이 원해서 이곳에 태어난 것도, 이때에 태어난 것도, 문학을 선택한 것도 아니다.

내가 아니라 문학이 고단한 나를 이 땅으로 불러냈음이 틀림없다. 나로서는 이 세상에 아무런 욕심도 원한도 없다. 단지 문학이 나를 탐내고 있을 뿐이다.(심상대, 「문학이 나를 탐낸다」, p.144)

문학은 (…) 언제까지든, 어디까지든 찾아가는 고행(苦行)의 길이다.(윤후명, 「'나'를 찾아가는 길: 내 꿈은 살아 있다」, p.156)

나는 문학이 나를 선택하려고 한다는 예감을 아주 어릴 적부터 느끼고 있었다. (…) 내 두 눈에 들어온 풍경을 어떡해서든 말과 글로 표현하고 싶은 강렬한 충동을 느끼면서 그러한 선택을 예감하였다.(조성기, 「문학이 내 마음을 두드렸다」, p.243)

스스로 선택하기 전에 문학이 '나'를 선택했다는 수동적 태도는 글쓰기 자체가 곧 견디는 행위와 다름없다는 말로 읽힌다.[20] 이러한 고백 속에서 작가들의 글쓰기는 '마조히즘'적 성향을 보인다. 그러나 이 마조히즘적 성향은 변태성 쾌락이 아니라 타자(외부세계)에 대한 인간들의 관계 맺는 방식이자 태도[21]로 보아야 한다. 작가들이 지향하는 마조히즘적 글쓰기는 타자를 부정하고 파괴함으로써 자아의 확장을 지향하는 사디즘적 태도가 아니라 세계가 주는 고통으로부터 물러나지 않고 오히려 그것을 껴안고 삶을 연장하는 태도인 것이다. 그래서 작가들은 창작의 고통 속에서 자신의 존재 이유와 가치를 확인한다.[22] 그런 점에서 작가들에게 글쓰기의 경험은 고통의 승화가 아니라 고통을 껴안는 소내疎內이자 기어 넘어서려는 포월匍越이다.[23] 이 자학적인 고통의 글쓰기를 통해 작가는 독자와 세계 사이에 놓인 간극을 채운다.

문학은 나였지만 또 너였고, 모두였다. 아기장수 바위가 염원으로 역사로 삶으로 꿈으로 모반으로 몸을 바꾸며 결국 '모든 것'의 은유가 되었듯, 문학도 하늘이 되고 종교가 되고 꽃이 되고 구원이 되고 변혁이 되면서 '모든 것'으로 환

유되었다.(구효서, 「문학, 그 신비한 질문의 늪으로의 여정」, p.33)

네가 가고 있는 밤 산 근처에도 다른 수많은 산들이 있고, 그 산길에도 너 같은 독행자의 영혼들이 제각기 어둠과 두려움, 절망감 속을 헤매고 있을 수 있다. 그들 중 누가 네 발자국 흔적이라도 만난다면 그는 자기 혼자 어두운 산길을 가고 있는 게 아니라는 사실에 얼마나 반갑고 큰 위안을 얻겠는가. (…) 네 소설은 적어도 그것을 할 수 있다.(이청준, 「밤 산길을 헤매는 독행자」, p.204)

타인과 삶을 이해하는 방식이, 그런데 왜 하필 숱한 나무들을 베어 없애는 문학이어야 하는가.(이혜경, 「제대로 할 때까지 다시 한번」, p.211)

타인의 얼굴을 들여다보는 일이 얼마나 어려운지를 알게 되면서 서서히 역사를 들여다보게 되었다.(허수경, 「살기, 기억하기, 쓰기」, p.289)

작가들의 글쓰기가 감당하는 것은 타인의 고통과 짐을 기꺼이 껴안는 "대속 la substitution의 고통"[24]이다. 고통의 글쓰기는 자신의 삶과 타인의 삶에 의미를 부여하고, 타인의 고통에 다가설 수 있는 공감의 장을 연다. 이로 인해 문학은 "지껄임이나 도취적인 독백, 정화되지 않은 내면의 무분별한 토로, 충분히 자신 안에서 비판적으로 성숙되지 못한 피상적인 이미지들의 나열이나 엄격한 정신에 의해서 선택된 것이 아닌 차용된 듯한 단어와 수사로 치장한 가장 행렬과 다른"(배수아, 「엄격에 사로잡힌 이유」, p.120) 미학적 윤리성을 가지며, 더 나아가 "'독자를 위하여'라는 오만한 문학이 아니라 '독자가 누려야 하는 문학'에 복무하는 그러한 문학"(박태순, 「부드러운 세상을 위하여」, p.116)을 꿈꾼다.

작가들에게 주어진 고통은 극복할 대상이 아니라 삶의 의미를 발견하게 해주는 치유의 매개물이다. 여기에서 우리는 작가들의 글쓰기 경험이 그 자체로 '의미치료법 logotherapy'[25]에 매우 근접해 있다는 것을 알 수 있다. 글쓰기의 경험은 고통에도 의미가 있다는 점을 알 때 삶의 공허감에서 벗어날 수 있으며 그 견딤의 과정에서 존재의 의미를 찾을 수 있게 한다. "문학은 (…) 살아 있음을 확인할 수 있었던 유일한 의례儀禮"(한수산, 「문학, 살아 있음을 확인하는 유일한 의례」, p.277), "글 쓰는 일은 아직도 나에게는 사랑을 확인하는 작업"(황석영, 「말라 버려선 안 될 사랑을 확인하고 싶어서」, p.302)이며 "자기 살아 있음을 증명하기, 독자로부터 증명받기이다."(한승원, 「살아 있는 한 쓸 것이고, 쓰는 한 살아 있을 것이다」, p.281). 즉 글을 쓴다는 것은 함께 살아가기 위한 길, 치유의 길이다.

이 글에서는 한국현대작가들의 글쓰기 경험에 대한 진술을 통해서 문학적 감수성의 이면을 들여다보고자 했다. 작가들의 진술은 환자가 자신의 질병을 여러 변형의 서사를 갖춰 토로하는 질환 이야기와 흡사한 데가 많다. 아울러 그들의 진술에는 자신의 질환을 분석하고 해부하는 의사로서의 모습이 엿보인다.

글쓰기 경험에 대한 작가들의 진술들은 고통과 그것을 치유하는 방식에 대해 적지 않은 암시를 준다. 작가들은 글쓰기를 통해 상처와 기억을 재구성한다. 상처와 기억을 재구성하는 과정에서 마련된 가상은 치유의 한 방식이 되고 있다. 작가들의 진술 중에서 읽을 수 있는 변신욕망과 망상 등은 부정적 현실에 대해 거리를 두고 거기에서 벗어나려는 초월욕망에서 나온 변형 서사라 할 수 있다. 작가들의 반복적 글쓰기는 창조적인 놀이행위에 견줄 수 있다. 세계의 병적 징후를 깊이 있게 해석하는 작가는 타인의 고통을 기꺼이 짊어진 대속적 존재이다. 글쓰기는 고통을 견디어내는 마조히즘적인 경향을 띤다. 작가는 세계의 병적 징후를 분석하고 해석하는 징후학자들이다. 문학은 들뢰즈가 말한 대로 예술가와 철학자, 의사와 환자가 만나는 징후학이다.

이 글을 계기로 한국 현대작가들의 글쓰기의 경험에 대한 고백적 진술들을 시대적인 흐름에서 다시 조망하는 자리가 더 필요할 것이다. 여기에서 간략하게 살핀 글쓰기의 경험을 개별 작가들의 문학작품과 문학관, 예술관 등과 함께 살필 때 이 글은 설득력 있는 논의가 될 수 있을 것이다. 이 글은 앞으로의 논의를 위한 작은 시작점에 불과하다.

변산邊山의 수사

서정인론

한국문학사에서 서정인의 소설을 두고서, 문체와 형식 실험의 대표적인 예로 거론하는 건 더 이상 새롭지 않다. 문체와 형식의 새로움을 강조하면 할수록 그 새로움은 자꾸만 진부한 틀로 고착되기 마련이다. 1962년《사상계》에 단편 「후송」으로 등단한 후, 어느덧 반세기를 채워가는 그의 글쓰기 이력에 비추어 볼 때 그의 소설이 보여준 형식의 새로움은 오래 한뜻을 품어온 한 작가에게서 우러나올 수밖에 없는 찬란한 결과물이다. 또 그가 문학이라는 우물을 파고들어간 건 그저 새로운 문체와 형식 을 실험하기 위한 것이 아니라 오히려 그것을 요구하는 지독한 '삶' 쪽을 보여주기 위한 것이었다. 그러므로 적어도 소설가 서정인에게 문학이란, 즉 "한 우물을 파서 슬기의 샘을 얻는 일은 선택적 사치가 아니라 대체로 한 사람의 한평생을 잡아먹어버리는 마지막 시도"(「작가 후기」, 『가위』)라고까지 말해질 수 있는 것이다.

그런데 시류를 좇다 보면 한 사람의 절절한 목소리에 귀를 내놓을 여유가 없다. 하지만 이젠 한 사람의 오래고 긴 독설에 우리는 적어도 한쪽 귀만이라도 마땅히 내놓아야 할 듯싶다. 자두지미自頭至尾하게 그의 소설 세계를 뒷받침해온 수사학적 논리를 본격적인 사유의 대상으로 삼아야 할 것이다. 그런 것을 이 글에서 모두 감당할 순 없다. 다만 지금 이 글을 쓰고 있는 나는 이 순간, 어쩌면, 사계절 내내, 햇살이 먼지를 일으키는 조그마한 이층 방에서 햇살을 젊어진 채 오위디우스의 『변형 Metamorphosen』을 번역하고 있을 그의 고생苦生을 떠올린다. 또 그런 상상 속에서 적고 있는 이 글은 소설에 담긴 한 작가의 목소리와 그 상처를 거슬러 올라가, 그 반대편에 일곱 빛깔의 천궁天弓을 새겨보고 싶은 작은 욕심에 지나지 않는다.

변산의 상처

> 나는 거기에 쉬러 가지 않았다. (…) 변산은 알맞게 불편하다.
>
> -「내 사랑 변산」(1987),『지리산 옆에서 살기』

> 달이 차면 영향력이 커져서 바다의 마음은 그리로 쏠린다.
> 바다의 중심이 그리로 쏠리면 육지의 마음은 바다로 쏠려서 그 빈 곳을 메운다.
> 그리하여 육지에는 광기가 가득차게 된다.
>
> -「물결이 높던 날」(1963)

'변산'은 서해안에 있는 바닷가 마을이다. 어찌하여 얻은 땅이름이 변산일까마는, 변산은 그냥 듣기에 그 이름 속에 '산'을 지니고 있어서 바다보다는 산세가 더 가깝게 느껴지는 그런 곳이다. 하지만 실제 그곳은 바다를 바로 접한 가두리에 위치하고 있어 이름과 똑같진 않다. 산 곁에 바다가 있고 바다 곁에 산이 있는 곳, 변산邊山.

서정인의 소설 속 인물들은 거개 산과 바다가 어슷하게 접힌 '변산' 쪽에 살고 있다. 질펀 파도와 마른 모래 사이를 '모'로 걷는 길을 스스로 선택한 이들은 비스듬히 걷기의 화신들이다. 송도(「물결이 높던 날」(1963)), 군하리(「강」(1968)), 뒷개(「뒷개」(1977)) 근처를 어슬렁거리는 이들은 검은 바다가 달에게 온 마음을 빼앗기고 나면 육지를 완벽한 무질서의 세계로 만든다. 「뒷개」의 사내와 「벌판」(1973)의 경철이가 위협하듯 '돈'을 요구하는 모습은 잔뜩 부조리한 것이지만 어찌 보면 육지의 혼란을 깔끔하게 정돈하는 악당처럼도 느껴진다. 그렇게 그들은 육지의 곳곳을 비쓱거리고 그곳의 질서를 한판 망돌림하고서 또 다시 길을 떠난다. 상처가 많을수록 마무리는 깔끔한 법이다.

어느 쪽으로도 귀착할 수 없는 변산의 존재들은 선 채로 상처를 감당하는 사람들이다. 서정인 소설에서 '변산'의 이미지는 비단 육지와 바다의 것만이 아니라 도시와 고향으로도 변주된다. 물치를 떠나 서울로 돈을 벌러 올라갔다 갖은 고생을 다하다 죽어간 언니(「물치」(1978))나 고향 밤티재에 도착하자마자 그 길로 경찰에게 연행되는 돌남이(「귀향」(1979))에게서 볼 수 있듯이, 가지지 못한

자들에겐 도시도, 고향도, 늘 상처를 주는 곳이긴 마찬가지다. 「금산사 가는 길」(1974), 「겨울 나그네」(1976), 「여인숙」(1976), 「행려」(1976) 등의 소설 제목처럼 그들은 내내 한곳에 머물지 못하고 머물자 떠나야 했다. 그들은 길 위에서 살아야 했던 사람들이다. 이들의 상처와 방황을 1960-1970년대 급격한 도시화로 인한 농촌 사회의 박탈감과 소외감으로 해석하는 것만으로는 그 소설적 깊이를 다 덮지 못한다. 그들의 상처는 보다 근원적인 것인데, 추운 겨울 금산사金山寺를 찾아가는 늙은이와 젊은이가 나누던 눈밭 위의 대화 속에서 그 한 단락을 엿들을 수 있다.

> "가는 것만이 능사가 아니야. 어디로 가느냐가 문제야."
>
> "어디로 가든 가 봐야 어디로 가느냐가 문제가 돼도 될 게 아니예요? 이대로 있으면 어디로 가느냐 하는 것은 절대로 문제가 안 됩니다. 하여튼 가 봅시다. 그리고 어디로 가느냐가 문제가 되는지 안 되는지 봅시다."
>
> "그땐 이미 돌이킬 수가 없지. 그땐, 해결을 찾는 문제가 아니라, 파국을 발견하는 문제가 있을 뿐이지. 난 그것을 우리들이 첫 발을 떼어놓기 전에 문제를 삼고 싶다."
>
> "난 그것을 우리들이 마지막 발을 떼어 놓은 다음에 문제를 삼고 싶소." -「금산사 가는 길」

그들의 말대로 어디든 가는 것이 우선 중요할까, 아니, 진정 어디로 갈 것인가를 정하는 것이 더 중요할까. 젊은이와 늙은이의 각기 다른 물음 속엔 우리 삶의 주요한 문제의식들이 함축되어 있다. 서정인 소설 속의 인물들이 이곳의 삶을 떠나 지리산, 모악산, 모후산 등지를 오르내리는 것도 다 이런 물음에서 볼 때 이해 가능하다. 육지와 바다 사이를 오가던 이들은 때로 도시와 고향을, 일상의 삶과 깊은 산을, 쉼 없이 오고간다.

변산의 존재들은 언제나 그렇듯이 이쪽에서나 저쪽에서나 인정받지 못한다. 이곳이 저곳으로 그들을 밀어내고 저곳은 그들을 다시 그곳으로 가라한다. 때문에 그들은 어디서나 상처받을 수 있고 그런 그들의 삶은 항상 실패할 수밖에 없다. 그래도 세상은 그들을 탓할 자격이 없다. 세상이 그들보다 먼저, 더, 타락했기 때문이다. 그러므로 변산의 존재들은 이미 상처받을 것을 다 알고서도 그것을 껴안고 가는 수사修士의 길을 선택한 자들이다. 변산에서 걷고 있는 그들의 "산책, 그것은 아직 아무것도 아니지만 우선 자본제적 체계와 생산적으로 불화하는 삶"[1]을 스스로 택한 것이나 다름없다.

그들이 살아가다 부딪치는 삶의 모든 상처와 흔적이 서정인 소설의 다채로운 수사修辭를 이룬다. 불완전한 인간들이 거주한 장소, '변산'에서 이미 상처받을 가능성에 노출된 장삼이사들의 삶을 또렷하게 적어내는 것, 그것이 바로 서정인 소설이 견지한 윤리감각이다. 그가 그려낸 상처는 늘 예리한 통찰을 겸비한다. 그렇게 함으로써 그의 소설은 이 시대, 즉 "자본주의 문명은 그 존재의 가을"에 다다랐으며 소설 속 인물들이 지닌 상처는 모름지기 근대 세계체제에서 노출되고 있는 심각한 정신적, 사회심리학적 질환들로서 그 자체로 "역사적 체제의 광기狂氣"[2]를 증거한다. 돈의 세계에 끼어들지 못하는 이들에게 자본주의의 톱니바퀴란 "언제나 이미"(데리다) '상처'를 주는 곳일 뿐이다.

그의 대표작으로 손꼽히는 『달궁 하나』(1987), 『달궁 둘』(1988), 『달궁 셋』(1990)은 한 여자의 삶이 얼마나 '돈'의 질서에 휘둘려 왔는지를 보여준다. 인실이가 고향 달궁을 떠나 여기저기를 떠돌다가 안면도安眠島에서 죽어간 것은 그녀의 의지가 아니라 순전히 '돈' 때문이었다. 서정인은 참으로 오랫동안 '돈'의 질서에 고단한 삶을 희생할 수밖에 없었던 사람들의 이야기를 통해 자본주의 물질문명의 구석진 곳을 무섭게 파고든다.

공방전孔方傳

서정인의 소설에서 가장 자주 만나는 낱말은 '돈'이다. '돈'은 자본주의를 설명할 수 있는 가장 핵심적인 개념이다. 자본주의에 매혹당한 자는 체제를 부정하거나 긍정하거나 간에 도대체 '돈'이란 걸 떠나선 살 수 없다. 자본주의의 밑천인 '돈'은 누구하나 가릴 것 없이 매혹시켰고 그런 모두는 쉽게 타락했다. 서정인은 마치 마르크스의 '자본론'을 소설의 양식으로 풀어쓰듯, '돈'의 논리에 지배당한 자본주의 사회의 부패와 타락을 고발하고 부도덕한 사람들을 비판한다.

우리 문학사에서 '돈'에 관한 선구적인 비판을 행한 사람은 고려

때 임춘林椿이다. 임춘의 「공방전孔方傳」은 '돈', 즉 '공방'을 의인화하여 그 실체와 폐해를 적은 '공방'의 약전略傳이다. 주인공인 '공방孔方'은 밖은 둥글고 안은 모가 나 있는 생김새처럼 때에 따라 응변을 잘하며圓其外方其中 善趨時應變 백성들에게 농사일을 버리고 이익을 좇는 장사에만 몰두하게 한다. 또 공방은 재물이 많은 사람과만 사귀어서 항상 그 앞에 회뢰賄賂가 낭자하고 청알請謁이 버젓이 행해진다. 공방은 끝내 뇌물수수 혐의로 죽고 만다.

바야흐로 공방이 주인이 되는 시대가 도래했다. 서정인의 소설은 「공방전」의 비판의식을 이어 돈과 삶의 함수관계를 더 정교하게 다룬다. 그는 초기작에서부터 '돈'에 의해 타락해가는 사람들의 삶에 초점을 맞춰 그 실체를 파고들었다. 그러나 우리는 돈의 해악을 잘 알고 있으면서도 그것에서 멀리 벗어나지 못한다. 알면서도 적당히 그것에 기대어 살아가는 우리의 태도는 결과적으로 돈의 힘을 더 강하게 뒷받침하고 자본주의의 모순을 더 견고하게 만든다. 우리가 이렇다.

> 악을 조금 고치는 것은 그 악을 고치는 데에 방해가 될 수 있어요. 악을 조금 고치는 것은 그 악을 오래 가게 하는 데에 도움이 되거든요. 우리들은 지금 열심히 저축을 하고 있어요. 적금도 하고, 계도 하고요. 그게 거의 우리들의 유일한 즐거움이에요. 멍청상자가 보여주는 모든 좋은 물건들은 돈으로 살 수 있어요. 사치와 편의와 편리뿐만 아니라, 미덕과 선까지도 돈으로 살 수 있어요. 멍청상자는 무슨 운동, 무슨 운

동 해서, 좋을 일 하자는 운동까지도 무슨 협찬, 무슨 협찬 해서, 돈으로 하고 있거든요. 우리들은 많은 전구들을 번쩍거리고 연기를 피우고 물방울들을 수없이 날려서 우리들의 눈을 어지럽게 하는 이 휘황찬란한 착각으로부터 깨어나기를 원하지 않아요. 그것은 불편하고 귀찮고 괴로와요. 그래서 우린 이렇게 바다로 산책도 나오고, 이름난 명승지도 찾아서, 그 착각으로부터 조금씩 깨어나요. 그것을 오래 가도록 하기 위해서요. -『달궁 하나』

돈이 주는 현란함과 마비증상으로부터 빠져나오는 건 힘든 일이다. 멍청상자(텔레비전)와 대중문화산업에 익숙해진 우리의 삶을 조종하는 건 우리들 자신이 아니라 바로 '공방'의 힘이다. 돈의 질서를 피해서 가끔 바다로, 명승지로 유람을 떠나는 것은 그 매혹적인 돈의 질서를 더욱 견고하게 만들어줄 뿐이다. 돈이 지배하는 세상의 질서에 완전히 순응한 채로 살아가는 우리들의 태도는 근원적인 '악'을 오래오래 지속시키는 결과를 가져온다.

1985년 가을부터 쓰기 시작하여 1990년 여름에 완성한 『달궁』 연작은 '돈'이 지배하는 세상의 질서에 휘둘린 인실이의 삶을 적었다. 이 작품은 빼앗김의 근원도 모른 채 살아온 한 여자의 삶을 담았다. 그 여자가 보고 겪은 세상 속엔 이미 '빼앗김'이 있었다.

-빼앗은 사람은 빼앗아서 좋고 빼앗는다고 하는 나쁜 짓을 하지 않은 것처럼 돼서 좋고, 두루두루 좋지만, 빼앗긴 사

람은 빼앗겨서 안 좋고 빼앗긴 것 되찾을 수 없어서 안 좋고, 두루두루 안 좋다. 빼앗은 사람은 빼앗지 않으면서 계속 더 빼앗을 수 있고, 빼앗긴 사람은 빼앗기는 줄도 모르고 계속 더 빼앗길 것이다. 빼앗기면서 빼앗기는 줄 모르고 있을 때는, 빼앗기면서 빼앗기는 줄 모르는 것의 재해는 빼앗긴 것을 되찾지 못하고 앞으로 더 빼앗기는 것 정도다. 빼앗기면서 빼앗기는 것을 모르는 것의 재해는, 빼앗기면서 빼앗기는 줄을 모르고 있었다는 것을 알아차렸을 때는, 빼앗긴 것을 못 찾는다거나 더 빼앗기게 된다거나가 아니라, 빼앗기면서 빼앗기는 줄 모르는 상태가 언제까지 계속될 수 없다는 사실—즉, 빼앗기면서 빼앗기는 줄 모르고 있었다는 것을 알아차렸다는 사실 자체이다. 끝까지 빼앗김이 빼앗김 같지 않을 수 있다면 얼마나 좋으랴! 모르면 약이다. 빼앗김이 언제까지나 빼앗김 아닌 것처럼 보일 수 없다는 말은, 빼앗김은 빼앗김같이 보이지 않았을 동안에도 내내 빼앗김이었다는 말과 같다. 빼앗김은 빼앗김으로 보일 때나 빼앗김으로 보이지 않을 때나, 언제나 빼앗김이었다. -『달궁 하나』

"언제나 빼앗김"이었던 것인데 우리는 그것을 보지 못했다. 사람들의 선량함과 친절함에 가려 빼앗김이 제대로 드러나지 못했다. 그렇다고 내내 빼앗기는 삶을 살아온 인실이에게 연민을 느끼는 건 옳지 않다. 그 여자의 삶이 그래 보이는 건 세상이 그만큼 더러워졌기 때문이다.

서정인은 「공방전」의 비유를 삶 속으로 견인하여, '돈'의 질서 아래 오직 '빼앗김'만을 순진하게 내놓아야 하는 인실이를 통해 '돈'의 질서에 의해 퇴락해가는 세상을 거꾸로 비판한다. '돈'에 관한 그의 지독한 성찰은 자본주의 사회의 타락한 곳곳을 들춰낸다. 오염된 자연환경, 타락한 말, 아류가 판치는 예술 세계에 대한 비판에까지 확장된다. 『붕어』(1994)는 이러한 문제의식을 한 개인의 일상으로 끌어와 우리의 삶이란 오염된 강물에서 서서히 죽어가는 물고기와 하나도 다를 게 없다는 비관적인 인식에 이른다. '붕어'는 깨끗한 물에서만 살 수 있는 물고기여서 오염된 세상에선 살 수 없다. 그렇다고 깨끗한 수족관으로 붕어를 옮긴다 해도 마찬가지다. 붕어가 살아가던 물을 떠났으므로 어디서나 죽기는 매 한가지다.

> 그들은 금붕어와 붕어가 왜 죽고 병이 들었는지 토론했다. 금붕어는 너무 물을 자주 갈아주어서 죽었고, 붕어는 물이 더러워서 병이 들었다. 고기는 물이 깨끗하면 죽고 더러우면 병드냐? 물고기는 물을 떠나면 죽기 아니면 병들기였다. - 「붕어」

우리가 선택할 수 있는 길은 늘 위험한 두 가지 뿐, "먹고 병들거나, 안 먹고 굶거나. 어느 쪽이든 죽는다."(「붕어」) 우리의 삶이, 붕어의 삶이 지속되려면 먼저 삶의 타락과 강물의 오염이 교정되어야 한다. 이것은 바로 '돈'의 거짓됨을 똑바로 바라보아야 한다는 것과 같은 이치다. 그렇지 않은 한 진짜 삶의 가치는 늘 가짜에 의해 가위눌림을 당한다. 이런 타락한 세상에서 예술은 가짜가 아닌 진짜가 되어야 한다. 다시 말해 예술은 '돈'이 지배하는 가짜의 질서와 세상을 향해 진짜로 맞서는 것이다.

『말뚝』(2000)과 『용병대장』(2000)은 서정인의 소설이 오랫동안 지속해온 비판적 성찰을 독특하게 잇고 있는 작품들이다. 르네상스 시대의 품팔이꾼 용병傭兵들은 그들이 이익 때문에, 오로지 돈 때문에 싸움을 한다는 사실을 잘 알고 있었다. 그들은 그런 점에서 『달궁』의 인실이와 사뭇 달랐다. 이탈리아 용병들은 "그들이 정치적, 사회적, 민족적으로 나라를 지킨다는 환상을 갖지 않았다. 그들은 돈벌기가 어렵다는 것과 전쟁이 이문이 많다는 것을 알았다." (「작가 후기」, 『용병대장』) 미리 알고 있을 때 이왕지사 지는 싸움, 빼앗긴 삶에 대한 비참함은 훨씬 덜 했다. 돈의 생리를 가장 잘 알아차린 용병의 자리, 질 줄 알고 시작해서 결국 지는 용병의 싸움에서 삶은 발랄한 수다로 채워질 수 있었다.

서정인의 소설 속 인물들이 말이 많아지는 것도 바로 이런 때이다. 그들은 지고 나서, 그러자마자, 더 말이 많아진다. 설 자리, 누울 자리, 살 자리, 죽을 자리를 모두 빼앗긴 사람들의 말이 그의 소설 속엔 비말飛沫처럼 흩어져 있다.

망라網羅의 언어, 여담餘談의 비경제성

표준말은 말들의 납골당이다. 말들이란 원래 살아있는 물건이다. (…)
문학의 어려움은, 어떤 의미에서는,
남이 실제로 하는 말을 붙잡는 어려움이라고 할 수 있다.
-「전라도땅 · 전라도말」(1984),『지리산 옆에서 살기』

세상의 타락이 말의 타락을 가져왔다. 따라서 말을 바로 잡을 생각 말고 먼저 세상의 삶을 돌보는 것이 순서다. 하지만 그런 타락한 말에 기댈 수밖에 없는 것이 소설 언어의 운명이다. 가짜의 삶을 걷고 삶의 실체와 정직하게 만날 수 있도록 하는 것, 즉 세상의 타락과 무질서에 질서를 부여하는 것이 문학의 몫이다. 이름을 바로잡아正名 사회의 질서를 세우고자 했던 공자의 생각[3]은 서정인의 언어 인식의 밑바탕을 이룬다. 무질서한 삶을 소설의 언어로 기록하는 행위는 바로 그 혼란스러운 삶을 바로잡는 일이나 다를 게 없다.

하여 그의 소설 언어가 가장 낮은 일상의 언어를 담아내는 것은 당연한 일이다. 사람들의 삶이 녹아든 '살아있는 말'을 그대로 건져 올리는 것이 그의 소설 쓰기가 감당해야 할 임무다. 살아있는 말이 지닌 흔적들을 깨끗하게 표백한 표준말로는 사람들의 삶을 붙잡을 수 없는 것이다. 구어체와 문어체 사이의 괴리가 우리 의식의 이중

구조를 만든다는 비판적 인식을 통해 그는 '사투리'와 '욕'이 지닌 우상파괴적인 속성을 주목한다. 사람의 진실된 모습을 드러내는 사투리와 욕이야말로 땅에 뿌리를 박고 살아가는 사람들의 참된 말의 모습이다.(「욕, 우상파괴와 우상숭배」(1986), 『지리산 옆에서 살기』) 서정인의 소설이 깔끔한 문어체를 버리고 산란한 구어체의 문장으로 뻗어간 이유도 그런 말 속에 살아있는 사람들의 목소리를 담아내기 위한 전략에서이다.

말을 물고기와 토끼를 잡는 통발과 올가미에 비유했던 장자의 생각은 어느 면에서 보면 서정인의 것과 닮은 데가 있다. 장자의 말대로 물고기와 토끼를 잡고 나면 그러한 도구들이 더 이상 소용없듯이 말도 그 뜻을 제대로 펴고 난 후엔 버릴 일이다. 말 속에 제 뜻을 온전히 실어볼 수 있을 땐 그 수단이 된 말 따윈 필요 없다.[4] 그것이 가능한 시절이 올까.

『모구실』의 수다쟁이 '천수건'은 말에 대한 생각이 퍽 많다.

> "말을 하면 내가 남이 되었고, 말을 안하면 내가 없었다. 남이라도 되어 있는 것이 없는 것보다 더 났냐? 하도 내가 나 아니어서 남으로 있는 것보다 아예 없는 것이 더 좋냐? 없으면 어떻게 되냐? 내가 없으면 누가 있냐? 내가 없는디, 누가 있으면 무엇하냐? 내가 나 아닌 남으로 있으면 그것이 나냐, 남이냐? 나는 어디 있냐? 이래도 없고, 저래도 없냐? 어차피 없냐? 없는디 있는 것은 무엇이냐? 가짜냐? 말로 만든 가짜냐?" -「진료소」

말을 하는 순간 내가 남이 되더라도, 말을 안하면 내가 없는 것인데, 차마 말을 버릴 수 없는 것이다. 서정인은 살아있는 말을 건져내기 위해 소설 언어의 그물을 더 세밀하게 엮는다. 그의 소설 언어의 그물은 움직이는 작은 물고기들이 그 안으로 한번 들어오면 좀처럼 달아날 수 없도록 빽빽하게 짜여 있다. 그는 물고기를 잡는 그물網과 새를 잡는 그물羅을 함께 던져 살아있는 존재들의 삶을 남김없이 보여준다. 그의 소설 속 인물들이 수다가 많아진 건 그 때문이다. 그의 소설 말들은 삶 속으로 깊숙하게 미끄러지면서 그 깊이를 더듬는다.

> "여기가 어디요?"
>
> "모구실이요."
>
> "후곡 아니요?"
>
> "모구산 갈라고 왔소?"
>
> "예? 모후산이요?"
>
> "저기요. 저 산 뒤에 저기 푸르스름한 산 말이요."
>
> "아, 저기요? 중턱에 하얀 길이 난 저 산이요?"
>
> "그건 앞산이요. 그 산에는 길이 없소. 그 밑에까지 자동차 길이 났소."
>
> "산에 길이 없을라고요?"
>
> "사람이 안 다니면 있던 길도 없어지요."
>
> "산을 많이 타셨는개비요?"
>
> "안 타면 몰르요?"

"그래서 허는 말이요. 소인은 손에 쥐어줘도 모르고, 군자는 안 가보고도 알지요." -「모구실」

지금 천수건이 동네의 한 노인에게 물어 찾는 곳은 후곡 마을이다. 그런데 그곳에서 사는 사람들은 후곡을 옛 이름인 '모구실'로 부른다. 여기에서 후곡리의 뒷산인 '모후산'이 이런 대화를 또 한번 가로막는다. 거기에선 모후산이 또 모구산으로 불린다. 후곡, 모구실, 모후산, 모구산이라는 단어로 분열하는 이 동네는 결국 한 곳이다. 소통의 어려움은 여기에서 나온다. 서로가 다른 진실을 가슴 속에 담고서도 하나로 만나지는 건 이토록 쉽지 않다. 그래도 소설은 그 불완전한 휘발성의 언어를 끝내 버릴 수 없다.

서정인이 펼쳐놓은 망라 속으로 들어온 말들은 소설의 서사를 지연시키는 여담 digression 餘談의 구실을 한다. 그가 쓰는 여담 전략은 "글쓰기의 경제성 원칙을 위반하고 구두 언어의 불가역성不可逆性이라는 조건을 흉내내는 것이다."[5] 살아있는 말들을 여과 없이 그대로 적어 놓은 여담의 비경제적인 성격은 그동안 서사가 누려온 독점력과 지배력을 무너뜨린다. 한번 말한 후 먼저 말한 것을 수정하기 위해 또 한번 말해야 함으로써 길어지는 여담은 현장감을 확보하고 대신 치밀한 서사를 반납한다.

서정인의 소설은 인물의 대화를 어슷하게 쌓아가면서 서사를 멀찍한 곳으로 추방한다. 그는 나중의 소설로 옮겨 갈수록 이야기를 조직하는 서사의 힘보다는 그런 서사를 방해하는 여담을 전략적으로 활용하면서 살아있는 말을 소설 속에 고스란히 옮겨온다.

그의 소설 속의 인물들은 축적을 거부하듯이 말을 낭비한다. 그들은 마치 자본주의 물질문명이 지닌 축적의 신화에 저항이라도 하듯이 부지런하게 말들을 소비한다. 그로 인해 서정인의 소설은 구어의 패총을 보는 듯하다. 수담手談이 아니라 수작酬酌에 가까운 여담들은 '미궁'과 '원무'의 형상을 한 우리 삶을 닮는다.

길道과 지명地名

길이 좋은 줄은 길을 잃어 봐야 알았다. 그런데 거기서부터 시작이었다.

-「왜 햇볕이 가만히 있는 흙을 건드렸을까」(1988),『지리산 옆에서 살기』

가야 할 길을 알고 있는 사람들은 굳이 길 위에 설 필요가 없다. 오직 길 위에 올라보는 것으로 세상살이의 방법을 배우는 사람들, 오직 그런 방식으로만 생의 도덕을 겨우 헤아릴 수 있는 사람들이 살아가기 위한 방편의 하나로 길 위에 서고 만다. 처음부터 알고 가는 길은 그래서 굳이 갈 필요가 없는 길이다. 길은 본래 모르고 가는 데에 묘한 매력이 있다. 또 진정 가야 할 길이 어디인지 알 수 있으려면 한번쯤 길을 잃고 헤매볼 일일 것이다. 그런 까닭에 사람의 길은 길게 헤아려 걷는 것이 마땅했고 그렇게 길게 가자면 길손과의 말들이 늘어질 수밖에. 길 위에서 서털구털하는 인물들이 서정인 소설의 단골들이다.

그들 덕분에 서정인의 소설은 소설의 기원에 더 가까워진다. 알다시피 소설은 태생이 대도大道를 구하는 선비의 짓이 되지 못하는 도청도설道聽塗說이고 가담항어街談巷語에 지나지 않는 천한 것이었다. '길'에서 태어난 소설은 '길'의 풍부한 함의를 온통 지닐 수 있었다. 원래 '길道'은 도리, 다스리다, 행동, 당연의 이치, 방법, 이끌다, 원칙, 인생의 방향, 질서, 법령 등 여러 맥락[6]으로 변주되어 왔듯이 소설도 이러한 삶의 다양한 맥락들을 수용하여 그 깊이를 확장시켜 왔다.

서정인 소설의 형식미학은 그와 같은 길의 사유에서 비롯된 것이다. 「원무」처럼 돌고 도는 연기론적 구조나 『철쭉제』 연작에서 보여준 등산과 하산의 구조, 『달궁』 연작에서 인실이의 죽음으로부터 시작한 이야기가 지나온 삶의 흔적들을 원환적인 구조 속에 담아낸 건, 서정인이 우리의 삶의 무늬를 길의 이미지와 겹쳐 읽었기 때문이다. 문단을 구분하는 줄바꿈이 하나도 없는 『달궁』의 문장들에 대해서 "세상 사는 이야기에 끝도 없는 것과 일맥상통한다"(「작가 후기」, 『달궁 둘』)라는 작가의 첨언처럼 도대체 삶이란 끊을래야 끊을 수 없는 길이고, 둥그렇게 말린 원과 같다.

우리의 삶이 곧 '길'이다. 서정인 소설의 여로를 뒤따라가면서 만날 수 있는 곳곳의 지명地名들은 길의 사유를 더 깊이 있게 만들고 삶의 의미를 새롭게 부여한다. 그는 지명 위에 사람들의 말을 넣어 그 공간의 역사를 다시 쓴다. 「남문통」(1975), 「뒷개」(1977), 「물치」(1978)에는 거기서 살아가는 사람들의 이야기로 가득 차 있다.

그가 지리산을 처음 오르고 나서 썼다는 『철쭉제』 연작(1983-1985)은 지리산의 풍광을 담아내는 것이 아니라 지리산 백무동에서 장터목으로 세석을 올라 다시 한신계곡을 따라 백무동으로 내려오는 여정을 따른다. 그곳에 철순과 현애, 장씨와 윤마담의 거침없는 대화를 얹어 놓는다. 그래서 지리산 '철쭉제'는 그들의 관심대상이 아니다. 그들은 지리산 자락 곳곳에 그들의 상처를 포개 놓는다. 상처가 이토록 깊은데, 그곳에 소설의 서사가 자리할 여유가 없다. 「철쭉제」(1983. 가을)를 쓰고 난 후, 「장터목」(1984. 10) 「세석」(1984. 가을) 「한신계곡」(1984. 12) 「백무동」(1985. 봄)으로 완결한 이 연작은 "산의 삶과 역사에 대한 명상"(「산과 삶」(1988), 『지리산 옆에서 살기』)의 기록에 다름 아니다.

> "철쭉제가 내일 있대요. 두견새가 먼저 간 제 짝을 부르다가 피를 토하고 죽었는데, 그 피 자국마다 철쭉이 선홍빛으로 피어났대요. 사람들은 철쭉이 두견새 죽은 넋이라고 믿는대요. 그 넋을 달래는 제사죠."
>
> "두견새는 해마다 죽을까요, 철쭉이 철마다 피어나는 것을 보면?" 윤 여사가 말했다.
>
> "피를 토하고 죽는 것은 한 번만 있었으면 좋겠어요. 왜 그런 일이 되풀이될까요?" -「철쭉제」

지리산이 단 한번이라도 조용한 날이 있었을까. 누구나 알고 있듯 지리산 이곳저곳에 숨어 지내왔던 산사람들과 그들의 죽음은 비교적 가까운 역사일 뿐이고, 그것 말고도 지리산에는 허구이든 사실이든 숨은 이야기가 넘쳐 난다. 매년 그 이야기들은 '철쭉'으로 피어오른다. 그는 여기, 지리산의 골과 골 사이에 겹겹이 쌓여 있는 침묵의 목소리에서 그 벗어날 길 없는 역사의 굴레를 본다. 거대한 역사가 밟고 지나간 장삼이사들의 상처를 그는 소설언어로 옮겨 적는다.

지리산 근처에선 그 산자락만큼 생각이 많아진다. 그는 인문人紋을 지문地紋으로 겹쳐 있는 습관을 통해 그런 자연지리 위에 거대한 역사의 흐름과 개인의 일상사를 덧칠한다. 따라서 서정인의 소설이 자연지리적 배경을 작품 무대로 삼고 있어도 그 속에서 우리는 아름다운 풍경 예찬을 읽을 수 없다. 그의 소설에서 읽을 수 있는 산, 강, 들, 바다의 유구함과 순환성은 빼앗김, 돈, 전쟁, 질병, 죽음으로 채색된 인간적 삶의 흐름과 겹쳐 읽을 때만이 그 의미가 제대로 드러난다. 물질적 풍요와 적당한 휴식과 잘 되리라는 낙관주의를 마음껏 누리며 살고 있는 우리들은 이런 흐름을 보지 못하는 명씨박이한 존재들이다.

지리산 오지 마을 '달궁'에서 제목을 가져온 『달궁』은 오직 빼앗긴 삶만을 살아온 인실이의 삶을 상기시키는 메타포다. 오지 마을 달궁을 알지 못하듯이 아무도 인실이의 아픈 삶을 들여다보지 않는다. 그렇지만 인실이도, 달궁도 이 땅에서 똑같이 살아갔고 그들과 같은 삶을 살아가는 사람들은 지금도 여전히 존재한다. 달궁은 모든 것을 처음부터 빼앗긴 사람들의 비참한 삶을 드러내기 위한 장치로서 활용된다. 길의 사유를 가장 잘 구현하고 있는 장편 『모구실』은 순천에서 주암호(「모구실」(2000. 가을), 「진료소」(2000. 10), 「수련원」(2000)), 섬진강(「섬진강」(2001. 봄)), 지리산(「휴양림」(2004. 1), 「벽소령」(2002. 11))을 거쳐 다시 순천(「의료원」(2001. 가을), 「되고개」(2002. 6), 「쟁몽두」(2003. 여름), 「장명등」(2003. 가을))으로 돌아오는 천수건의 여정을 따라 길 위에서 살아가는 사람들의 아픈 삶을 기록한다.

그의 소설에선 점차 풍경이 지워지고 오롯이 말들의 세계만 남는다. 그의 소설에서는 해설과 지문, 서술과 묘사가 점차 사라지고 오로지 두 사람 혹은 세 사람 이상의 '대화'만이 남는다. 그리하여 서정인의 소설 말은 "마주 대하여 이야기를 나눔"이라는 대화對話의 정의에 가장 가깝게 다가선다. 서로는 서로의 거울이 된다. 열심히 듣는 사람은 보지 않는 법이다.

겪은 소년의 여독旅毒

내 몸뚱이는 순천의 흙으로 빚어졌고 그곳의 빛과 물과 바람으로 컸다.

-「고향의 봄」(1990), 『지리산 옆에서 살기』

서정인의 소설 '말'은 '난리' 중에 만들어졌다. 소학교 육학년 시절, 1948년 무자년 가을 사흘에 한 소년이 겪은 여순사건은 그대로 그의 소설 말의 밑바탕을 만들어 주었다. 「무자년의 가을 사흘」(1994. 가을)에는 그 시절의 참혹한 풍경들을 가슴으로 겪은 한 소년의 이야기가 기록되어 있다. 그해 가을 이후 40여 년이 훨씬 지나서야 그는 소설말로 그때의 기억을 겨우 옮겨 놓을 수 있었던 것일까. 그가 그때 깨달은 것은 바로 이런 것이었다.

> 노인? 늙으면 관심도 감동도 없었다. 살아보면 삶은, 싸움 안 싸움 간에, 그것이 그것이었다. 장년? 그는 바빴다. 그것을, 이기면 이기는 대로, 지면 지는 대로, 이용하느라고 정신이 없었다. 청년? 아, 그는 너무 불쌍했다. 그는 죽느라고 뭘 볼 틈이 없었다. 선배들의 불장난을 항상 젊은이들이 껐다. 장년들이, 심지어 노년들이 침대에서, 책상에서, 광장에서, 강당에서 일으킨 전쟁을, 싫든 좋든, 대개 속아서, 그들이 벌판에서 끝냈다. 소년은? 노장년이 잇속으로, 청년이 몸으로, 치르는 전쟁을 소년은 가슴으로 겪는다. 노장청년이 백 년 뒤 사람들이 잘 알 것을 안다면, 소년은 그들이 도저히 알 수 없는 것을 안다. 그는 전쟁을 안다. 그가 아는 것은 세월이 흐를수록 잊혀져서 없어진다. 남는 것은 곰팡이 낀 마른 종이더미들. -「무자년의 가을 사흘」

소년은 가슴으로 겪은 아픔을 안고 때론 먼 방랑의 길을 떠났다. 그러기에 그가 혹은 소설 속 주인공들이 이리저리 옮겨 다니는 것은 낯선 세상을 향한 새로운 호기심이나 진지한 탐구력 때문이 아니다. 다른 공간을 산책하는 그들의 버릇은 지금, 이곳의 악을 떨쳐내기 위한 성스러운 순례의식이 아니라 오히려 더 독한 악을 지니고 돌아오는 것과 같은 의미를 지닌다. 때문에 그의 소설 속의 산책자 혹은 여행자는 고도로 정제된 악의 화신에 더 가깝다. 다시 말해 서정인 소설에서의 여행이란 독을 묻히고 귀환하는 것이다. 그들은 여독旅毒을 다져 타락한 세상에 맞설 독설을 만들고 "맞불의 복수"(『달궁 하나』)를 기다린다.

소년의 여독은 길고 길었다. 한마디로 고생길이었다. 여순사건을 겪고 서울로 유학을 떠났고 또 미국으로 유학을 다녀온 그는 그가 겪었던 경험을 그대로 소설의 언어로 빚어낸다. 1980년 중반 이후부터 지리산을 자주 다녀갔던 그의 소설은 연작과 장편소설의 옷을 입고 마음속에 남은 '달궁' 이야기를 쓰기 시작한다. 그는 고행하는 수도승처럼 지리산을 오르내리면서 전통과 현대의 감각을 오가는 현란한 수사들로 무장한다.

서정인의 수사학은 고대와 현대, 동양과 서양, 문학과 철학, 역사의 기록들을 횡단한다. 공자, 맹자, 노자, 장자, 타키투스, 에즈라 파운드의 목소리를 통해 서정인은 그들이 오래전에 미리 미래의 삶을 예견하고 쓴 모든 통찰을 소설 속으로 견인한다. 그는 늘 이전의 것으로 지금의 것을 들여다본다. 또 지금의 것으로 이전의 것을 들여다본다.

「나주댁」(1968. 가을)에서 보인 위선적인 교육자에 대한 고발은 「해바라기」(1991. 8)와 「국경수비대」(1991. 겨울)에 이르러 5·18 광주 항쟁의 구체적인 역사와 조우한다. 색다른 시선으로 광주항쟁을 다룬 두 작품을 통해 서정인의 자본론은 실체 없는 권력에 비판과 그러한 권력에 휘둘리는 피지배자의 삶을 비집고 들어간다. 「해바라기」의 김갑동은 시위에 동조했다는 혐의로 고문을 받지만 사실 그는 혁명에는 관심이 없는 장사꾼일 뿐이었다. 그래서 "그는 그들이 원하는 것을 말할 줄 몰랐다."(「해바라기」) 돈과 권력의 질서 앞에선 장삼이사들에게 어떤 선택이란 애초부터 없는 것이나 마찬가지다. 이들에게 삶이란 늘 "싸워서 지는 것"(「국경수비대」)이 전부였다.

서정인의 소설이 소시민의 일상을 구체적으로 묘사하고 있는 초기 작품에서 점차 현실의식이 일상적인 이야기로 매몰되었고, 패배적이며 상대주의적인 세계로 기울어졌다는 일각의 비판은 다시 생각해 볼 부분이다. 오히려 그의 소설은 무책임한 미래적 전망을 포기하고 정확한 현실의 모순을 드러내는 쪽을 택한다. 늘 광기에 찬 서정인의 요설이 겨냥해온 건 "영광이란 이렇게 덧없는 것!"[7]이라고 스스로 고백하고 말 자본주의 물질문명이다.

길 위의 삶에서 얻은 지혜와 여독으로 그에겐 휴식이 따로 없었다. 무릇 대은大隱은 은어시隱於市하고 소은小隱은 은어산隱於山 할까.

변산에서, cloud 9!

아, 단테가 마흔이 넘어 숲속에서 길을 잃고 얼마나 고생을 했으면
거기서부터 지옥편을 시작했을까 이해할 수 있을 것 같았다.
-「산과 삶」(1988),『지리산 옆에서 살기』

2007년 가을, 그와의 지리산 여행길에서 그는 자신의 주도유단酒道有段을 슬쩍 내비쳤다. 듣기에 아마도 그는 낙주樂酒와 관주 觀酒 사이에서 살고 있는 듯했다.[8] 마셔도 그만 안 마셔도 그만 술과 더불어 유유자적하는 사람酒聖과 술을 보고 즐거워하되 이미 마실 수는 없는 사람酒宗으로 자신을 견주던 얼굴이 생각난다.

그의 얼굴과 닮은 듯이 서정인 소설의 말은 늘 길 한가운데서 술동무와 함께 있다. 주도의 경지에 오른 이들은 술잔이 없는 데서도 도무지 말을 놓지 않는다. 그들이 길 위에서 만난 세상은 돌돌괴사咄咄怪事 천지라. 그렇게 그는 살아있는 사람들과 그들의 말을 부지런히 소설 속에 담았고 그는 외려 그들의 삶에 달린 각주가 되길 바랐는지도 모른다. 그렇게 함으로써 그의 소설에는 타인의 목소리와 삶이 그대로 묻어 흐른다.

그는 살아 있는 말로 삶의 무늬를 그려왔다. 그런 길 위에서 그의 소설말은 단 한 번도 지옥 같은 현실을 비켜선 적이 없었다. 그는 때로 "너의 길을 걸어라, 사람들로 하여금 말하게 내버려 두어

라 Segui il tuo corso, e lascia dir gentil! "[9]라는 단테의 말을 여러 번 가슴에 되새기면서 고독한 소설 길을 걸어왔는지도 모른다. 그는 어디에도 머물지 못한 채 '알맞게 불편한' 변산에서 이름 없이 살아간 사람들의 이야기를 소설로 써왔다. 그래서인지 말의 수사를 부단히 다듬어 온 서정인의 소설에는 스스로 고행의 길을 선택한 수사의 삶이 느껴진다.

여전히 그는 "이명(耳鳴)"(「후송」)의 고통을 견디어내길 여러 날, 가끔 이층 방 창문을 기웃하게 열고서 "입술을 한쪽에서부터 부수면서"(「물결이 높던 날」) 여태 오지 않은 세상을 불평하고 있을 것이다. 언젠가는 그가 꿈꾸는 황홀한 행복의 계단 위에서 "cloud 9!"(『신곡』)이라고 외칠 수 있을 때까지 그는 앞으로도 꾸준하게 소설을 쓰고 또 쓸 것이다.

무가無家 시대의 무가巫歌

이청준론

무가無家

'배꼽'을 잃어버렸다. 이것은 이청준의 소설 「배꼽을 위한 변주곡」(1975)의 허원에게 어느 날 갑자기 일어난 사건이다. 이청준의 소설에 곧잘 등장하는 기이한 사건은 깊숙한 시대감각으로부터 연원한 것이라는 점에서 항상 문제성을 띤다. 앞서 말한 허원의 잃어버린 '배꼽'은 억압적인 사회가 통째로 앗아간 자유, 문학, 진실을 가리킨다.

우리는 그간 너무 많은 것들을 잃어버렸다. 고향, 어머니, 말, 자유 등 인간 존재를 지탱해온 가장 고귀한 것들은 작가 이청준의 소설에선 그대로 '상실'의 목록에 자리한다. 본래 거주했던 '집'에서 추방되어 거리를 떠도는 그것들이 제자리로 되돌아 거주할 '집이 없다無家'는 상실감이 이청준 소설의 커다란 밑바탕이다. 그래서 이청준의 소설 작업은 잃어버린 것들에게 본래의 '집'을 되찾아주는 임무를 맡는다. 고통과 치유, 상실과 회복의 양단을 오가는 '반복강박증'이 소설가 이청준의 지독한 병증이었으며 잃어버린 것을 되찾아가는 반복 행위 속에서 남게 된 것이 그의 소설이다.

잃어버린 '집' 찾기의 과정 속에서 그의 거의 모든 소설들은 '씌어졌다'고 해도 과언이 아니다. 그러므로 이청준에겐 같은 소재와 주제를 '다시' 반복하여 쓰는 일이 조금도 성가신 일이 되지 않는다. 여러 소설들에서 겹치는 등장인물들이나 사건들, 반복되는 주제의식, 또 빈번한 연작 소설의 구성 방식 또한 그러한 그의 반복강박증에서 유래했을 가능성이 크다.

이청준이 소설을 쓰기 시작한 1960년대 이후부터 주요 작품들이 발표되었던 70~80년대에 이르기까지, 우리 현실은 마치 병원病院과도 같은 질병의 시대였다고 해도 과언이 아니다. 모조리 부조리하고 모호한 것들뿐인 상황에서 병원病原을 알 수 없는 '병신과 머저리'들이 그의 소설의 단골로 등장하는 것도 우연이 아니다. 병적이며 광기에 가득 찬 인물들이 지닌 병증 또한 위장병, 광기, 딸꾹질, 진술 공포증 등 다양하다. 그런 점에서 이청준의 소설은 60년대 이후 우리 사회에 대한 빈틈없는 임상학적 보고서라 할 수 있다.

그러나 그들은 원인을 모른 채로 그저 앓고 있는 것이 아니다. 이청준의 소설에는 뚜렷한 반성과 비판적 시각을 지닌 지식인 주인공이 등장하여 그들의 병증에 대한 철저한 진단과 해부를 시도한다. 막연한 병증을 명증하게 인식하는 일, 그래서 곡두幻影의 실체를 확인해가는 일, 그에 관한 시비가 이청준 소설의 주요한 내용을 이룬다.

이청준의 소설은 곡두가 난마亂麻처럼 뒤얽힌 세상 속에서 진실의 요체를 찾아가는 몸부림의 과정이라 요약해도 좋을 것이다. 그건 달리 말해 잃어버린 '집' 찾기의 과정이 그리 간단하지 않다는 것을 의미한다. 그래서 이청준이 소설을 통해 다시 되찾고자 하는 '집'은 단순한 공간적 표상에 머물지 않는다. 그러기엔 이청준의 '집' 찾기 작업은 훨씬 고단하고 풍요롭다. 그 여정을 따라가 보는 데에 이 글의 목적이 있다.

곡두난마

곡두난마의 현실에서 이청준의 소설은 여러 우회로를 모색한다. 이청준 소설의 주요한 특질들인 겹의 구조와 파편적인 서사, '추적자'의 성격을 지닌 화자 또한 곡두 같은 현실과의 싸움을 보다 효과적으로 진행하기 위한 전략적 장치인 것이다. 이청준 소설의 주인공들인 소설가 이준, 민태준, 박준 등은 작가의 분신double적 존재들로서 그들은 소설의 해답을 끝까지 지연시키고 감추면서 음험한 서사를 드리운다. 이도 역시 곡두와의 싸움에 꼭 어울리는 작가의 변신술이라 할만하다. 그의 소설적 싸움은 이토록 치밀한 서사 전략을 동반하면서 이루어진다.

'전짓불'의 형상은 그의 소설에 등장하는 가장 대표적인 곡두이다. 그런 끔찍한 전짓불의 공포가 생긴 건 아주 오래전의 일이다. 그것은 「소문의 벽」(1972)에 나오는 소설가 박준의 기억 속에 아직도 선명하게 남아 있다.

> 어렸을 때 겪은 일이지만 난 아주 기분 나쁜 기억을 한 가지 가지고 있다. 6 · 25가 터지고 나서 우리 고향에는 한동안 우리 경찰대와 지방 공비가 뒤죽박죽으로 마을을 찾아드는 일이 있었는데, 어느 날 밤 경찰인지 공빈지 알 수 없는 사람들이 또 마을을 찾아 들어 왔다. 그리고 그 사람들 중의 한 사람이 우리 집까지 찾아 들어와 어머니하고 내가 잠들고 있는 방문을 열어젖혔다. 눈이 부시도록 밝은 전짓불을 얼굴에다 내리비추며 어머니더러 당신은 누구의 편이냐는 것이었다. 하지만 어머니는 그때 얼른 대답을 할 수가 없었다. 전짓불 뒤에 가려진 사람이 경찰대 사람인지 공비인지를 구별할 수 없었기 때문이다. 대답을 잘못했다가는 지독한 복수를 당할 것이 뻔한 사실이었다. 하지만 어머니는 상대방이 어느 쪽인지 정체를 모른 채 대답을 해야 할 사정이었다. 어머니의 입장은 절망적이었다. 나는 지금까지도 그 절망적인 순간의 기억을, 그리고 사람의 얼굴을 가려버린 전짓불에 대한 공포를 생생하게 간직하고 있다. - 「소문의 벽」, p.117

어느 날 밤, 어두운 방안으로 침입한 '전짓불', 그것은 그 뒤에 숨은 실체를 분명하게 드러내지 않는 것만으로도 '나'에게 지독한 공포의 경험을 준다. 내리비추는 전짓불은 정작 자신의 실체는 어둠 속에 숨긴 채 '누구의 편이냐'라는 질문에 대한 대답만을 강요한다.

전짓불이 누구의 편인지도 알지 못한 채 정직한 대답을 한다는 것은 목숨을 건 사투에 가깝다. 어린 시절에 그렇게 생긴 전짓불 공포photophobia는 소설가 박준에게 진술공포증을 갖게 하였고, 그 기억으로 인해 박준은 소설을 쓰지 못한다. 전짓불의 기억을 닮은 억압적인 현실의 감시 체계에서 그는 단 한 번도 자유롭게 쓸 수 없었던 것이다.

전짓불의 기억은 비단 한 개인이 유년시절에 경험한 한 편의 기억으로만 머물지 않는다. 전짓불이 지닌 위력은 바로 여기에 있다. 그것은 사실 여부를 떠나 마구 떠도는 소문처럼 특수한 역사적인 시공간을 벗어나 언제 어디서나 편재하는 강력한 기표가 된다. 그래서 전짓불의 기억은 분단시대의 이념적 갈등과 그 선택의 순간을 강제하는 폭력의 표상에 갇히지 않고 근원적인 폭력성이 내재한 우리 현실의 곳곳을 비추며 떠돈다.

빛과 어둠을 함께 껴안은 전짓불의 형상은 이청준의 여러 소설들의 다양한 서사구조를 이끄는 모티프가 된다. 또 그것은 '겹'의 질서로 이루어진 사유이미지로서 그의 소설의 구조적 원리로 자리한다. 이것은 박준의 기억 속에 각인된 '어둠 속의 전짓불'이 빛과 어둠, 이 두 세계의 이미지가 공존해 있는 것에서도 확인된다. 이청준의 세계 인식은 전짓불의 폭력성을 고뇌하는 과정에서 생겨난다.

「비화밀교」(1985)의 민속학자 조승호는 소설가인 '나'에게 두 겹의 세계 질서에 대해서 이렇게 설명한다.

무엇보다도 우리 삶이나 이 세계는 논리와 논리 아닌 것, 혹은 일상의 삶의 덕목으로 선택된 질서와 그것이 아닌 것, 눈에 보이는 것과 보이지 않는 것, 다시 말해 실체와 그림자 그런 두 겹의 힘의 질서로 이루어져 나간다는 게 나의 인식이니까. 현상의 세계와 소망의 세계의 관계라고 할까. 그래서 나는 그 눈에 보이지 않게 숨겨져 실현을 기다리는 소망의 힘 또한 눈에 보이는 현상의 질서 못지않게 소중스럽게 지켜가고 싶은 거구. 어차피 한번의 폭발로 모든 소망이 실현될 수 없다면 내일의 세상에도 꿈만은 줄기차게 이어져 가야 하니까. 그래서 그 숨은 힘의 질서 속에 미래의 꿈의 씨앗으로 남아 있으려는 사람들의 노력도 그만큼 용기 있고 값진 것으로 알고 있는 것이구……." -「비화밀교」, pp.115-116

그의 말을 요약하면 우리의 삶과 세계는 '보이는 것과 보이지 않는 것', '실체와 그림자'로 얽힌 두 겹의 질서로 이루어져 있다. 그 두 겹의 세계는 뫼비우스의 띠처럼 서로 얽혀 순환한다는 것이다. 그런데 여기에서 말하는 그림자의 세계는 보이는 현실 세계와 동떨어진 신비적이고 초월적인 종교의 세계와 다른 것이다. 종교 또한 보이지 않는 음력陰力의 질서를 곧바로 현실 세계로 편입시키려 하기 때문에 두 겹의 질서가 공존하는 형태를 띠기 어렵기 때문이다. 조승호가 말하는 비가시성의 세계, 그림자의 세계는 종교적인 아우라로 둘러싸인 닫힌 공간이 아니라 오히려 현실을 끊임없이 간섭하고 드는 그런 열린 세계이다. 그 점에서 이청준의 세계 인식은 '종교적'이지만 결코 종교 그 자체가 아니라는 것을 확인할 수 있다.

대립쌍을 동시에 사유하는 이청준의 인식은 양면의 모순을 파고 드는 '경계인'의 사유, '문턱'의 사유와 닮아 있다. 이러한 점을 간과하고 볼 때 이청준의 소설에 대한 편견이 생겨나기도 한다. 겉보기에 그의 소설은 소리꾼(『남도사람』), 줄광대(「줄」), 궁사(「과녁」), 도공(「불 머금은 항아리」), 변사(「변사와 연극」), 매잡이(「매잡이」) 등 장인 예술가들의 특이한 삶을 두드러지게 그리고 있어서 문명 사회에서 점차 소멸하는 장인 예술가들의 삶에 대한 동경으로 가득 차 있는 것처럼 보인다. 그의 소설이 한국적 한恨의 미학과 신비주의의 세계에 갇혀 있다고 오인받기 쉬운 것도 이 때문이다. 그러나 그의 소설에 등장하는 소멸하는 장인들의 삶은 근대 물질문명의 모순을 더욱 잘 비추는 역할을 한다. 이청준의 소설 속에 담긴 장인 예술가들의 이야기는 사라져가는 '풍속'에 대한 무절제한 흐느낌을 주는 것이 아니라 지금 여기가 더 이상 그들이 안착할 수 없는 부조리한 현실임을 남김없이 말해준다.

가면

두 겹의 질서가 행복하게 조화를 이루고 있는 세계는 부질없는 갈망에 지나지 않는다. 하물며 보이는 현실 세계는 진짜인 척 위장한 가짜들이 시시때때로 우리들을 어지럽혀, 어느 것이 진짜인지

가짜인지도 분별하지 못할 상황이다. 이런 판국에 무성한 가짜들과의 맞대결은 위험하기 짝이 없는 일이다. 여기에서 나온 효과적인 전술 중의 하나가 스스로 '가짜'로 위장하여 저항하는 방식이다.

광 속에 숨어 은밀한 '가사' 상태를 즐기는 '나'(「퇴원」)와 '가면'으로 변장하고 밤외출을 즐기는 '명식'(「가면의 꿈」)은 이미 그러한 방법을 몸에 익힌 자들이다. 그들의 위장술은 그것 자체로 현실의 질서를 거절하는 방식이라 할 수 있다. 「가면의 꿈」(1972)의 명식은 밤마다 가면을 쓴 채로 외출을 즐긴다. 명식은 가면으로 변장하여 밤외출을 하는 방식으로 고단한 일상에서 벗어나 휴식할 시간을 구한다. 그러나 그것도 잠시뿐, 명식은 끝내 가면을 쓴 채로 추락사하고 만다. 명식에게 가면은 폭력적인 현실을 견디기 위한 자기 실종의 욕망에서 취한 것이었으나 그것이 현실의 억압을 이겨내는 자기구원의 수단은 되지 못한다. 이미 '가면(가짜)'이 지배하는 현실에서, 명식의 가면은 일시적인 휴식조차도 주지 못하는, 그래서 이미 패배가 예정된 방어술이 될 뿐이다. 때문에 가면을 쓴 명식의 추락사는 한 개인의 무력한 죽음이 아니라 '가짜'의 현실 세계를 죽음의 방식으로 들춰내는 역할을 한다.

'가면'은 그것을 사용하는 주체가 누구냐에 따라서 전혀 다른 상징을 띤다. 「예언자」(1977)에서의 '가면'은 앞서 읽은 「가면의 꿈」의 것과 다르게, 권력적인 현실 즉 '가짜'가 진짜로 탈바꿈되는 교환가치 사회의 전형을 보여주는 메타포로 활용된다. '여왕봉'의 홍마담은 그곳에 들어오는 모든 사람들에게 밤 10시 이후부터는 가면을 착용하도록 명령한다. '여왕봉'은 개별적인 사람들의 고유성을 모두 박탈해버린 가면의 천국으로, 그것은 모든 가치가 규격화되고 획일화된 '관리 사회'의 축소판이다. 극에 달한 홍마담의 광기는 급기야 술손님들의 자발적 동의에 따라 더욱 불가항력의 경지에 오른다. 오직 소설가(예언자) 나우현만이 '가면을 벗은 얼굴'로 지배자 홍마담의 권력에 저항한다.

> 출입구 쪽에 나우현이 서 있었다.
>
> 오랜만에 혼자서 가면을 벗은 얼굴이었다.
>
> 가면을 벗어버린 그의 얼굴이 전에 없이 침착하고 평온해 보였다.
>
> 그리고 그녀는 또 보았다. 그 평온스런 나우현을 향해 곰처럼 육중스런 우덕주의 몸집이 한 발자국 한 발자국씩 위태롭게 다가들어가고 있는 모습을. -「예언자」, p.290

소설의 마지막은 가면을 벗은 맨얼굴로 죽어가는 나우현의 모습을 담담하게 묘사한다. 나우현, 그는 아무도 믿어주지 않는 자신의 예언을 스스로 실현하고 증거하기 위해 기꺼이 자신의 죽음을 선택한다. 소설 『예언자』는 홍마담의 권력에 의해 희생된 나우현의 죽음을 통해, 지배자와 피지배자 간의 폭력적인 관계를 드러내고 또 그런 대립 구도를 권력자/소설가의 대립구도로 바꾸어서 폭력적인 사회에서 희생될 수밖에 없는(또는 희생되는 것을 스스로 예감하는) 소설가의 비극적인 운명을 그리고 있다. 가면의 천국 '여왕봉'의 질서에 동일화되길 거부하는 예언자 나우현은 저주받은 주술사에 불과하다. 그러나 여기에서 빼놓지 말아야 할 것은 예언자(소설가) 나우현의 죽음이 권력에 의한 타살이 아니라 순교에 가까운 자살로서 스스로 선택한 죽음이라는 점이다. 그런 나우현의 죽음은 '여왕봉'의 지배질서를 무조건 수락하고 용인하는 패배자의 비참한 최후가 아니라 가면 뒤에 도사리고 있는 지배 권력의 부조리함을 완벽하게 폭로하는 결과를 가져온다. 가면들의 죽음은 "불안 없는 삶이라는 자유의 궁극적 형태를 추구하는 투쟁이며, 불필요한 억압에 대한 항거"로서 진정 "위대한 거절"[1]이라고 말해야 할 것이다. 이것이 바로 이청준 소설의 '가면'이 지닌 정치적 감각이다.

'가면假面'은 '가장假裝'의 수사학으로 옮겨가면서 더 치밀한 장치가 된다. 연작 『소매치기』(1968~1971)는 '소매치기'와 소매치기를 자서전의 모델로 삼고 있는 '소설가'가 주인공으로 등장한다. 소매치기와 소설가를 함께 등장시킨 이 낯선 배치가 가능했던 맥락은 소매치기와 소매치기로 위장한 소설가가 각각 자신들의 존재를 설명하는 다음의 말에서 엿볼 수 있다.

> 소매치기란 직업(되풀이 말씀드리지만 제겐 물론 이것도 퍽 고맙고 떳떳한 직업입니다)은 세상 만인으로부터 일단 그 존재의 근거가 부인되어야만 하지요. 그리고 그 존재의 자리가 부인된 처지에서 사람들과의 긴장감 넘친 대결을 통해 사실상의 존재로서 그것을 유지해 나가는 데에 이 소매치기 직업의 참맛과 의의가 있습니다. (…) 전 그렇듯 저나 제 일의 존재 가치가 부인되는 곳에서 사실상 존재하며 투철한

> 대결 의식 속에 스스로 그것을 증명해온 터이거든요. -「소매치기올시다」, p.108

> 소설쟁이가 어떤 진실을 말하고 싶어하는 건 내가 내 작업 손님들을 상대로 내 진정한 직업 정신을 발휘해 보이고 싶은 것과 한가지일 터이다. 하지만 사람들은 그 도전과 대결을 받아들이기가 싫은 것이다. 그 도전과 대결로밖에 얻을 수 없는 우리 삶의 진실 자체가 싫은 것이다. 소설쟁이라는 귀찮은 부류에게서 공연히 부질없는 아픔을 사기가 싫은 것이다. -「문단속 좀 해주세요」, p.175

무용한 존재인 소매치기가 진정성을 가지고 "투철한 대결 의식 속에 스스로 그것을 증명해"가고자 할 때조차도 그들의 존재는 처음부터 부인되고 만다. 소설가는 마치 소매치기가 현실 사회에서 전혀 쓸모없는 존재, 그러니까 그 존재의 자리 자체부터 부인된 처지에 있기 때문에 비극적인 것과 마찬가지로 사회로부터 저주받은 운명의 존재이다. 소매치기(혹은 소설가)가 처한 비극적인 운명은 그들이 정직한 대결을 할 수 없을 만큼 이 사회가 이미 깊숙하게 타락해 있다는 사실을 말해준다. 그래서 기발한 위장술로 '소매치기가 된 소설가'는 현실이 얼마나 '가짜'로 가득 차 있으며 추醜한 세계인지를 폭로하여 그러한 현실의 질서를 온갖 '추문'으로 만들어 버린다.

이청준의 소설은 '진짜'인 것처럼 가장한 현실이 진정 '가짜假相'

임을 들춰낸다. 여기에서 '가장假裝'의 수사학이라고 할 수 있는 이청준의 소설가관과 소설 인식의 숨은 의미를 찾을 수 있다. 이청준의 소설관은 가짜의 세계를 벗고 있는 그대로의 실상을 보라는 불가佛家의 인식과도 닮아 있다.

언어

예민한 작가는 그 시대를 항상 '위기'로 느낀다. 위기의 시대는 때로 소설로 하여금 낭만적인 일탈의 서사를 꿈꾸게 한다. 하지만 하물며 허구를 겉옷으로 취하고 있는 소설의 방식으로 위기적 상황을 훌쩍 뛰어넘을 수 없다. 가공할 현실과 억압적인 시대 상황을 아주 초월할 수 없다면 소설 쓰기는 얼마간의 우회적인 작업을 더 필요로 할 것이다. '그럼에도 불구하고', 소설의 언어는 태생부터 타락한 시대를 '증언'해야 할 비극적인 운명을 타고난 근대의 양식이란 건 두루 알고 있는 사실이다.

이청준이 느낀 시대의 위기감은 '언어'의 위기라 할 정도로, 그의 소설에서 '언어'는 지속적인 화두가 되어 왔다. 병들고 불구화된 언어를 가지고 소설이 그 시대를 정직하게 증언할 수 있겠는가, 이 불안한 위기감 속에서 이청준의 언어 진단은 시작된다. 그의 진단 중 한 부분을 들어보자.

> 말은 그 전화기 속에만 있는 것도 아니었다. 그것은 트랜

> 지스터 라디오와 신문지 위에도 있었다. 스위치만 넣으면 라디오에서는 정처 없는 말들이 금세 득시글득시글 쏟아져 나왔다. 신문들 위에서도 수많은 말들이 구더기처럼 바글거리고 있었다. 한결같이 고향과 주소가 없는 말들이었다. -「떠도는 말들」, p.31

'고향과 주소가 없는 말들'은 깃들 곳을 찾지 못하고 전화기, 라디오, 신문지 위에서 정처 없이 떠돈다. '존재의 집'에서 추방된 '말', '실체를 떠나버린 말'들은 이젠 거꾸로 말을 부려온 인간들에게 처참한 복수를 가하기 시작한다. 기표와 기의의 조화로운 약속 관계에서 맘껏 일탈한 언어는 이리저리 '떠도는 말'의 유령이 되어 진실한 소통을 가로막고(「떠도는 말」(1973)) 곧잘 실체 없는 소문을 지어내기도 한다(「소문의 벽」(1972)). 그 결과 사람들은 계속 헛소리만 하는 '말의 가위눌림' 상태(「소문의 벽」(1981))에 빠져 있다.

언어가 심각하게 앓고 있듯이 타락한 현실에서의 건강함이란 오히려 병적 상태에 가깝다. 소설의 언어는 '질병의 언어'이길 자처함으로써 진정한 헛것, '가짜'와의 싸움을 준비한다. 이청준 소설 속의 주인공들이 앓고 있는 '언어적 질병'의 징후가 주목되는 이유는 '질병의 언어'로 써질 수밖에 없는 타락한 시대적 상황을 우회적으로 보고하고 있기 때문이다. 즉 '광기의 이성'이 난무하는 6 · 70년대의 폭압적인 시대 상황에서 소설의 언어는 스스로 '질병의 언어'가 됨으로써만 존재할 수 있었다.

소설 언어의 징후를 꼼꼼하게 살펴보는 일과 그것을 넘어서기 위한 대안을 모색하는 일은 이청준 소설의 오랜 숙제였다. 연작 『언어사회학 서설』(1973~1981)과 『남도사람』(1976~1981)은 이와 같은 문제의식 하에 나온 작품집으로, 두 연작이 공유한 마지막 편인 「다시 태어나는 말」(1981)은 초의草衣선사의 다도茶道정신에서 그러한 문제의식에 대한 해답을 찾아 제시하고 있다. 그러나 두 연작에 대한 그간의 평가처럼, 그것으로 이청준의 언어에 관한 소설적 탐색이 마무리된 것일까. 이에 대한 대답을 미루고 먼저 소설 속의 한 장면을 읽어 보자.

> "어젯밤에도 말씀드린 일이 있습니다만, 전 그저 말 같은 말을 좀 찾아보고 싶었으니까요. 사람의 동네에서 떠나 버린 말, 죽어 냄새로 떠돌아다니는 말, 그런 말이 아니라 사람들 사이에 아직도 살아서 숨을 쉬고 있는 말, 믿음을 지니고 살아 있는 말, 그런 말을 만나보고 싶었거든요."(윤지욱)
>
> "그런데 윤선생은 어디서 그런 말들을 만나셨다는 겁니까?" (김석호) -「다시 태어나는 말」, pp.186-187

잃어버린 '말'을 찾아 헤매던 지욱은, 초의선사의 다도의 경지에서 진정 "삶이 말이 되고, 말이 바로 삶이 되며, 그 삶으로 대신되어진 말"을 만났다고 생각한다. 그런데 "어디서 그런 말들을 만나셨다는 겁니까?"라는 김석호의 반문은 지욱에게 아직도 삶과 말이 하나가 되는 진정한 말의 모습을 만나지 못했다는 회의를 던져 준다.

『남도사람』 연작은 '말과 삶'의 화해로운 가능성을 꿈꾸었음에도 그러한 경지가 불가능하다는 것을 더욱 역설적으로 확인시켜주는 비극적인 텍스트가 아니었을까. 또 이 연작의 숨은 뜻을 소리꾼의 삶과 애환을 그린 것이라고 한정짓기엔 그 속에 담긴 문명비판적인 요소가 훨씬 더 많다. 타락한 말을 대신할 '남도소리', 나그네가 머물 '선학동', 빗새가 깃들 '나무'는 이미 오래전부터 잃어버린 것들이며, 그것들을 지금 여기에서는 다시 되찾을 수 없다는 완벽한 절망감, 즉 그 부재不在하는 것들을 향한 끝없는 갈망과 좌절이 이 소설의 흐름에서 방점을 두고 읽을 부분이 아닐까. 깃들 나무를 잃어버린 '빗새'의 형상은 산업화 시대에 소외된 무수한 개개인들의 비참한 초상이며, 그들의 방황은 '집'을 잃고 떠도는 언어의 타락한 모습이기도 한 것이다. 이처럼 잃어버린 말이 거주할 '집'을 찾을 수 없다는 뼈아픈 통찰이 연작 『남도사람』이 성취한 문제의식이고 그 해답이다.

두 연작의 문제의식을 잇고 있는 『제3의 현장』(1988)은 성악가수 백남희를 통해서 언어의 문제를 좀 더 섬세하게 파고든다. 이 소설은 감정적 고백어/공리적 설명어, 개인어/사회어, 개인적 진실/사회적 권력이라는 이원대립 구도를 통해 언어에 관한 그간의 문제의식을 보다 넓은 범위로 확장하고 있다. 백남희의 고백을 차분하게 따라가 보자.

> 현장검증 시나리오가 행위의 재현을 목적하고 있는 이상, 그것은 바로 현재형 문장의 한 편의적인 기술에 불과한 것이

었다. 그런데 그 비정적인 숫자와 부호식 어휘들의 조합으로 이루어진 특성 때문이었는지 모른다. 나는 왠지 그것으로 과연 과거의 행위가 재현될 수 있을지가 어느 때보다 의심스러웠다. (…) 그것은 살아 있는 사람의 말이 아니라, 사물과 제도의 말일 뿐이었다. 게다가 그것은 어미를 제대로 살려 쓴 현재형보다도 더 일방적인 강제력을 행사해오고 있었다. 현재형이 단순히 어떤 행위를 지시하고 있을 뿐이라면, 현재형의 변형인 동명사형이나 명사형 어휘는 그 행위의 명령뿐 아니라, 행위를 완결지어 마감하는 완료의 강제성까지 동반하고 있었다. 그것이 어떻게 지나간 시간대로의 자의로운 회귀의 방법이 될 수 있을까. 나는 아무래도 그것이 가능해 보이지가 않았다. 과거가 현재를 명령하면서 그의 한 부분으로 남을 수 있을 뿐이라면, 그 명령과 완료형의 현재형 자체가 과거의 완전한 재현일 수는 없었다. 그 일방적인 지시와 요결을 좇아서 어떤 행위가 이루어진다 해도, 그것은 이미 원 행위와는 거리가 먼 꼭두각시의 놀음에 불과할 터이었다. - 『제3의 현장』, p.231

백남희는 자신에게 혐의를 갖고 있는 오검사의 시나리오에 따라 구종태의 죽음이라는 과거의 사건을 현재의 시간에서 기억해내야 하고 그것을 또 완성된 문장으로 진술해야 한다. 하지만 오검사의 요구대로 현재의 시간대에 맞춰 과거의 행위를 일치시켜본다 하더라도, 그것은 결코 과거 사실의 충실한 재현이 될 수 없는 것이다.

그런 까닭에 오검사의 시나리오는 백남희의 행동을 과거의 시간대로 돌아가도록 강압하는 억압적인 장치가 된다. 공리적인 언어관에 입각한 오검사의 시나리오 앞에서 개인의 진실은 자유롭게 표현될 수 없다는 백남희의 괴로운 심경 속에서 이 소설의 보다 깊은 의미를 발견할 수 있다. 개인의 숨은 진실은 결코 '언어' 속에 '투명하게' 옮겨 담을 수 없다는 것, 그러한 백남희의 절망감은 곧 근대 재현주의를 떠받드는 언어에 대한 전면적인 재반성을 촉구한다.

이렇듯 이청준의 소설에 담긴 언어에 관한 문제의식은 타락한 언어와 현실에 대한 비판에서 출발하여 참된 언어를 찾아가는 과정으로 이어지며, 궁극적으로 '언어' 자체에 대한 근본적인 회의로 나아감으로써 미학적, 철학적인 비판 작업을 수행해낸다.

문門, 바다

세 사람의 죽음이 있다. 이어도의 실재를 증명하려 했던 천남석 기자(「이어도」(1974)), 스스로 사진의 피사체가 된 사진작가 유종열(「시간의 문」(1982)), 그리고 자신을 던져 소설을 완성시키려 했던 추리소설가 주영섭(『자유의 문』(1989))이 그들이다. 그들의 죽음이 예사롭지 않은 것은 그들 모두가 삶과 죽음의 문턱[門]을 오가며 무언가를 증명하려는 욕망에 사로잡힌 사람들이기 때문이다. 한마디로 그들의 죽음은 '증거주의자의 죽음'인 것이다.

그런 그들이 죽음을 통해 남기고 증명하려 했던 것은 무엇인가.

그들의 죽음이 갖는 의미를 무엇인가. 추리소설가 주영섭은 자신의 죽음으로써 자신이 쓰고 있는 소설을 완성시키고, 그 소설 한편을 죽음의 증거로 남긴다. 환상의 섬 이어도를 찾아나선 천남석이 바다에서 실종된 것은 제주도 사람들이 믿고 의지해온 '이어도'의 전설을 더욱 견고하게 만드는 결과를 가져온다. 마지막으로 사진작가 유종열은 자기 자신을 사진의 피사체로 삼아 자신의 모습이 담긴 사진 한 장을 죽음의 증거물로 남긴다. 그(혹은 그의 사진)가 여기에 있다.

> 뽀얗게 멀어져 가는 해무의 바다.
>
> 그것은 하나의 시간의 소용돌이, 소멸과 탄생이 함께 물결치는 광대 무변한 시간의 용광로다. 그 시간의 소용돌이 속으로 방금 한 작은 인간이 까마득하게 자신을 저어간다. -「시간의 문」, p.243

사진작가 유종열의 마지막 모습은 한 장의 사진 속에 한 점點으로 남아 있다. 유종열은 죽음의 순간을 통해 스스로 사진의 피사체가 되어 사진기와 피사체 간의 숙명적인 거리를 허물어버린다. 그렇게 완성시킨 그의 사진은 예술가가 자기의 한계를 끝까지 추구해 들어가는 자리에서 얻을 수 있는 예술 정신의 승리를 의미한다. 그것은 달리 말해 미적 주체의 실천적인 죽음[2]이다. 그래서 유종열이 자신을 던져 한 장의 사진을 완성하고 있는 공간인 '바다'는 예술 작품이 생성되는 미학적 '장소'로 탈바꿈된다.

이청준의 소설에 등장하는 '바다'는 항상 '죽음'의 이미지가 뒤따라 움직이며, 죽음의 시간은 바다라는 공간과 함께한다. 곁가지로 서구 문학과 우리 문학에 나타나는 '바다'의 표상을 상기할 필요가 있다. 서구의 경우, 바다는 대개 자연의 질서에 도전하는 인간들의 모험심을 드러내는 공간으로 나타나는 반면 우리의 경우에는 재생의 공간, 때로는 이상주의적인 유토피아의 공간을 상징할 때가 많다. 이런 구분을 그대로 따를 때 이청준의 소설에 등장하는 '바다'는 단연 우리 문학의 원형에 더 가깝다. '바다'가 공간적 배경으로 설정된 소설 「석화촌」, 「바닷가 사람들」, 「침몰선」 등 그의 여러 소설들에서 바다는 동경, 재생, 성장의 의미를 갖는다. 그러나 「이어도」와 「시간의 문」에 등장하는 바다는 우리 문학의 전통에서 떠올릴 수 있는 일반적인 표상이 아니라 새로운 의미를 지닌 장소로서의 특이성을 갖는다. 천남석과 유종열이 죽어간 자리, 그 '바다'는 이어도의 전설과 사진 예술이 완성되는 미학적 공간이다.

바다로 간 천남석과 유종열은 끝내 다시 돌아오지 못했다. 돌아오지 못한 그들의 죽음은 상고시가 「공무도하가 公無渡河歌」에 나오는 백수광부 白首狂夫의 죽음을 떠올리게 한다. 바다로 뛰어든 백수광부, 그리고 그의 죽음이 신화시대의 종말과 더불어 신격 무당의 최후를 증거한 것처럼 이청준의 소설에 등장하는 비극적인 주인공들의 죽음은 예술의 완성을 추구하고, 자신들의 죽음을 그것에 대한 증거물로 남겼다는 점에서 백수광부의 죽음과 어느 정도 이웃한다. 하면서도 그들이 백수광부의 죽음과 다른 것은 그곳이 그들의 안온한 종착지가 아닌 까닭이다. 알면서도 근원의 '집'으로 되돌아가려는 그의 갈망이 그들을 바다로, 바다로 자꾸만 스며들게 했던 건 아니었을까.

강진 마량 앞바다, '완도집' 한쪽 벽에는 작가 이청준과 그의 벗들이 남긴 낙서 한 장이 걸려 있다. 고향 장흥이 바로 인접해 있는 그곳에서, 그는 바로 곁에 둔 고향(어머니)에게로 달려가는 발걸음을 한없이 머뭇거리고 있었다. 낙서는 그 에두른 시간에 대한 겹겹의 흔적이나 다름없다.

그에게 귀향은 늘 '바다' 근처에서 지체된다. 이 지연된 시간의 틈새에서 그가 배운 것은 비판적 거리두기가 아니었을까. 또 그곳은 오랜 아픔을 삭이는 씻김의 장소가 아니었을까. 바다를 앞에 두고 고향길을 에둘러 가는 그의 습관은 이 글에서 미처 언급하지 못한 『당신들의 천국』의 '소록도'와 『신화를 삼킨 섬』의 '제주도' 이야기를 쓰게 했는지도 모르겠다.

이야기 집家

죽음의 '바다'가 마지막 안식처가 될 순 없다. 이청준의 소설이 종착하고자 한 '집'은 바다가 아니다. 「시간의 문」의 화자인 '나'가 사진작가 유종열 선배의 유작 사진들에 대해서 완전한 공감을 보내지 못하는 이유도 그래서이다. 앞서 말한 그들의 죽음은 현실 공간을 떠난 자리에서 완성된 것이어서, 그것은 낭만적인 죽음이라는 느낌을 지울 수 없다. 「날개의 집」(1998)과 『인문주의자 무소작 씨의 종생기』(2000)가 이전의 소설들과 단절되면서도 주목되는 것은 바로 이 때문이다. 다분히 환상적이고 동화적인 상상력의 세계로 그의 소설이 옮아간 이유는 무엇이며 그러한 여로의 변화에 담긴 숨은 의미는 무엇일까.

화가 '세민'과 떠돌이 이야기꾼 '무소작'은 바다에서 죽어간 천남석, 유종열과 다르게 삶과 죽음의 경계를 동시에 아우르는 예술 세계를 보여준다. 「날개의 집」의 화가 세민이 자신도 모르는 사이에 완성한 그림의 세계는 바다의 예술가들이 완성한 것과 사뭇 다른 느낌을 준다.

> 하고 보면 그 흙이나 삶에 대한 사랑 역시 어떤 법식이나 방편이 아니라 피할 수 없는 삶 가운데에서 배우고, 배움에서가 아니라 살아감에서 움이 돋고 자라가는 것임이 분명했다. 아픔을 배우는 것이 사랑이 아니라 그 아픔을 앓는 것, 그 아픔을 숙명의 삶 속에서 앓아가는 것이 사랑이었다. 자신의 온몸뚱이로 그 아픔을 참고 앓아나감이 사랑이었다. -「날개의 집」, pp.109-110

> "그래, 그게 내 그림의 숙명이라면 두고두고 더 앓아내도록 해보자. 할 수만 있다면 이 땅과 사람살이의 아픔을 다 그림으로 앓아버려서 다른 사람들 눈에는 오직 충만한 평화와 기쁨의 빛만 남아 보이도록."-「날개의 집」, p.113

세민이 마지막으로 완성한 그림에선 아픔도 사랑도 전혀 구별되는 법이 없다. '아픔을 앓아가는 사랑', 아픔을 다 사랑으로 앓아버린 세민의 그림에선 오직 '충만한 평화와 기쁨의 빛만' 남는다. 그런 세민의 그림에는 바다의 사람들이 고뇌했던 문턱의 경계가 거의 사라져 삶과 죽음, 예술가와 예술의 경계마저도 지워진다. 이분법적인 대립을 전혀 의식하지 못하는 세민이 그린 그림은 고향 사람들의 삶과 고통을 스스로 닮아버린 '미메시스mimesis'의 예술 세계에 근접한 것이다. 이러한 예술 세계는 화가 세민이 세상과 적절한 거리를 두고 그것을 대상으로 재현하는 방식이 아니라 세상 사람들의 삶에의 '존재론적 닮기'이기에 값진 것이다.

이쯤에서 화가 '세민世民'이라는 이름과 이야기꾼 '무소작'에게 붙인 '인문주의자'란 별칭이 다시 새겨진다. 그림 그리기를 통해 세상世과 민중民의 삶을 하나로 혼융하는 세민과, 이야기꾼[人]으로서의 삶이 곧 자신의 이야기[文]가 되는 '인문주의자' 무소작은 이청준의 소설이 추구해온 예술가의 모습을 잘 드러내준다. 『무소작』의 마지막 부분을 들어보자.

> 길을 더 멀리 떠나간 고을들에선 그 세상 이야기가 모두 진달래며 봉숭아며 해바라기 국화 같은 갖가지 고운 꽃의 전설로 변해갔고, 노인이 그 꽃의 전설을 전해주고 간 곳에선 그 전설들이 제각기 꽃씨로 변하여 해가 바뀌고 나면 이곳저곳 그 꽃들이 피어나는 이야기가 되었다. 그리고 다음으론 그 꽃전설을 전하고 다니는 노인의 모습이 웬일인지 할아버

> 지에서 차츰 할머니로 바뀌었고, 그로부터 할머니는 아예 그 꽃전설 대신 이꽃 저꽃 씨앗을 뿌리고 다니는 이야기로 변해갔다. -『인문주의자 무소작씨의 종생기』, p.125

무소작이 남긴 이야기는 이야기꾼 무소작의 삶과 이야기의 경계가 없다. 무소작이 이야기를 완성짓고 사라진 그 자리에는 또 다른 이야기꽃이 피어난다. 무소작의 이야기가 꽃전설로, 씨앗이 다시 이야기꽃으로 번져간다. 할아버지 무소작은 할머니로, 아예 이야기로 변신한다. 소작이 사라져간 그곳은 다시 둥그런 원환처럼 새로운 이야기를 탄생시키는 요람이 된다. 그렇게 이야기꾼 소작은 어릴 때부터 자기 안에 지녀온 이야기 씨앗을 자신의 삶 속으로 펼쳐내고 다시 그 이야기의 '집' 속으로 들어간 것이다. 무소작이 들어간 이야기 집에는 어떤 '문턱'도 없다.

점點은 본디 꽉찬 원圓이다. 세민과 무소작의 생애를 통해서 보여준 예술가와 예술의 형상은 이청준 소설의 문제의식 중의 하나인 존재와 언어, 말과 삶의 일치에 대한 소설적 표현이다. 이러한 그림과 이야기의 세계는 떠도는 말들이 깃들 곳이며, 떠도는 나그네가 거주할 '집'이다. 그의 소설세계가 소설의 형식에서 이야기 형식으로 변모한 과정은 곧 직접적인 체험이 누락된 근대 소설의 형식을 성찰한 끝에 나온 결과물이라는 점에서 그 의미가 크다.

이청준의 소설은 전근대로의 향수로 곧바로 기울지 않고, 탈근대로의 갑작스런 비약을 추구하지도 않는다. 말한 대로 그의 소설은 근대의 재현주의에 대한 총체적인 반성에 더 큰 무게중심을 두어 왔기 때문이다. 세민의 그림과 무소작의 이야기가 '고향'을 공간적 배경으로 삼고 있는 것도 그런 맥락에서 한층 더 잘 이해된다. 고향은 타락한 존재와 병든 언어가 일찍이 잃어버린 주소住所, 그래서 그곳은 그들이 다시 온전하게 깃들어야 할 근원적인 집이다. 그러므로 「귀향연습」, 「살아있는 늪」 등에 귀향소설에 등장하는 '고향'은 새로운 의미를 갖는다. 그들이 마지막으로 되찾은 '집'은 실제 고향이 아니라 실제로 태어난 집보다 더 앞선 '꿈의 집'이며 '몽상의 집'(바슐라르)이다.

이청준의 다양한 소설 세계를 몇 마디로 요약하는 일은 불가능하다. 다만 커다란 궤적을 따라가 볼 때 그의 소설은 마치 잃어버린 '집'을 찾아가는 순례기처럼 다가온다. 소설가 이청준은 그 길 위의 어느 곳에도 머물지 않고 그 길을 쉼 없이 걸어야 하는 '나그네'에 자신을 비유한 바 있다.

> 내가 이 '나그네'라는 말을 좋아하는 것은 그의 삶을 다시 만나고자 하는 피곤한 구도의 모험길에서도 그는 어느 곳에서나 자신의 신전神殿을 짓지 않기 때문이다. 그는 애초부터 자신의 신을 위한 신전을 지을 수가 없는 사람인 것이다. 그 길에서 수많은 사람들을 만나고 그 사람들의 삶을 만나도 그는 언제나 다시 떠나야 하는 사람이기 때문이다. 수많은 만남과 당도가 있어도 그는 언제나 그 당도와 만남 속에서 새로운 떠남을 준비하고 있어야 하기 때문이다. 그는 헤어지기 위해 만나고 다시 떠나기 위해 당도하는 언제나 도중途中의

사람이기 때문이다.[3]

신전을 짓지 않는 나그네의 삶에서 예시되고 있듯이 그동안 이청준의 소설이 그려왔던, 또 우리가 꿈꿔 왔던 '집'은 마련될 수 없었다. 아직 우리에겐 진짜 '집'이 없다. 아무래도 '이야기 집'으로 그것을 문득 꿈처럼 만났던가 싶다.

그러면서도 이청준의 소설은 상실의 시대에 힘겹게 '집' 찾기를 갈망해온 수많은 사람들의 아픔과 상처를 다독이고 씻기는 노래가 되어 주었다. 흡사 그의 소설은 '무가無家 시대의 무가巫歌'를 들려주는 것 같다.

비극적 사유이미지의 변용과 감성적 차이

처용, 아기장수, 60년대 이후 모더니즘 문학

시대문턱으로서의 4·19혁명, 전통이라는 화두

혁명은 완성의 형태이든 미완의 것이든 한 시대의 감성에 잔잔한 파문波紋을 새긴다. 하지만 혁명의 기억은 차츰 그 순간의 사실성과 결별한다. 즉 이미 지나간 과거로서의 혁명은 사실 자체로 어떠한 의미도 지닐 수 없는 텅 빈 기표가 된다. 그래서 우리에게 하나의 역사적 텍스트로 남게 되는 시대경험은 그 시대를 직접 살고 겪은 자들의 것과 다를 수밖에 없다. 그 순간을 직접 겪었던 사람들이라 할지라도 그 순간의 경험을 사유의 대상으로 삼아 언어화하는 과정에 의해 그 구체적인 경험은 추상화된 형태로 만날 수밖에 없다.

어떤 시대의 생생한 감성구조와 감성표현에 접근할 수 있다 하더라도 그것은 '언제나 이미' 그 시대의 것일 수 없다. 사후적인 재구성을 통해 그것에 접근할 수 있을 뿐인데, 이러한 생각이 회의적이거나 비관적인 것은 아니다. 그런 태도를 더욱 뚜렷하게 가질 때, 시대결정론이나 본질주의적인 태도로 시대의 감성적 영역에 접근하는 방식을 벗어날 수 있다.

알다시피 4월혁명은 이 시기에 등단하여 활동한 작가들의 문학적 감성에 큰 영향을 미친 주요한 문화사적 사건이다. 그것은 세대의 단절, 세계관의 변모, 정체성의 혼란 등 연속되는 흐름에 적지 않은 변화를 가져왔다. 그것은 현실적인 한계와 가능성의 세계를 동시에 사유하도록 하는 가운데, '상실'과 '기다림'이라는 이중적인 감성구조를 낳았다. 따라서 비평가 김현에게 4·19라는 사건은 이중의 형상을 한 '괴물'처럼도 보였던 것이다.[1] 즉 4월혁명의 경험은 가능성의 세계와 현실의 세계가 교차하는 가운데 긍정적인 미래의 지평을 여는 '웃음'을 주었던 한편, 이상과 꿈은 그대로 현실화될 수 없는 것이고 언젠가는 현실의 보복을 받게 되리라는 점에서 '눈물'을 가져다주었다.

이 시기를 겪은 작가들에게 문학이란 상실과 기다림, 좌절과 기대라는 이중적 감성의 사이를 견디어내기 위한 노력과 다르지 않았다. 이것이 60년대 작가들이 선택의 여지없이 껴안아야 할 시대적 고뇌이자 문학적 조건이었다. 이 점에서 4·19혁명은 이전 세대와의 뚜렷한 단절을 가져온 문학적 감성의 전환점이자 한국문학의 흐름에서 새로운 문학적 고뇌를 생성시키고, 미적 변모를 야기한 '시대문턱'[2]에 비유할 수 있다.

'전통'은 이 시기의 작가들이 풀어야 할 중요한 화두 중의 하나였다.[3] 이 시기의 작가들은 전통의 긍정적 요소와 부정적 요소를 동시에 사유함으로써 이전 세대의 전통론이 고유한 '조선적인 것' 혹은 '한국적인 것'을 찾으려 한 나머지, 일종의 복고주의나 숭고주의에 머물렀던 것과는 다르게 전통에 대한 반성적 성찰에 이를 수 있었다.[4] 다시 말해 이 시기의 작가들은 한국, 그리고 동서양의 전통을 모두 다시 검증해야 할 대상을 놓음으로써 전통을 단지 소재적인 차원이 아니라 시대경험을 해석하는 준거점으로 삼거나 작품의 주제의식, 문체나 형상화의 근본 동력으로 수용한 것이다. 따라서 60년대 이후 작가들에겐 '전통의 수용'이라는 말보다 '전통의 번역' 혹은 '전통의 변형', '전통의 새김釋'이라는 말이 더 어울릴 것이다. 또 하나 덧붙일 점은 작가들마다 전통을 새기는 방식과 토대가 서로 달랐기 때문에 동일한 모티프의 변용에 있어서도 '변별적 차이'를 보였다는 것이다.

이와 같은 시각으로, 이 글에서는 60년대 초입에 일어난 4월혁명의 경험과 이후 모더니즘 문학에 드러난 '비극성'[5]의 관계를 '전통'의 변용 양상을 통하여 들여다보고자 한다. 이와 같은 점을 읽기 위해서, 이 글에서는 60년대 모더니즘 작가들이 어떠한 미적 태도 하에서 전통적인 모티프를 선택하였고 그것을 어떤 맥락으로 변용하였는지를 살펴볼 것이다. 그 중에서도 비극적인 설화인물 '처용'과 '아기장수'를 변용하고 있는 작품들을 읽어봄으로써 4·19혁명 이후 작가들의 전통수용에 담긴 비극성을 시대적인 맥락에서 조망해 볼 수 있을 것으로 기대한다.[6] 아울러 이 글에서는 시, 소설, 희곡 등 여러 작품들을 두루 살피면서 동일한 모티프의 변용에 나타난 비극적 세계인식과 작가들의 감성적 편차를 폭넓게 검토하는 것을 또 하나의 목적으로 한다.

김춘수와 김현의 작품에서의 '처용', 그리고 김승옥, 최인훈, 이청준의 작품에서의 '아기장수' 이야기의 수용 양상을 검토하여 4월 혁명 이후 모더니즘 문학에서의 전통 변용의 다층과 비극적인 시대경험을 함께 들여다보는 데에 이 글의 주요한 목적이 있다. 그 결과, 작가들의 전통 변용의 맥락과 비극적인 세계관, 그리고 시대경험의 심층적 연관성이 드러나길 기대한다.

전통을 다시 읽는 것은 문학의 근원적인 힘인 '상상력'을 통해서 변화하는 현실사회에 끊임없이 대응하는 역동적인 방식의 하나이다. 그런 과정에서 문학은 전통적인 원형의 구조적인 역사를 새로운 방식으로 탈구축한다. 다시 말해 "상상력의 세계가 다루는 감성적 소재는 확실히 현실의 소재와 본질적으로 다르지 않다. 그러나 그것은 특수한 거푸집 속에 다시 녹여 주조된 것이다. 그것은 물질이 아니라 중요한 구조들이"다.[7] 즉 문학적 상상력은 감성적인 소재를 구조적인 차원으로 주조하여 현실사회에 대해 역동적으로 대응하는 바탕이다.

이와 같은 견해에 의지해볼 때, 처용과 아기장수 설화 등 전통 모티프를 문학적 상상력의 밑바탕으로 삼고 있는 작품들을 비교해보는 일은 '상상력'을 통해서 시대의 감성표현과 감성구조를 들여다볼 수 있는 가능성을 준다. 특히 60년대 이후 모더니즘 문학에서 관심 있게 읽고 있는 처용과 아기장수 설화는 본래의 이야기가 지닌 비극적인 요소로 인해 4·19혁명과 5·16군사쿠데타로 이어지는 비극적인 시대경험과 친연성을 지닌 전통 모티프라 여겨진다. 따라서 모더니즘 문학에서의 처용과 아기장수의 변용 양상에 대한 검토는 한편 60년대 이후 한국사회의 비극적인 흐름을 읽어내는 자리가 될 것이다.

이 글에서 언급하고 있는 작품들 외에도 처용과 아기장수를 모티프로 한 현대문학작품들은 많이 있을 줄 안다. 앞으로 관련된 여러 작품을 포함하여 논의를 확장해보고, 가능하다면 이 시기의 리얼리즘 문학에서의 전통 변용 양상들과 함께 비교해볼 계획이다.

상실의 징후, 처용

김춘수는 신라의 인물 처용을 시적 모티프로 하여 지속적인 시 창작을 해온 대표적인 시인이다. 그는 『타령조 · 기타』(1969)에서 『처용단장』(1991)에 이르기까지 20여 년이 넘는 동안 처용을 주요한 시적 모티프로 삼아 왔다. 그런데 김춘수의 처용 시편들은《삼국유사》의 '처용랑과 망해사조'에 실린 처용설화의 내용을 직접적으로 언급하지 않는 것이 특징이다. 그런 만큼 김춘수에게 처용은 원형적인 '대상'으로서가 아니라 감성적인 차원에서 변용된 '이미지'로 수용된 것이라 할 수 있다. 그러한 변용의 논리는 그의 무의미시를 이루는 시적 논리와도 무관하지 않다.

다음은 처용을 모티프로 한 몇 편의 시를 발표순에 따라 옮긴 것

이다.[8]

내 사랑은/ 서해로 갈까나 동해로 갈까나,/용의 아들/라후라 羅喉羅 처용아빌 찾아갈까나,/엘리엘리나마사박다니/나마사박다니, 내 사랑은/먼지가 되었는가 티끌이 되었는가, 굴러가는 역사의/차바퀴를 더럽히는 지린내가 되었는가/구린내가 되었는가, -「타령조 · 2」 부분

인간들 속에서/인간들에 밟히며/잠을 깬다./숲속에서 바다가 잠을 깨듯이/젊고 튼튼한 상수리나무가/서 있는 것을 본다/남의 속도 모르는 새들이/금빛 깃을 치고 있다. -「처용」 전문

그대 순결은/형型이 좀 틀어지긴 하였지만/그러나 그래도/그대는 나의 노래 나의 춤이다. -「처용 삼장-1」 부분

메콩강은 흘러서 바다로 가나,/메콩강은 흘러서 바다로 가나,/부산 제일부두에서/ 귀뚜라미 한 마리가 울고 있다./가을이 오면 어디로 가나,/가을이 오면 어디로 가나,/여름을 먼저 울자, 여름을 먼저 울자. -「잠자는 처용」 부분

돌려다오/불이 앗아간 것, 하늘이 앗아간 것, 개미와 말똥이 앗아간 것,/여자가 앗아가고 남자가 앗아간 것,/앗아간 것

을 돌려다오./불을 돌려다오. 하늘을 돌려다오. 개미와 말똥을 돌려다오./여자를 돌려주고 남자를 돌려다오./쟁반 위에 별을 돌려다오./돌려다오. -「처용단장 제2부-1」 전문

위에서 볼 수 있는 것처럼, 김춘수의 처용은 처용설화의 내용을 파편적인 이미지로 활용하면서 다양한 방식으로 형상화하고 있다. 「처용」의 전문에 드러나 있듯, 처용의 모습은 인간들 사이에서 짓밟히면서 잠을 깨는 소외된 존재로 그려진다. 처용의 존재론적 비극성은 "역사는 나를 비켜가라,/아니/맷돌처럼 단숨에/나를 으깨고 간다"는 구절에서처럼, '나'는 다만 한 개인이 아니라 폭력적인 역사에 희생된 무수한 개인들을 가리키는 말이다. 하지만 역사 속의 고통과 아픔을 "나의 노래 나의 춤이다"라는 달관의 태도로 받아들이면서 그것을 춤과 노래로 치유하고자 한다.[9] 이런 점을 들어 김춘수의 처용 해석에 대해서, 폐쇄적이고 이상적인 자아 형성으로 인한 현실도피적인 성향을 띠고 있어서 인식론적 대응이 미약할 뿐 아니라 역사의식이 소멸된 채 성급한 화해의 몸짓으로 나아갔다고 볼 수도 있을 것이다.[10]

그러나 김춘수의 처용 해석이 하나의 모티프를 지속적으로 반복하고 변주해내는 시적 과정이 곧 사회문화적인 상황에서 겪는 정신적인 위기와 무관하지 않다는 점을 되새기면서 그 지속성의 심층적 의미를 살펴볼 필요가 있다. 달리 보면 김춘수의 시는 처용의 모티프를 지속적으로 변주하는 방식으로 어떤 화해의 지점에 이르는 것이 얼마나 고통스러운 것인지를 대신 말하고 있기 때문이다.

다시 말해 김춘수의 처용은 고통의 해결이 아니라 고통 그 자체를 자꾸 환기시키는 정서적 매개물에 가깝다. 또 처용 시편들에 흐르는 주요한 정조는 짓밟히고 빼앗긴 고통스러운 존재의 상실감, 눈물, 죽음 등의 비극성이다. 김춘수의 처용은 신라의 처용에게서 달관의 경지를 읽지 않았고, 인신人神의 경계에 있는 처용의 고통을 더 적극적으로 수용하여 처용의 고통을 매개로 하여 보다 넓은 비극성의 세계를 담아낸다. 고통에 찬 처용의 모습은 유년의 아픈 기억에서부터 세계의 폭력성을 전반적으로 드러내면서, 세계와의 불협화음을 지속적으로 형상화한다.

이처럼 김춘수의 처용은 이중섭, 예수, 천사 등의 인물형상과 함께 인간과 신적인 존재 사이에 있는 '경계인'의 비극성을 가지고 있다는 점이 주목된다. 즉 처용은 고통과 수난을 겪는 존재의 상실감을 대표하는 징후의 형상이다.

다음으로 처용을 주인공의 심리적 상관물로 다루고 있는 김현의 소설 「잃어버린 처용의 노래」를 들 수 있다. 이 작품은 《산문시대》 창간호(1962)에 실린 한 비평가의 습작소설이어서, 내용과 구조면에서의 완성도는 떨어지지만 당시의 어두운 내면과 상실감을 처용의 심리에 빗대고 있어 흥미롭다.

소설의 내용은 '나'의 피곤한 심리상태가 주를 이루는데, 그 속에 '나'와 K형, 그리고 '안'이라는 여인을 둘러싼 애정의 삼각관계가 들어있다. '나'는 결국 K형과 '안'이 동침하고 있는 광경을 직접 목격하면서 극도의 상실을 느낀다. 소설의 끝부분인 다음에서 읽을 수 있다.

다다의 노래가 생각키웠다. 방문을 조심해서 닫았다. 예수의 얼굴이 생각키웠다. 처용의 얼굴이 생각키웠다.

그 호탕한 웃음을 지으며 춤추며 나가는 처용의 얼굴이. 나도 춤을 추어야겠다. 처용의 웃음을 웃어야겠다. 예수의 낙서를 시작해야겠다. 문을 나서니 눈이 내리고 있었다. 올해 처음 오는 눈이었다. 입에서 곧 피가 나올 것 같았다. 숫처녀의 초경이 나에게는 매력이다. 나는 앉는다. 입을 벌린다. 아무것도 나오지 않는다. 눈이 더 많이 더 많이 내린다. 눈아 하늘을 뿌리뽑을 듯이 내려라. 땅 위를 덮어라. 내 창자를 빼내어 내 간肝을 빼내어 피를 토하마. 우리 같이 숫처녀의 초경을 생각하자. 다다의 노래를 부르자. 나는 이렇게 처용의 호방한 춤을 추기 위하여 여기 앉아 있다.

—백색 지대 위에선 바쁘게 살 수가 여엉 없나봐! 탈모脫毛는 자꾸만 계속되는데……

최형! 영화 재미있습디어? 기분파 O형! 울지 말게. 레지가 갔으면 이제 여름방학이 있지 않는가. 미스 안 은행에 나가 응! K형 그렇게 죄스러운 표정을 짓지 마시오. 전부 다다의 노래를 부르세요. 처용의 춤을 추세요. 눈이 더 세게 내리고 있었다. 눈에 눈물이 핑 돌았다. 무엇 때문인지 몰랐다.[11]

항상 어정쩡한 태도를 보이던 '나'는 결국 마음을 품고 있던 '안'이라는 여자를 'K형'에게 빼앗기고 마는 상황에 처하게 되는데, 이

때 '나'의 상실감은 역신에게 아내를 빼앗긴 신라 처용의 마음과 동일시되고 있다. 사랑의 감정에 쉽게 자기 자신을 허락하지도 못하고, 그로 인한 질투조차도 느끼지 않으려는 '나'의 심리 상태는 곧 정신적인 가치관의 공백 상태를 의미한다. '나'의 '백색 지대'와 같은 마음의 상태는 신라의 처용이 그랬듯이 노래와 춤으로 그러한 상실감을 달랠 수밖에 없다는 체념과 허무의식이 짙게 들어 있다. '나'의 얼굴은 곧 고통과 수난을 겪는 "처용의 얼굴"과 "예수의 얼굴"로 오버랩 되며, '나'가 부른 노래는 아무런 의미도 지니지 않는 '다다'의 노래로 표현된다.

김춘수와 김현는 아내를 빼앗기고 상실감에 젖었던 신라의 처용을 매개로 하여 시대와의 불협화음을 전하고, 상실감과 허무의식을 깊게 보여준다. 아울러 신라의 처용에게 일어난 불행이 한 개인의 일일 뿐만 아니라 가족 질서의 파괴, 국가의 존망 위기와 직결되었던 중대한 사건을 의미한 것처럼, 김춘수와 김현에게 처용의 이미지는 개인과 시대의 비극적인 상실감을 드러내는 구실을 한다. 이러한 점에서 이들의 문학은 신라의 처용이 비극적인 상황을 춤과 노래로 달래는 방식, 즉 "법적인 것도 정치적인 것도 아닌 제의적인 것"[12]인 해결방식을 보였던 것처럼, 세계의 폭력성에 대한 직접적인 대응이 아닌 제의적인 치유의 방식을 지향하고 있다고도 할 수 있겠다.

이들 작가들에 의해 변용된 처용 모티프는 시대를 겪는 존재론적 상실감과 고통, 그리고 문학론의 심층을 하나로 연결하는 매듭이다.[13] 김춘수의 처용시편은 처용설화를 다양한 관점에서 해석하여 유년의 상처와 폭력적인 이데올로기에 의해 훼손된 인간존재의 상실감을 비춘다. 김춘수의 처용은 비극적인 고통을 끊임없이 환기시키는 매개물로서 상실감의 치유와 화해의 가능성을 여전히 불가능한 영역으로 남겨둔다. 김춘수의 처용은 김현의 습작소설「잃어버린 처용의 노래」와 함께 인간존재의 총체적인 위기, 그리고 상실감과 허무의식을 드러내는 시대적 징후라 할 수 있겠다.

아기장수의 변용에 드러난 비극성의 다층

김승옥의 단편「역사力士」(1963), 최인훈의 희곡「옛날 옛적에 훠어이 훠이」(1976), 이청준의 장편『신화를 삼킨 섬』(2003)은 아기장수 이야기의 원형을 해체하고 그것을 다시 새로운 의미로 읽고 있는 작품들이다.[14] 이 세 편의 작품들은 시대적인 편차가 있음에도, 같은 시대경험을 지닌 작가들이 어떠한 맥락으로 동일한 전통모티프를 수용하여 다른 방식으로 변용하고 있는지를 비교해볼 수 있는 매개점을 마련해 준다. 먼저 김승옥의 단편「역사」(1963)에는 본래의 아기장수가 지닌 존재의 비극성을 그대로 잇고 있는 '서씨'라는 인물이 등장한다. 서씨는 중국인 남자와 한국인 여자 사이에서 태어난 혼혈아로, 그들의 조상들 중에는 중국에서 이름난 장수들이 많았다 한다. 그러나 서씨의 불행은 그가 장수의 집안에서 태어났음에도, 그러한 힘이 더 이상 필요로 하지 않는 현재의 상황으로부터 생겨난다.

그러나 이 서씨에 와서는 그 힘이 재산이 될 수는 없었다. 이제 와서 그 힘은 서씨로 하여금 공사장에서 남보다 약간 더 많은 보수를 받게 하는 기능밖에 가질 수 없게 된 것이다. 결국 서씨는 그 약간 더 많은 보수를 거절하기로 했다. 남만큼만 벽돌을 날랐고 남만큼만 땅을 팠다. 선조의 영광은 그렇게 하여 보존될 수밖에 없었다. 그리고 서씨는 아무도 다니지 않는 한밤중을 택하여 동대문의 성벽에서 그 힘이 유지되고 있음을 명부冥府의 선조들에게 알리고 있다는 것이었다.

대낮에 서씨가, 동대문의 바로 곁에 서서 행인들 중 누구 한 사람도 성벽을 이루고 있는 돌 한 개의 위치 변화에 관심을 보내지 않고 지나다닐 때, 옮겨진 돌을 바라보고 빙그레 웃고 있는 그의 모습을 나는 쉽게 상상할 수 있었다. 그것이 서씨가 간직하고 있는 자기였고 내가 그와 접촉하면 할수록 빨려 들어갈 수 있었던 깊이였던 모양이었다.[15]

서씨의 조상들은 그럭저럭 장수로서의 '힘'을 가지고 있어서 평안하게 지낼 수 있었던 반면 서씨는 전설적인 영웅인 아기장수와 같은 힘이 더 이상 필요 없게 된 상황에서 살게 되었으므로 더욱 비극적인 처지에 놓여 있는 것이다. 지금의 현실에서 서씨가 물려받은 고유한 힘은 이미 재산으로서의 가치를 상실했을 뿐만 아니라, 하나의 '기능'으로 전락했기 때문이다. 그러므로 서씨는 누구의 관심도 받지 못한 채, 그저 한밤중에 혼자 돌을 옮기면서 그 힘을 유지하고 보존하려고 애쓸 뿐인 쓸모없는 존재에 지나지 않는다. 하지만 한밤중에 혼자서 성벽의 돌덩이를 다른 곳으로 옮겨놓는 방식, 즉 "고담古談 같은 데서 등장하는 역사力士"의 모습을 유지하고 있는 서씨의 태도는 오히려 '나'에게 "안주安住에의 동경을 의식하지 않을 수 없"(p.105)도록 요구하는 힘으로 느껴진다. 서씨의 태도에서 '나'는 "몽상적인 의미에서의 성실"을 읽고, 그것을 빈껍데기와 같은 "양옥집의 생활을 비판하는 데에 필수적으로 고려되어야 한다는 것이 아닌가"(p.106)하는 성찰에 이르게 된다.

이처럼 김승옥의 「역사」는 아기장수 이야기를 통해 현실에서 더 이상 쓸모없는 존재로 전락한 인간의 모습과, 교환가치로 환원된 자본주의 현실의 비극성을 동시에 들춰내고 있다. 전설 속의 아기장수가 태어나자마자 권력적인 지배자에 의해 희생될 수밖에 없는 비극적인 존재였다면, 김승옥의 아기장수는 아기장수의 반역을 미리 차단시키는 권력자의 자리에 자본주의 물질문명의 폭력성을 갖다놓음으로써 자본주의적 근대를 비판하고 있는 것이다.

김승옥 소설의 아기장수 변용 양상은 다음에 살펴볼 최인훈의 경우와 대비시켜볼 때 더욱 뚜렷한 차이를 보인다. 소설에서 희곡으로 장르의 전환을 시도한 최인훈은 전설의 비극성을 희곡 장르가 지닌 양식과 접목시킴으로써 비극적인 세계관을 구조적으로 형상화하는 가능성을 시도한 바 있다. 그러한 시도는 한국적인 심성의 근원, 문화사적인 탐구로서의 소설, 한국 정신사의 탐색 등에 대해 지속적인 관심을 가져온 작가 최인훈의 작업에서 주요한 자리를 차지한다. 희곡 「옛날 옛적에 훠어이 훠이」(1976)는 아기장수의 이야기를 구조적 차원으로 수용하여, 그것을 다시 아기장수와 같은 존재를 맞이할 "인간의 태도"에 관한 물음으로 확장하여 다룬다. 즉 최인훈의 아기장수 이야기는, 내적인 것도 외적인 것도 아닌 인간의 '운명', 즉 인간의 이기지 못한 '자연' 곧 '마음'에 관한 문제를 탐색하기 위한 틀로 수용된다.[16] 이러한 점을 주목하면서 이 극의 마지막 대목을 읽어보자.

> 사람들 : 훠이 다시는 오지 말아, 훠어이 훠이
>
> 사람들, 어느덧 손짓 발짓 장단 맞춰 춤을 추며, 어깻짓 고갯짓 곁들여, 굿 춤추듯, 농악 맞춰 추듯, 춤을 추며
>
> 하늘에서 : ……보채면서
> 자란애기
> 흉년들면……
>
> 사람들 : 훠어이 훠이, 다시는 오지 말아, 훠어이 훠이[17]

위에서 인용한 마지막 대목은 아기장수를 하늘로 보내는 이별 장면이다. 이 장면의 비극성은 아내의 "천천히 슬프게" 부르는 노래가락("우리애기 ᄎᆞᆨ한애기/젖ᄋᆞᆫ 먹고 크는애기/보채면서 자ᄅᆞᆫ 애기/흉년들면 도적되지//도적되면 넓은세?/오도ᄀᆞᆯ 데 없어지고/관ᄀᆞ 기둥 높은곳에/잘린토막 머리되어/ᄁᆞᄆᆞᆨᄁᆞ치 쪼아대면/엄ᄆᆞᄋᆞ프ᄂᆞ ᄋᆞ프/우는신세 되는신세/아이무서 다른애기/우리애기 ᄋᆞ닌애기.")이 희곡 전체에서 반복되면서 점층적으로 고조된다. 이 노래는 아기장수가 이미 타락한 세상에 태어났기 때문에, 즉 "흉년들면

도적되"는 세상에 잘못 태어났기 때문에, 그의 죽음은 태어나자마자 예정된 결과라는 비극적인 인식을 담고 있다.

이 노래 속에 든 아기장수는 많은 사람들의 고통을 해결하기 위해서 내려온 하늘사람임에도, 결국 사람의 잘못된 마음의 태도에 의해서 죽음을 당할 수밖에 없는 안타까운 존재이다. 그런 것은 인간세상을 구원하기 위해서 내려온 아기장수라 할지라도, 인간들의 마음이 그를 맞이할 수 없는 상태라면 죽음은 달리 피할 길이 없기 때문이다. 이 극의 마지막 대목은 하늘에서, 그리고 지상의 사람들이 모두 아기장수에게 이 세상으로 "다시는 오지 말아"라고 기원하면서 비극성을 더한다.

최인훈의 아기장수는 지금 여기의 현실과 인간의 마음상태가 아기장수와 같은 미래의 구세주를 맞이할 수 없을 정도로 불구상태임을 말해준다. 즉 최인훈은 아기장수와 같은 존재에 의한 미래에의 구원을 멀고 먼 인간의 숙제로 남기고 있는 것이다. 우리의 손으로 떠나보낼 수밖에 없는 아기장수는 곧 인간의 비극적인 운명을 가리킨다.

김승옥과 최인훈의 아기장수가 현실의 비극적인 상황과 구원 불가능성을 이야기한다면, 이청준의 경우는 비극적인 조건 위에서 그 비극성을 넘어설 어떤 가능성의 여지를 아기장수 설화를 통해서 모색한다.

이청준의 장편 『신화를 삼킨 섬』은 아기장수 설화를 소설의 '프롤로그와 에필로그'로 배치하여, 설화의 내용을 소설의 주제를 드러내는 상징장치로 수용한다. 이청준 소설의 아기장수 이야기는 여러 지역에서 전승되어온 아기장수 이야기를 서로 엮어서 만든 것인데, 그 중에서도 다른 지역의 것과 다르게 아기장수가 죽지 않고 날개를 잘린 채로 살아간다는 제주도의 아기장수 설화를 근간으로 하고 있는 것이 특징이다.[18] 이것은 또한 작가의 문학론을 이루는 핵심적인 모태이기도 하다.

> (…) 그때 어디선지 다시 슬픈 말울음 소리가 세 번 울리더니 갈라진 용마 바위 뒤쪽에서 눈부신 날개를 단 용마 한 마리가 불쑥 솟구쳐 올라 뒷산 너머 하늘로 멀리 사라져갔다. 새로 태어날 장수를 태우러 왔다가 주인을 만나지 못한 용마였다. 그리하여 사람들은 이후부터 아기장수도 용마도 더 이상 기다리려고 하지 않았다. 더 이상 그 영웅 장수나 용마의 희망에 속고 싶지 않아서였다. 하지만 사람들은 끝내 그 구세의 영웅 이야기를 잊지 못했고, 언제부턴지 그 아기장수와 용마가 다시 태어나기를 기다리기 시작했다. 그 이야기 속의 꿈과 기다림이 없이는 아무래도 세상을 살아갈 수가 없었기 때문이다.[19]

위에서 볼 수 있듯이, 이청준은 아기장수의 죽음으로 인해 그를 태우기 위해 달려온 용마가 발길을 돌려야 하는 비극적인 상황을 한탄하는 것에 머무르지 않는다. 오히려 사람들은 아기장수와 용마와 같은 존재가 주었던 희망에 더 이상 속지 않기 위해서 새로운 '기다림'의 방식을 추구한다. 사람들의 열망은 아기장수도 용마도 더 이상 출현할 수 없는 비극적인 시대임에도, "이야기 속의 꿈과 기다림"을 통해서 그것을 새로운 이야기로 변주하여 지속시킨다는 것이다. 이렇게 허구적인 꿈에 지나지 않는 비극적인 아기장수 이야기는 오히려 사람들의 소망 속에서 시대의 상처와 고통을 치유해주는 구실을 한다. 이청준의 소설에 수용된 비극적인 아기장수는 다시 또 다시 이야기됨으로써 '한풀이'를 통한 치유의 가능성을 여는 토대가 된다.[20] 이는 이 작품이 제주4·3항쟁과 5·18광주항쟁을 시대적인 배경으로 하여 어떻게 역사 속의 아픔을 씻기고 새로운 화해를 모색할 수 있을 것인가에 관한 물음을 던지는 가운데 새로운 미래를 열 수 있는 소중한 씨앗으로 민중들의 간절한 '기다림'을 제시하고 있는 주제의식과 겹치고 있다. 이청준의 아기장수는 앞에서 읽어본 김승옥, 최인훈의 경우와 비교했을 때 현실체제에 대한 환멸을 공통적인 기반으로 하면서도 미래의 구원을 기다림 속에서 이야기기하는 소망 속에서 찾고 있다는 점이 변별적이다.

읽은 것처럼 김승옥의 단편 「역사力士」, 최인훈의 희곡 「옛날 옛적 훠어이 훠이」, 그리고 이청준의 장편 『신화를 삼킨 섬』은 모두 아기장수 설화의 비극성을 수용하고 있다는 점에서는 공통적이다. 김승옥의 「역사力士」는 서씨라는 비극적인 인물을 통해서 장수로서의 삶이 더 이상 필요하지 않을뿐더러 그렇게 살 수도 없는 자본주의 체제의 비극적인 현실상황을 드러낸다. 아기장수의 힘을 겨우 유지하고 보존하려는 서씨의 기괴한 행동은 인간존재의 소외된 상황을 비극적으로 드러내고 현실비판의 강도를 높인다. 다음으로 아기장수 이야기를 구조적인 차원에서 수용하고 있는 최인훈의 「옛날 옛적 훠어이 훠이」는 지금 여기의 비극적인 조건과 황폐한 현실을 동시에 드러낸다. 즉 지금 여기의 현실이 아기장수와 같은 영웅을 받아들일 수 없다는 처지라는 것과, 아기장수에 의한 구원이 결코 불가능하다는 환멸을 내포하고 있다. 마지막으로 이청준의 『신화를 삼킨 섬』은 아기장수 설화를 모티프로 하여 비판적인 역사인식과 새로운 기다림의 가능성을 추구한다. 이청준의 아기장수는 구세주에 의한 타율적인 구원의 방식이 아닌 사람들의 운명과 삶 속에서 끊임없이 이야기되는 것, 이로써 새로운 세계로의 열림을 지향하는 바탕으로 수렴된다.

비극적 시대 인식과 감성적 차이

지금까지 이 글에서는 설화인물 '처용'과 '아기장수'를 변용하고 있는 60년대 이후 모더니즘 문학작품들을 대상으로 하여 작가들의 감성적 차이에 따른 전통 변용 양상과 그 속에 드러난 비극성의 시대적 의미를 살펴보았다. 동일한 시대경험의 지평에서 전통의 수용 양상을 비교하는 것을 주요한 목적으로 하였기에, 세세한 작품 분석을 겸하지 못했던 점은 큰 아쉬움으로 남는다. 그럼에도 4월혁명을 겪은 일군의 작가들의 작품에 나타난 전통적 모티프의 변용 양상을 시대적인 조건 위에서 읽고, 전통을 변용하는 작가들의 변별적 차이를 살펴보았다는 데에 나름대로 의미가 있을 것이다.

김춘수, 김현, 김승옥, 최인훈, 이청준의 작품세계에 수용된 설화인물 처용과 아기장수 이야기는 인간존재의 비극성과 현실세계의 폭력성을 읽어내는 매개물이다. 그러한 해석을 통해서 작가들은 세계와의 불협화음 속에서 화해, 미래에의 구원이나 유토피아의 불가능성을 동시에 그려낸다. 이들의 작품세계에서 처용과 아기장수 설화는 다층적인 맥락에서 변용되고 있지만 원형적인 이야기의 비극성을 토대로 현실비판의식을 보여준다는 점에서는 동일한 점이 있다. 처용과 아기장수 이야기는 묵시적이고 종말론적인 세계인식을 보여주는 전통 모티프라 할 수 있다.

60년대 이후 이들 작가들이 설화인물 처용과 아기장수에 특별한 관심을 가진 이유는 4월혁명과 5·16군사쿠데타의 연속적인 경험 속에서 나온 극도의 상실감과 새로운 세계에 대한 기다림이라는 이중적 정서와 무관하지 않다. 그들은 처용과 아기장수의 원형적인 이야기가 지닌 비극성을 시대적인 지평 위에서 공감했다. 이를 바탕으로 비극성과 구원, 유토피아의 문제를 '인간' 스스로 해결해야 할 실천적인 영역으로 옮겨놓았다는 데에 그들의 변용 작업이 지닌 나름대로의 의미를 찾을 수 있을 것이다. 따라서 이들 작가들에게 설화적인 인물과 서사는 초월적인 기의로서가 아니라 비극적인 세계상의 징후를 읽어내는 주요한 매개였음을 확인할 수 있다. 아울러 이들의 작품에서 전통적인 모티프는 자본주의적 근대의 문제점을 성찰하는 매개가 되고 있다. 이들의 작품세계에 수용된 처용과 아기장수 이미지는 60년대 이후 자본주의 근대화로 인한 모순과 폭력적인 역사에 대한 깊이 있는 성찰을 가져오고 아울러 가짜 구세주, 이데올로기, 이념의 허구성에 대한 미학적인 비판을 동시에 수행한다.

4월혁명이라는 공통의 시대경험을 밑바탕으로 하면서도 다른 미적 태도로 동일한 전통적 모티프를 다층적인 맥락에서 변용하고 있는 작가들에게 전통은 어떤 고정된 실체로 수용된 것이 아니라 시대적 감성에 의해 새롭게 견인된 미학적인 상상력의 토대라 할 수 있다. 이를 계기로 하여 많은 작가들의 작품세계에서 전통이 어떠한 맥락으로 변용되어 왔는지를 읽어본다면 동시대 개별 작가들의 감성과 상상력의 다층적 차이를 조명할 수 있을 것이다. 아울러 이 글에서 미처 언급하지 못한 리얼리즘 문학의 경우와 비교한다면 60년대 이후 한국문학에 있어서 전통수용의 맥락이 더욱 풍부하게 드러나리라 생각한다.

언어문화적 상상력과 학제간 연구의 가능성

천전리川前里 암각화

언어문화적 상상력

오늘날 문학 연구는 문학과 미술, 음악, 영화 등 타 예술 언어 간의 분방한 넘나듦을 통해 지평을 넓혀가고 있다. 이와 같은 현상은 지금에 와서 더 두드러지고 있으나 사실 예술의 기원적 양상을 주목하여 볼 때 당연한 귀결이 아닐까 싶다. 이런 연구의 방향은 원시종합예술체적 특성을 지닌 선사예술의 세계를 이해하는 데에 더없이 유효한 시각을 준다.

선사시대 문학 연구는 인접 학문의 연구 성과와 나란히 가야 한다. 시대를 막론하고 문학 작품은 문학 언어로 형상화된 표현물임과 동시에 그 시대의 정신적 결정結晶이기 때문이다. 아울러 당대 문학 언어의 의미망을 온전하게 해명하기 위해서는 역사적 시각과 철학적 사유, 사상적인 바탕이 필수적으로 동반되어야 한다. 그런 토대 위에 고고학, 인류학, 민속학등과 같은 인접 학문의 성과들을 두루 섭렵하여 문화사적 조망을 시도해야 할 것이다.

이와 같은 관점 하에, 이 글에서는 청동기 시대부터 신라 초중고기初中古期에 이르는 오랜 시기 동안 적층된 흔적들을 보유한 〈천전리川前里 암각화〉[1]를 통해서 선사예술의 문화사적 한 단면을 들여다보고자 한다. 물론 이 글에서 주요하게 다루게 될 텍스트인 〈천전리 암각화〉(상하단부 도상과 하단부 명문銘文)는 각기 다른 연구 분야에서 논의되어온 대상이며 그 시대적 차이 또한 명백하여 같은 자리에서 논의하기엔 어려움이 많다. 그런데도 문화사적인 조망을 통해서 해석해볼 여지는 충분해 보인다. 여기에 신라의 향가 중 하나인「혜성가彗星歌」가 한 편의 시각을 마련해준다.

이 글은 암각화의 도상인 미술 텍스트, 또 그곳에 새겨진 명문인 역사 텍스트를 동시에 볼 수 있는 〈천전리 암각화〉를 문학 텍스트인「혜성가」와 함께 읽어 볼 수 있는 '이코노텍스트iconotexte'[2]로 보고 이를 통해 신라의 보편적인 상징체계를 살펴보는 데에 또 다른 목적이 있다. 여기에서 향가와 암각화의 도상, 그리고 명문, 이 세 텍스트는 무엇보다 그들 각각이 지닌 종합예술체적인 특성으로 인해 상호 보완적인 역할을 하게 되며 결과적으로는 각각의 텍스트가 지닌 의미를 더 명료하게 해주는 구실을 할 것이다. 차츰 후술하겠지만 세 텍스트간의 연관성을 밝히는 일은 이 글의 본질적인 문제의식과도 따로 떼놓을 수 없는 부분이다.

〈천전리 암각화〉를 '언어문화적 상상력'으로 읽어 본다는 것은 당대의 역사문화적 맥락과 소통 구조를 고려한 방법론적인 읽기다. 이런 작업을 통해 암각화 상하단부의 문양과 명문을 해독하는 데에 한걸음 더 다가갈 수 있지 않을까라는 소박한 문제의식에서 이 글은 준비되었다. 그래서 이 글은 그간의 연구 성과들을 뛰어넘는 새로운 해석을 가져오기보다는 '언어문화적 상상력'을 하나의 방법론으로 삼아 학제간 연구의 가능성을 탐색하는 과정에 충실하고자 한다. 그러기에 각각의 텍스트에 대한 적확한 해석은 이 글이 감당할 수 있는 영역을 넘어선다.

논의에 앞서 '언어문화적 상상력'이라는 용어에 대한 간단한 설명이 필요할 듯싶다. 문화文化는 인간이 "자연의 바탕 위에서 인간적인 몸짓으로 그 나름의 물질적, 정신적 산물들을 창조"[3]해온 바로 그 내용을 말한다. 그중에서 "언어는 어차피 인간의 사고를 조직화하고 체계화하여 전달하는 도구이므로 문화 역시 이를 바탕으로 하지 않을 수 없"[4]을 터, 이렇게 보면 언어言語는 단순한 소통의 도구에 머물지 않고 문화의 본질을 들여다볼 수 있는 중요한 창이라 할 수 있다.

어떠한 문화적 산출물도 언어화되지 않은 것이 없다 할 것이며 그런 의미에서 문화는 곧 언어로 된 기호이며 분석해야 할 텍스트이다. 그런 점에서 볼 때 문학예술의 기호는 기호의 의미작용을 위한 약속, 즉 코드code로 이루어진 사회문화적 산물이다. 그러므로 문학예술의 언어를 문화적 텍스트로 읽는다는 것은 문학을 내재적 혹은 외재적으로 접근할 것인가라는 양분론적 물음을 접고 커다란 컨텍스트 속에서 바라본다는 것을 의미한다. 일찍이 제기된 바 있었던 '문학적 문화'[5]라는 용어가 이런 맥락을 잘 함축하여 설명해

준다.

한편 '상상력'[6]은 문학 작품을 창작하는 과정뿐만 아니라 작품을 수용하는 과정에서도 중요한 역할을 한다. 텍스트를 창작하는 동력인 상상력은 그것을 해석해내는 과정에서 시대적 간극을 메우고 해석의 공백을 채우는 역할을 담당한다. 문학과 역사, 미술이라는 이질적인 텍스트를 횡단하며 '언어문화적 상상력'으로 읽어 보고자 하는 이 글의 작업은 세 겹의 텍스트가 서로 충돌하면서도 다층적인 의미를 생산할 수 있는 능동적 읽기의 장場이 될 것으로 기대한다.

이상으로 이 글에서 쓰고자 하는 '언어문화적 상상력'이라는 용어와 접근 방법에 대한 설명을 했다. 이제 본격적으로 읽어 볼 차례다. 먼저 세 텍스트를 '遊'의 관점에서 전반적으로 살핀 다음, 앞의 논의를 바탕으로 하여 「혜성가」의 주술적 특성과 배경설화에 숨은 '반복'적 성격을 살펴볼 것이다. 마지막으로는 이전의 논의들을 종합하면서 「혜성가」의 소통 맥락과 암각화의 도상을 함께 연관지어 논의해 볼 것이다. 이런 과정을 거치면서 이 글의 핵심적인 논점이라 할 수 있는 '遊'의 문화적 함의가 점차 드러날 것으로 본다.

세 겹의 텍스트에 드러난 '遊'의 문제

"공간에 대한 공포는 인간 내부에 깊숙이 뿌리박고 있는 심리적 상징"[7]이라는 지적에 비추어 볼 때 '산山'이라는 공간에 대한 두려움은 인간의 오랜 심리적 상징으로 자리해 왔음이 분명하다. 그 두려움은 '하늘天'에 대한 외경심으로 이어져 '산'과 '하늘'은 일찍부터 신앙의 대상이 되었다. 또 이러한 심리적 상황은 이른 시기부터 상징성을 띤 '암각화'를 제작하게 되는 직접적인 동인이 되었을 것이다.

암각화가 자리한 '산'은 천상과 지상을 잇는 신성한 공간으로 또 그만큼 두려운 공간[8]으로 인식되었다. 민족 고유의 산악숭배사상이 그 증거이며 이러한 사상은 신라 시대까지도 존속했다. 이런 사상적 바탕 위에서 제작된 암각화는 어쩌면 두렵고 신성한 공간을 지배하고 견뎌내기 위한 집단주체의 욕망을 담은 기록물이라 여겨진다. 암각화의 도상은 이러한 같은 관점에서 읽어내야 한다.

〈천전리 암각화〉의 도상 위에는 또 다른 시대의 기록이 겹쳐 있다. 청동기 시대에 암각 작업이 선행된 이후 고신라 때부터 이 공간을 찾은 사람들이 암각화의 중앙 하단부에 기록을 남겨 놓은 것이다. 그중에서 눈길을 끄는 명문은 신라의 두 차례에 걸쳐 기록된 원명原銘과 추명追銘이다. 명문은 각각 암각의 면을 평평하게 밀어내어 새기고 또 네모진 줄로 그 내용을 다른 것과 구분해 놓았다. 먼저 새긴 것은 법흥왕 12년(525년)의 것이고, 뒤에 새긴 것은 그로부터 14년 뒤인 법흥왕 26년(539년)의 것이다. 명문의 내용은 다음과 같다.

(原銘) 乙巳年 沙喙部葛 文王覔遊來始得見谷 之古谷无名
谷善石得造書(?) △以下爲名書石谷字作之 并遊友妹麗德光

妙於史 郷女郎王之 食多煞作功人尒利夫智奈麻 悉得斯智大舍帝智 作食人 榮知智壹吉干支妻居知尸奚夫人 眞宍智沙干支妻阿兮牟弘夫人 作書人慕慕尒智大舍帝智

(追銘) 過去乙卯年六月十八日昧 沙喙 部徙夫知葛文王妹於史郷女郎 王共遊來以後△△八△年過去妹王考 妹王過人丁巳年王過去其王妃只沒尸兮妃 愛自思己未年七月三日其王與妹共見書石 叱見來谷此時共三來 另卽知太王妃夫乞 支妃徙夫知王子郎深△夫知共來此時△ 作功臣喙部知禮夫知沙干支 泊六知 居伐干支禮臣丁乙尒知奈麻 作食人眞 眞宍知珎干支婦阿兮牟呼夫人尒夫知居伐干支婦 一利等次夫人居禮知△干支婦沙爻功夫人 共作之.[9]

두 차례에 걸쳐 작성된 명문의 내용에 관한 해석은 조금씩 차이를 보이지만 대략 다음과 같은 내용으로 추정하고 있다. 역사적인 사실을 덧보태어 새겨보면 이렇다. 이 명문의 주인공은 입종갈문왕으로 그는 법흥왕의 아우이자 진흥왕의 아버지이다. 법흥왕 12년에 입종갈문왕은 그의 여동생妹과 함께 이곳에 와서 文王覓遊來始得見谷 여기에 글을 새겨 놓았다. 그 후 입종갈문왕은 혼인하여 후일의 진흥왕을 두었으나 얼마 지나지 않아 죽고, 그 후로 3년이 되던 해에 입종갈문왕비는 남편의 흔적이 남아 있던 이곳을 다시 찾았다王共遊來以後△△八△年過去妹王考. 이때 그녀와 동행한 이는 어머니인 법흥왕비와 아들 심맥부지(후일 진흥왕)였다. 그로부터 일년 뒤 심맥부지는 7세의 나이로 법흥왕을 이어 왕위에 올랐다.

위와 같이 명문에 적힌 사실적인 내용을 충실하게 정리하고 나면 많은 의문점들이 남는다. 따라서 명문의 이면을 검토하기 위해서는 그들이 왜 두 차례에 걸쳐 이곳 천전리 암각화를 찾아왔으며 또 이런 내용의 기록을 남겼는지를 해명하는 것이 관건이다. 이외에도 을묘년乙卯年 명문[10]을 포함하여 화랑들이 남긴 숱한 내용을 다 같이 고려해 보면 당시 신라의 역사문화적, 정신사상적 바탕을 심층적으로 읽어낼 수 있을 것이다. 원명과 추명의 경우, 다행하게도 법흥왕과 진흥왕을 비롯한 신라 왕족의 신분과 이름이 직접 거론되고 있어서 두 왕이 재위하던 신라 중고기의 역사적 배경과 함께 접근해 볼 수 있다. 알다시피, 신라는 법흥왕 15년(528년)에 불교를 공인했고, 진흥왕 37년(576년)에는 화랑제도를 대대적으로 개편했다. 이렇게 볼 때, 이러한 '遊'의 목적과 기록의 동기가 어느 정도 해석될 여지가 보인다.

이를 다음과 같이 추론해 볼 수 있다. 첫째, 입종갈문왕, 법흥왕비, 진흥왕을 비롯한 신라 중고기 왕족들이 여러 차례 이곳에 행차하여 기록에는 신라 중고기 왕실 세력의 변화가 숨겨져 있을지도 모른다. 둘째, 그런데 그들은 왜 하필 이곳 〈천전리 암각화〉에 기록을 남겼을까. 가까운 곳(1km 아래쪽)에 있는 〈반구대 암각화〉에는 명문 기록이 없고 '고래' 그림만 새겨져 있다는 사실을 상기하는 것만으로 충분하다. 그만큼 명문의 기록 행위가 지닌 의미는 크다. 또 명문 기록은 그 윗부분에 오래도록 자리해온 청동기 시대의 기하학적 도상과 깊은 연관성을 지녔던 것으로 보인다. 단순하게 놀러 온遊 것이라면 암각화 하단의 중앙부 단면을 반듯하게 밀어내고 그곳에 명문을 굳게 새겼을 리 없다. 위와 같은 추론을 통해 상단부와 하단부에 굳게 새겨진 도상들은 당시 신라의 정신적 바탕과 역사 문화적 문맥 위에서 어떠한 의미로든 재맥락화되었다는 점을 주목할 필요가 있다.

앞서 제시한 추론들을 역사적 사실과 함께 읽어가는 과정에서 이들의 '遊'가 지닌 상징적 의미와 문화사적인 의미가 드러나게 될 것이다. 명문의 기록을 먼저 신라 역사와 함께 읽어보자. 사로6촌을 병합하여 성립된 사로국(신라)은 유리왕대(24-57년)와 탈해왕대(57-80년)에 처음으로 이웃 소국을 병합하기 시작하였는데, 탈해왕대에는 신라와 접경한 우시산국과 거칠산국을 가장 먼저 병합한다. 신라가 두 소국을 이른 시기에 병합했던 이유를 사학계에서는 중국과의 관계를 유지하던 시기에 원거리 교역의 통로를 확보하기 위한 조치의 하나로 설명하고 있다.[11] 여기에서 우리가 방점을 두고 볼 부분은 우시산국이 지금 〈천전리 암각화〉가 자리한 '울주' 지역이라는 점이다.

또 이때 정복 세력인 이주민 집단이 토착 세력인 선주민 집단과 부득이하게 겪게 될 갈등을 생각해 보지 않을 수 없다. 이로 미루어 보아 천전리 명문의 기록화 과정은 그 자체로 신라 초중고기에 이르기까지 진행되어 왔던 부단한 정복의 역사와 강력한 왕권 강화의 과정과 밀접한 관련이 있었을 것으로 본다. 달리 말하면 암각화에 명문을 새길 당시엔 암각화를 비롯한 이 지역의 문화가 이미 신라의 중요한 문화적 공간으로 흡입되었음을 증거한다. 즉 명문을 새기는 일은 탁월한 공간 지배력의 표출이라고 볼 수 있다. 따라서 이들의 '놀이遊'와 명문의 기록이 지닌 정치적인 맥락을 무시할 수 없다. 게다가 이 명문의 주위엔 신라 화랑의 숱한 흔적이 어우러져 〈천전리 암각화〉는 신라 화랑도의 '遊'와도 관련지어 볼 수 있다. '永郎 成業'이라는 글귀가 새겨져 있는 등 이곳이 화랑도의 정신세계와 깊은 관련을 맺고 있었다는 점을 알 수 있다.

신라는 하나의 국가로 형성되기 이전부터 그곳에 살던 여러 부족들은 시조신 숭배, 애니미즘, 샤머니즘, 토테미즘 등 다른 정신적 바탕을 마련해 왔을 터인데, 그것들을 하나의 통일된 이데올로기로 통합하는 것이 중고기 신라왕들의 고된 과제 중 하나였다. 그런 와중에 법흥왕 12년에 공인된 불교는 신라 왕권의 강화에 큰 밑바탕이 되어 주었지만 불교 세력과 기존 무속 계층과의 알력은 피할 수 없었을 것이고 이러한 점은 진흥왕 37년(576년)에 화랑제도를 대대적으로 개편하게 된 이면적 배경[12]이 되기에 충분했다. 이렇게 보면 법흥왕과 진흥왕의 측근, 화랑도들이 이곳을 찾아 새긴 기록에는 명문의 표면적 해석을 넘어 신라 초중고기의 정치적 변화와 징후가 담겨 있다고 할 수 있다.

이와 같은 정치적인 맥락 외에 그들이 암각화에 기록을 남기게 된 또 다른 이유는 암각화가 놓인 특수한 장소성에서 찾을 수 있다. 암각화는 일반적으로 무엇인가를 갈구하고 기원하기 위한 성스러운 제단으로 여겨진다. 그런데 어느 시기부터 이곳이 신라 왕족의 행차와 화랑도의 순례 공간으로 변모되었다는 점을 눈여겨 볼 필요가 있다. 이들은 상단부의 도상 앞에서 어떤 의식과 수련을 행하고 그것을 또 기록으로 남겼던 것이다. 그렇게 볼 때 암각화는 화랑의 산신신앙과도 분리될 수 없는 공간이며, 특히 화랑의 '유오산수遊娛山水'[13]의 활동과 관련이 있는 공간임을 재확인 할 수 있다. 알다시피 화랑도는 군사적이면서도 주술 종교적이고 예술적인 성격의 집단으로, 화랑은 노래와 풍류를 즐기는 예술 창작의 주체이자 향유자로서 아울러 샤먼적 존재로서의 역할을 담당했었음은 이미 많은 연구자들이 밝혀놓은 바 있다. 그러므로 화랑이 암각화로 행차하여 기록을 남긴 것은 일종의 제의적 상황이 동반되었을 것이라는 추정과 더불어 이곳이 그들에게 성스러운 공간으로 인식되고 있었음을 의미한다.

정치적인 공간 지배는 문화적, 정신적, 사상적 공간 지배와 안팎을 이룬다. 그러므로 이들이 남긴 기록 '놀이遊'의 흔적은 특수한 문화사적 의미를 함축한다. 오랜 전통의 하나로 굳어져 온 천신신앙, 산악숭배사상을 밑바탕으로 한 제의적 상황이 동반되었다면[14]암각화 상단의 도상들은 당시의 그들에게 강력한 '문화기호'로 작용했었을 것이며 이 도상들은 이미 하나의 보편적 코드로 받아들여 있었다는 추측이 가능하다.

따라서 암각화에 새긴 그 모든 기록들은 중대한 의식과 더불어 기억할 만한 내용을 '증거'하기 위한 또 다른 형식이었을 가능성이 크다. 또 명문의 상단부에 그려진 청동기 시대의 도상은 당시 화랑도와 중고 신라의 왕족들에게는 어떠한 맥락에서 읽혀지고 있었다는 점을 기억할 필요가 있다.(도상에 관한 논의는 이 글의 마지막 부분에서 논의할 것이다.)

다음 장에서는 위의 기록들을 다층적으로 읽기 위한 방편으로 화랑의 노래(〈놀遊 + 애)인 '향가'를 들어 살펴볼 것이다. 〈천전리 암각화〉에 새겨진 화랑도의 '遊'의 흔적을 「혜성가」의 배경설화에 나오는 '세 화랑의 무리'가 '欲遊楓岳'의 상황과 같이 읽어보면 이 '遊'의 의미도 단순하게 놀러간다는 의미가 아니라 종교의식적인 '놀이'로 해석될 여지가 있다.[15] 여기에 「혜성가」의 주술적 특성을 결부시켜 보면 '놀이'의 심층적 의미는 더욱 확장될 것이다.

매개로서의 「혜성가」, 주술과 '반복'

그간 〈천전리 암각화〉의 도상과 명문 해석에 관한 많은 연구들이 이루어져 충분한 연구 성과가 축적되었다.[16] 축적된 연구 성과에 힘입어 이제 암각화는 학제간 연구의 대상으로 떠올라 새롭게 해석될 시기가 되었다. 위에서 살펴본 바와 같이 신라 왕족과 화랑도의 흔적을 담고 있는 명문, 즉 역사 텍스트가 일차적으로 암각화의 도상을 읽는 중요한 계기를 마련해주었다. 또 암각화의 하단부에 있는 신라 왕족과 화랑도의 기록들이 도상의 의미를 고정, 중계하는 역할을 한다. 그런데 이 기록과 문양을 문화적인 맥락에서 조망하려면 암각화의 문양과 명문의 간격을 매개할 수 있는 지점이 필요하다. 명문의 작성 시기가 대부분 신라 중고기 왕권 강화의 시기와 일치하며 또 법흥왕대 불교 공인을 전후하여 새겨졌다는 점, 화랑도들의 수련 공간으로 인식되었다는 점에 착안해 보면 〈천전리 암각화〉를 화랑의 노래 「혜성가」를 매개하여 살펴보는 것도 무리는 아닐 듯하다. 향가의 문학적 상상력을 끌어오면 훨씬 더 역동적인 읽기의 장이 만들어진다. 「혜성가」와 〈천전리 암각화〉를 하나의 이코노텍스트로 설정하여 읽어내는 역동적인 과정이 가능하다.[17] 먼저 「혜성가」의 내용[18]을 다시 읽어보자. ①에서는 건달바를 왜군으로 잘못 보고 봉화불을 사른 사람이 있다. 배경설화와 달리 노래에서는 왜군의 침입이라는 역사적 상황이 먼저 등장한다. ②에서는 풍악으로 놀러가는 화랑의 일행을 따라 달이 부지런히 길을 밝혀준다. 화랑의 놀이 상황은 두 번째 등장한다. ③에서는 불길한 조짐의 혜성이 나타난 천문적 상황이 제시되어 있다. ④에서는 위의 모든 상황들을 '무슨 혜성이 있을 것인가'라는 설의법을 통해 무마한다. 즉 노래는 신기루를 보고 왜군의 침입했다고 잘못 보았다고 하고 나라의 변고나 왕의 죽음, 왜군의 침입 등을 알리는 혜성[19]을 화랑의 길을 밝혀주는 '길쓸 별'로 바꾸어 인식해 두려운 상황을 미리 극복하고 있다.

그런 점에서 「혜성가」는 "초월적인 힘을 가진 어떤 신에게 소원성취를 기구하는 종교적 태도와는 달리, 향가 자체가 하나의 언령적 기능을 수행하고 있는 주사류"[20]의 노래임이 분명하다. 또 앞서 설명해온 것과 같이 이 노래가 제작된 시기가 신라 중고기 왕권 강화의 노력과 맞물려 있음을 감안할 때 「혜성가」는 사실의 은폐와 대체를 통해서 지배 통치를 강화하려는 이데올로기적인 성격[21]을 지닌 노래라고 할 수 있다.

위에서 말한 노래의 성격들을 충분히 수용하면서 덧붙여 생각해 볼 부분은 이와 같은 인식의 전도가 이미 노래의 구조 속에서도 마련되어 있는 점이다. 이는 노래의 중간부에 등장하는 화랑의 행차를 전후하여 달라진 상황을 비교해 보면 알 수 있다. 다시 말해 화랑의 행차와 더불어 부른 노래가 왜군과 혜성의 출현이라는 역사적 상황과 천문적 상황을 동시에 치유해낸 것이다. 이처럼 화랑의 '遊娛山水' 속에는 신성한 공간에서 수련을 하기 위한 목적 이외에도 공포스러운 상황을 해결하는 주술적인 치유의 목적도 포함되었다. 또한 그것은 왕권의 유지와 강화를 위한 은폐된 방식으로 작동되었을 가능성이 크다.

주술은 애초에 공포스러운 상황을 해결하기 위해서 시작되었지만 또 유사한 두려움이 '반복'되는 상황에서 더 큰 힘을 발휘한다. 두려움과 공포의 반복은 주술적인 노래의 반복을 가져온다. 그런 점에서 볼 때 '제의'는 곧 두려움에 대처하기 위한 주술적인 반복 행위나 다름없다. 이는 프로이트가 말한 쾌락원칙[22]을 빌어서 이해하면 훨씬 쉽다. 어머니의 부재로 인한 불안 상황을 극복하기 위해서 아이는 'fort-da' 놀이遊를 반복함으로써 아이는 결핍감과 두려움을 즐거운 유희의 순간으로 대체하고 욕구를 충족한다. 그런데 화랑의 행차와 거기에 수반된 제의는 비단 한 사람만의 것이 아니다. 제의에 참여한 세 화랑의 무리衆가 사태의 심각성을 말해주며 결과적으로 주술적인 노래는 혜성을 물리치는 중구삭금衆口鑠金의 효과를 가져온다.

「혜성가」의 배경설화[23]가 다소 비약적으로 적힌 것도 이런 맥락에서 보면 다르게 이해된다. 「혜성가」의 배경설화에 담긴 내용을 순차적인 구조로만 읽거나 인과관계에 따라 읽으면 한계에 부딪친다. 혜성의 출현과 왜군의 침입이라는 두 가지 상황은 신라에선 예전부터 반복되어온 두려운 상황이었던 것으로 부지기수로 일어난 일이다. 『삼국사기』에 따르면 혁거세 재위 5년부터 일본의 침입이 있었고 진평왕대(579-632년)엔 특히 정치적인 위기가 많았는데 침입의 횟수가 무려 30여 차례나 되었다고 전한다. 또 신라 시대엔 혜성의 출현이 잦았는데 신라 사람들은 천문적 상황을 인문적 상황, 역사적 상황의 징후로 겹쳐 읽었다. 또 사람들은 그때마다 그것을 해결할 노래가 필요했다.

이러한 '반복'적인 상황을 전제하고 배경설화를 함께 보면 앞서 본 「혜성가」의 제의적 상황이 더 두드러진다. 설화의 문맥을 「혜성가」가 불러지기 전과 후의 상황으로 나누어 보면[24] 문제 제시에서 문제 해결, 즉 결핍된 상황이 충족되는 과정으로 나타난다. ①②③의 내용이 각기 다른 상황을 지칭하지만 앞서 말한 바와 같이 여기서도 세 가지 상황이 차례대로, 동시에 일어난 일이라고 단언할 순 없다. 그러기 위해서는 진평왕대에 혜성이 출현했다는 기록, 왜군이 출현했다는 사실, 융천사가 이 노래를 지어 불렀다는 기록이 시기적으로 완전히 일치해야 한다는 실증적 관점에 충실하게 된다. 이런 해석은 일본군의 환국이 실제 사실이 아니라 예방되었다고 믿는 설화적 서술이라고 보는 관점과 대립한다. 하지만 향가 작품에 붙여진 배경설화는 단지 관련 향가가 창작된 배경을 설명하는 내용에 그치는 것이 아니라 "세계와 인간에 대한 특수한 이해를 표현하는 특수한 양식의 서사체"[25]라는 점을 고려할 필요가 있다. 또 『삼국유사』가 고려 초 승려 일연과 기록 주체들에 의한 재구성의 결과물이었다면 배경설화의 내용도 역사적 사실을 기반으로 하면서도 한편 역사적 사실의 가공과 '변형'의 산물일 가능성이 크다. 「혜성가」의 배경설화 또한 역사적으로 반복된 두려운 상황을 다른 시각에서 재구성한 결과물로 볼 수 있다. 그렇게 본다면 '일본군이 침입했다'는 사실이 배경설화에 직접 제시되지 않았다는 점이 충분한 이해 가능하다. 혜성의 출현, 일본군의 침입, 화랑의 행차, 세 가지 일의 순서가 바뀌어도 하등 상관이 없을 정도로 신라 시대에 그러한 일들은 잦았고 천문적 상황, 역사적 상황, 놀이적 상황의 연관성도 아주 깊었다. 「혜성가」의 배경설화는 천문적 상황과 역사적 상황을 '놀이'적 상황의 맥락 앞뒤로 배치했다. 이것은 노래와는 다른 배치이긴 하지만 공통점은 '놀이'가 다른 두 상황을 무마시키는 효과를 지녔다는 사실이다.

「혜성가」가 갖는 예방 주술적豫祝的인 면모는 미리 일어날 불길한 조짐에 대한 방어와 앞으로의 기대와 소원을 투사한 것이다. 이러한 주술성은 선사 시대의 동굴 벽화나 암각화가 갖는 주술적인 도상과 같이 당시 예술 속에서 보편적인 것이었다. 혜성이 떨어지기 전에 소원을 빌면 이루어진다는 주술적 관념처럼, 암벽에 혜성의 모습을 굳게 새김으로써 오히려 혜성의 변괴를 물리치고자 하는 피그말리온적인 힘을 연출했는지도 모른다. 이것은 바로 일종의 "시각적 카타르시스"[26]를 불러왔을 것이다. 〈천전리 암각화〉의 도상들도 그러한 맥락에서 다가갈 수 있다. 신라의 화랑이 무당의 역할을 담당했다는 점을 떠올려 보면 〈천전리 암각화〉의 도상 중에서 '가면'을 쓴 샤먼의 모습에서도 동일한 혈통을 발견할 수 있다. 이것은 〈천전리 암각화〉를 주술적인 소통 구조로 읽게 하는 중요한 장면이다. 이렇게 보면 암각화의 중심에 자리한 '가면'과 그것을 둘러싼 도상들은 모두 제의적 상황에 동참하게 된다. 이를 통해 도상 해석의 작은 실마리를 찾을 수 있다.

천문天文과 인문人文의 '겹쳐 읽기'

암각화는 문자가 없던 시절, 거기에 새겨진 도상의 상징성을 함께 공유한 공동체에선 중요한 의식과 소통의 공간이었다. 즉 우리에게 남겨진 암각화의 도상(이미지)은 어떤 공동체에 의해 '말로 사용된 것'이다. 무無문자 시기엔 이미지가 곧 문자의 역할을 담당했을 것이며 문文이 본래 문紋을 뜻한다는 것은 또 잘 아는 사실이다.

이미지는 단순한 "코드의 표현이 아니라 코드화 작업에 대한 변형"이며, "하나의 체계의 보관소가 아니라, 체계들의 생성단계"[27]라고 할 수 있기 때문에 〈천전리 암각화〉의 도상은 공동체의 소통 맥락을 고려하여 문화적인 층위에서 접근되어야 한다. 이미지는 무엇인가를 모방, 재현하는 과정 속에서 나온 것이기도 하지만 그것은 재현 대상을 모방하는 데에 그치는 것이 아니라 변형[28]해놓은 결과물이다. 구상적인 도상과 추상적인 도상이라고 구별지어 부르더라도, 이때의 이미지는 하나의 목적, 즉 '주술'적 소통을 위한 것이었다. 다시 말해 "'마술 magie'과 '이미지 image'는 같은 글자로 구성되어 있다"[29]는 발랄한 견해를 빌지 않더라도, 선사시대의 이미지는 곧 일종의 마술적 언어기호였다.

〈천전리 암각화〉의 도상도 이런 관점에서 해석될 수 있다. 청동기 시대에 어떤 집단주체에 의해 특정한 상황과 맥락 위에서 제작된 〈천전리 암각화〉는 지극히 추상적인 문양들이 많아서 아직까지 투명한 해석을 내놓진 못하고 있다. 그러나 지금은 추상적이고 난해하게만 보이는 상징들이 당시의 사람들에게는 어떤 식으로든지 수용, 인식되어 공동체의 보편적 코드였을 것이라는 추정을 해볼 수 있다. 이런 도상의 주변에 신라 왕족과 화랑도들이 잦은 흔적을 남긴 것으로 보아 신라인들 또한 암각의 도상을 어떠한 의미를 지닌 상징체계로 해석했었음을 알 수 있다. 그러므로 암각화의 기하학적 도상들을 앞서 살펴본 「혜성가」의 주술적 소통 구조와 맥락을 매개로 하여 접근해 볼 수 있을 것이다. 이 장에서는 소박하게나마 앞서 진행해왔던 내용들을 종합하면서 암각화의 도상을 「혜성가」의 소통 맥락과 함께 읽어보기로 한다.

〈천전리 암각화〉의 중심부에 위치한 동심원 등과 같은 둥근 형태는 일반적으로 태양을 상징하는 것으로 보고 있다. 이는 청동기 이래로 성행한 태양 숭배 사상의 증거[30]라는 것이 암각화 연구자들의 일반적 견해다. 그러므로 이곳이 신라 왕족의 잦은 행차의 공간이 되었으며 화랑도들의 태양신앙 곧 천신신앙의 제단으로서 기능했을 것이라는 추측은 설득력이 있다.

그런데 고대인들에게 신성시되었던 것은 비단 '태양'만이 아니었다. 신라의 '해'와 '달' 숭배는 유별나서 국가적 차원의 제사를 지내기도 했다.[31] 이렇게 보면 동심원 모양은 모양의 상동성과 제의적 상황을 고려해 볼 때 「혜성가」의 '달'을 연상케 하는 도상이다. 동심원문양은 「혜성가」에서 세 화랑이 산에 오른다는 말을 듣고 '달'이 모든 문제를 해결하고 포용하는 역할을 담당하는 주술적 상징물로 등장했듯이 〈천전리 암각화〉에서도 어떤 위력을 가진 도상으로 보여진다. 동양은 특히 천문天文의 상황을 인문人文적 상황과 겹쳐 읽는 예가 많았다.[32] 천문의 움직임으로 인문적 상황을 예감하고 예방하고자 했던 이들에게 동심원은 해와 달과 같은 '일월성신'을 이미지화 했던 것으로 보인다.

이러한 추정은 동심원과 마름모꼴이 바위의 윗부분, 그 중에서도 중앙부에 그려져 있다는 점에서도 설득력을 얻는다. 암각화 전체에서 그러한 문양들이 윗부분과 중심부에 배치되었다는 것은 그러한 도상이 하늘의 움직임과 같은 상징을 내포하고 있다는 것을 말해준다. 이런 도상의 위치를 볼 때에도 그 중요성은 더욱 크게 느껴진다.

한편 마름모꼴 모양은 동심원 모양과 같이 신석기시대의 빗살무늬 토기의 무늬와 비슷하다 하여 풍요를 상징하는 부호적인 성격으로 보기도 한다. 여기에 또 하나의 추측을 보탠다면, 마름모꼴 모양은 혜성의 기다란 꼬리를 형상화한 것으로도 볼 수 있다. 이렇게 봤을 때 〈천전리 암각화〉는 신라 시대에 천문도天文圖로서의 구실을 했으며 인문적 상황을 치유하는 주술적인 제의 공간으로 활용되었을 가능성이 크다.

주술사로 추정되는 가면과 사람의 형상은 그 옆의 동심원과 마름모꼴 모양이 지닌 천문적 상징을 더욱 분명하게 드러낸다. 마치 「혜성가」의 '융천사'를 연상케 한다. 청동기 문화와 연관되는 샤먼의 특이한 형태는 동북아시아의 암각화에서도 자주 등장하는데, 이들이 중요한 의식이나 행사를 집행할 때 절대적인 역할을 했다는 점은 인물 암각화로 계속 남겨지게 되는 특별한 이유가 되었을 것이다.[33] 즉 샤먼의 절대적인 위치가 암각의 중심부 도상으로 굳게 자리한 것이다. 한편 노래를 불러 혜성의 변괴를 사라지게 한 샤먼적 존재인 '융천사融天師'는 「도솔가」를 지어 해의 변괴를 퇴치한 월명사月明師처럼 이름이 그 자체로 도상적이다. 이름 속에 그들이 행했던 주술적인 몸짓이 그림처럼 문자화되어 있다. 암각화의 '가면' 문양에서도 샤먼적 제스처와 제의적 상황을 읽을 수 있다. 그런 의미에서 「혜성가」는 노래로 된 그림이며, 〈천전리 암각화〉는 그림으로 된 노래이다.

하단부에는 가는 선각으로 기마행렬도와 명문이 새겨져 있다. 여러 인물상, 기마인물상, 말, 배 등이 그려져 있는데, 이것은 모두 신라 시대에 선각된 것이다. 기마행렬도를 비롯하여 말 위에 탄 사람이 화살통을 어깨에 매고 있는 모습은 6촌을 통합하여 소국을 형성했던 혁거세 집단을 상징[34]하는 것으로 읽을 수 있다. 철제무기를 사용할 줄 알았고 소국을 형성할 군사력을 갖추고 있었던 이들은 선각의 기법으로 암각화의 하단부를 장식했던 것이다. 이와 더불어 앞서 보았듯이 암각화에 남겨진 명문들이 신라 중고 왕족과 화랑도의 공간 지배력을 보여주고 있었다는 점을 함께 고려해 보면 〈천전리 암각화〉는 신라의 역사를 이미지화하여 기록하는 주요한 공간이 되었던 것으로 보인다.

이를 종합해보면 암각화의 도상은 청동기 시대에 제작된 이래 신라의 정신적 바탕으로 이어졌으며 중고기 신라의 정치세력이 기존의 정신 · 사상사적 바탕과 대립, 융화하던 과정을 여실히 보여주는 기록화記錄畵로서의 위치를 점한다.

반성과 과제

문학과 미술, 역사를 동위에 두고 '언어문화적 상상력'을 통해 읽어보고자 한 이 글은 처음부터 많은 한계를 안고 출발하였다. 고고학, 고대사학, 고대미술사학 등 여러 분야의 연구 성과들을 충분하게 소화해내지 못하고 현재 검토 중인 암각화의 논의들을 간과하면서 과도한 해석을 이끌어내진 않았는지 반성해볼 일이다. 하지만 그간 여러 분야에서 부단하게 이루어진 암각화 관련 연구 성과들이 없었으면 이 글의 내용은 시도될 수조차 없었을 것이다. 다행히 학제간 연구는 각기 다른 학문의 연구 성과를 존중하면서 서로간의 결핍된 지점을 보충하기 위한 작업이라고 여기면서 이 부족한 글에 대한 위안을 삼는다.

어떤 시대도 단 하나의 문화적 코드만을 갖고 있지 않으며, 어떠한 문화 양식에도 다양한 코드들이 동시적으로 공존하기 마련이다. 특히 〈천전리 암각화〉와 같이 '덧칠된' 텍스트를 면밀하게 해독하려면 적층된 시기에 따라 다양한 맥락적 이해와 텍스트가 보충

되어야 할 것이다. 이 글에서 미처 언급하지 못한 도상에 관한 해석은 앞으로 다양한 분야의 텍스트를 보충하여 해석해 볼 과제로 남겨둔다.

향가를 어떤 성격의 노래로 보느냐에 따라, 암각화의 도상들을 어떠한 관점으로 읽느냐에 따라 다르게 해석의 여지는 무한하다. 예컨대, 용龍, 배船의 그림을 중심으로 읽게 될 경우 〈천전리 암각화〉는 다른 향가 텍스트를 필요로 할 것이고, 그러한 도상적인 메시지가 풍요롭게 읽혀질 가능성은 더 많이 남아 있다. 이 글은 무한한 해석의 가능성을 향한 하나의 시도에 불과하다.

● 문학적 감수성의 이면裏面 : 한국현대작가들의 글쓰기 경험과 그 '변형'의 치유력

1. 이 글에서 대상으로 삼은 텍스트는 한국의 문인 일흔한 명의 글을 묶은 한국일보(편), 『나는 왜 문학을 하는가』(열화당, 2004)이다. 서문에 적혀 있듯이, "이 책은 우리 시대 문학가 일흔한 명이 쓴 '문학행위'에 대한 자유로운 성찰省察로서, 한 시대의 사상과 정서를 담아내는 문학작품이 탄생하게 된 원천인 작가의 '내밀內密한 문학사文學史'이자 '자기고백록'이다." 이 책에 실린 작가의 진술은 반세기에 가까운 한국현대문학을 일구어온 작가들의 감수성을 요약적으로 살피는 매개가 되어줄 것이다. 이외에도 작가들의 고백을 담은 증언이나 에세이 등이 있겠지만, 여기에서 두루 포함하지 못해 아쉽다.
2. 현대의학에서 내러티브의 중요성이 언급된 것은 현대의학적 폐해에 대한 일종의 보완적인 접근방식으로, 미국에서 1970년대 초반 의학교육에 문학을 접목시킨 '문학과 의학 literature and medecine'이 시작되면서부터다. 문학작품을 통해 질병을 앓고 있는 환자의 세계와 질병의 의미를 이해하고, 환자를 질병이 아닌 한 인격체로 대할 수 있는 방법을 체득하도록 돕는 것이 '문학과 의학'의 목표였다. 내러티브는 의학에서 고통을 드러내고 이를 이해할 수 있는 가장 중요한 도구이자 본질적인 요소이며, 그것을 통해 환자와 의사 사이의 실존적 간극을 매개해줄 수 있는 토대가 될 수 있다. 고통을 이해한다는 것은 환자가 질병을 어떻게 해석하고 의미를 부여하는지를, 즉 환자의 이야기, 즉 '질환 이야기 illness narrative'를 통해서만 모습을 드러낸다. 환자의 관점에서 바라본 질병의 이야기에는 질병에 대한 환자의 설명, 해석, 이해 등이 모두 포함되어 있다. 이것은 질병에 대한 객관적이고 분명한 의학적 언어로 대체된 의사의 '병력 medical history'과 다르다.(황임경, 「고통, 의학과 삶의 만남」, 『인문의학, 고통! 사람과 세상을 만나다』, 휴머니스트, 2008, pp.26-42 참조)
3. 최근 문학과 의학의 접점에서 다양한 논의들이 진행되고 있다. "의학이 인간의 육체에 침범한 병 maladie을 퇴치하는 데서 시작되었다면 문학 역시 인간의 정신을 침범한 악 mal을 몰아내는 데서 시작되었기 때문"에 문학과 의

학의 동일한 기원적 성격을 지녔다는 것이다.(정과리, 「프랑스 문학 속의 의학」, 『의학과 문학』, 문학과지성사, 2009, p.207)

4. '데포르마시옹déformation'은 대상을 실제 형태보다 과장하거나 변형시켜 표현하는 것을 의미하는 용어이다. 예술가들에 의한 변형의 역사는 현실세계와 밀접한 관련을 가지고 있다.(마쓰다 유키마사, 송태욱 역, 『눈의 황홀 : 보이는 것의 매혹, 그 탄생과 변주』, 바다출판사, 2008, pp.306-332). 곰브리치는 이미지 형성이 갖는 마술적인 능력을 다음과 같이 적고 있다. "짤막한 동시童詩 구절이 우선 빵 한덩어리를 나타내는 동그라미를 그리도록 설명해 준다. 그 꼭대기에 반원을 하나 덧붙이면 빵이 장바구니가 되고, 그 손잡이 위에 조그만 꼭지를 두 개 그리면 조그만 지갑으로 줄어든다. 이제 거기다가 꼬리를 하나 붙이면 고양이가 되는 것이다. 내가 이 트릭을 배웠을 때 나를 사로잡은 것은 그 변형 metamorphosis의 힘이었다. 그 꼬리가 지갑을 파괴하고 고양이를 창조해냈던 것이다. 그 중 어느 한쪽을 없애 버리지 않고는 다른 쪽을 볼 수가 없다."(에른스트 곰브리치, 차미례 역, 『예술과 환영』, 열화당, 1989, pp.24-25)

5. 오비디우스는 《변신 이야기 Metamorphoses》에서 피타고라스의 입을 빌어 "모든 것은 변할 뿐입니다. 없어지는 것은 하나도 없습니다. (…) 짐승의 육체에 있다가 인간의 육체에 깃들기도 하고, 인간의 육체에 있다가 짐승의 육체에 깃들기도 하는 것입니다. 이렇게 돌고 돌 뿐 절대로 사라지는 것은 아닙니다."라고 적고 있다. 장자莊子 역시 영혼은 사라지는 것이 아니라 변할 뿐이라고 했다. 땔나무(몸)가 다 타버려도 불꽃(영혼)은 다른 땔나무를 통해 계속 이어진다고 했다. 그래서 그는 아내가 죽었을 때도 노래를 불렀다. 오비디우스와 장자는, 사라지는 것은 없고 다만 변할 뿐이라는 믿음에 바탕을 두고 있다. (김선자, 『변신이야기—필멸의 인간은 불멸의 꿈을 꾼다』, 살림출판사, 2003, pp.4-5) 덧붙여서, 장자는 '소요유逍遙遊'편의 '대붕 이야기'에서, 대붕은 원래 자기동일적으로 대붕이 아니라 곤이라는 물고기로부터 변형되어 나온 것이다. 장자가 대붕 이야기를 통해서 이야기하는 바는 의미의 생산, 주체의 변형, 그리고 자유를 얻는 일이 얼마나 고통스러운 일인가이다. 장자가 권고하는 자유는 주체가 새로운 의미를 생산함으로써 주체 자신을 다르게 변형시킬 수 있다는 의미에서의 자유다.(강신주,

『장자莊子: 타자와의 소통과 주체의 변형』, 태학사, 2009, pp.326-328)

6. 김호연 · 유강하, 「신화와 의학, 그 접점의 근원을 찾아서 : 신농과 아스클레피오스를 중심으로」, 『동서비교문학저널』, 18호, 한국동서비교문학학회, 2008.6, pp.29-51.
7. 오비디우스, 이윤기 역, 『변신 이야기 1』, 민음사, 2001, pp.41-49.
8. "생각은 어떻게 시작되는가?"라고 질문했을 때 레비나스의 대답은 "정확히 말로 표현할 수 없는 무슨 충격이나 더듬거림에서 시작되는 것 같다. 예를 들어 분리나 폭력 장면 또는 지독하게도 지루하게 느껴지는 시간 같은 것 말이다. 그리고 책—꼭 철학책이 아니라도—을 읽으면서 그러한 충격들이 물음이 되고 문제가 되어 생각을 불러 일으킨다."(임마뉴엘 레비나스, 양명수 역, 『윤리와 무한』, 다산글방, 2005, p.25). 앞의 말에서도 볼 수 있듯이, 레비나스는 상처와 고통의 절대적인 수동성을 경험을 사유의 근원으로 삼는다. 고통은 스스로 선택하기 전에 주어지는 것, '수동적 passive'인 경험이다. 상처를 수동적으로 받아 안는 감수성은 타인과 만나는 장소이다. 상처받음의 수동성에서 타자에의 열림이 이루어진다.
9. 사유에 폭력을 가하는 비표상적 것을 들뢰즈는 '기호', '상형문자'라고 표현했다.(서동욱, 「상처받을 수 있는 가능성」, 『차이와 타자』, 문학과지성사, 2001, p.102)
10. 박은주, 「기억과 망각의 역설적 결합으로서의 글쓰기」, 『기억과 망각 : 문학과 문화학의 교차점』, 책세상, 2003, p.349.
11. 인지심리학자 대니얼 L. 샥터는 신경과학, 인지과학, 임상경험을 내세워 기억을 성경의 7가지 죄악(탐식, 탐욕, 나태, 음란, 교만, 시기, 분노)에 빗대 분류한다. 소멸, 정신없음, 막힘은 누락 omission 때문에 생겨나는 오류이다. 소멸 transience은 시간이 지남에 따라 기억이 흐려지거나 손실되는 것을 뜻한다. 정신없음 absentémindedness은 다른 일에 몰두하고 있어서, 기억해야 하지만 주의를 집중하지 않을 때 일어난다. 막힘 blocking은 어떤 정보를 인출하려고 하지만 그것이 불가능한 경우를 말한다. 이러한 세 가지와는 반대로 다음 네 가지는 모두 무엇을 함으로써 일어나는 수행 commission의 오류이다. 오귀인 misattribution은 환상을 사실이라고 착각하는 등 잘못된 출처에 기억을 할당하는 것, 피암시성 suggestiblity은 과거 경험을 상기하려고 할 때

유도 질문이나 추가 설명, 암시에 의해 새롭게 생겨난 기억을 말한다. 편향 bias은 현재의 지식과 믿음이 과거를 기억하는 데에 영향을 주는 것, 지속성 persistence은 마음에서 모두 사라져 버리기를 원하는 고통스러운 정보나 사건들이 반복해서 떠오르는 것을 말한다. 저자는 이 "기억의 일곱가지 죄악은 진화의 부산물로 다른 면에서 제대로 작동하기 위해 우리가 치르는 댓가"라고 주장한다.(대니얼 L. 샥터, 박미자 역, 『기억의 일곱 가지 죄악』, 한승, 2008, pp.5-19 참조)

12. 아스만은 기계적인 저장의 처리 방식인 기술로서의 기억에 '내면화하기로서의 기억'을 대립시키고, 내면화하기로서의 기억은 근본적으로 '재구성적'이라고 말한다.(알라이다 아스만, 백설자 · 변학수 · 채연숙 역, 『기억의 공간』, 경북대학교출판부, 2003, pp.193-220 참조)
13. "마음(뇌)이 상처받음으로써 치유의 과정으로 창조과정이 시작된다."(모기 겐이치로, 손성애 역, 『뇌와 가상』, 양문, 2007, pp.72-77, p.92)
14. 이재선, 「변신의 논리」, 『한국문학 주제론—우리 문학은 어디에서 왔는가』, 서강대학교출판부, 2009, pp.67-87.
15. 망상의 전주곡에 해당하는 환상은 저항 때문에 변형되지 않고서는 의식에 도달할 수 없는 어린 시절의 억압된 기억들의 자리를 대신 차지하고 있는 기억의 후예들이다. 기억들은 저항의 검열에서 비롯되는 변형과 왜곡을 치루어야만 의식에 도달할 수 있는 것이다.(지그문트 프로이트, 정장진 역, 『창조적인 작가와 몽상』, 열린책들, 1997, pp.248-249)
16. "퇴행은 과거로의 자연적 추락이 아니다. 퇴행은 현재 밖으로의 의도적인 도피다. 회귀라기보다 차라리 의지인 것이다. 그러나 오로지 현실의 자리에 다른 것을 대신 놓음으로써만이 우리는 현실에서 벗어날 수 있다. 그리고 병리적 행동에서 수면 위로 떠오르는 과거는 잃어버린 조국처럼 우리가 되돌아오는 최초의 땅이 아니라 인위적이며 상상적인 대체의 과거인 것이다."(미셸 푸코, 박혜영 역, 『정신병과 심리학』, 문학동네, 2002, pp.61-69)
17. 지그문트 프로이트, 『창조적인 작가와 몽상』, 앞의 책, pp.81-96.
18. 들뢰즈는 "세계는 인간과 병을 뒤섞는 징후들의 총체이다.(Le monde est l'ensemble des symptômes dont la maladie se confond avec l'homme)"(Gilles Deleuze, Critique et Clinique, Minuit, 1993)라고 표현한다.(민진영, 「문

학과 건강」, 『프랑스어문교육』, 제29집, 프랑스어문교육학회, 2008.11, pp.525-545)

19. 개별주체로서의 작가가 느끼는 감정은 그들이 이미 사회적 존재라는 점에서 사회적 감정이다. 레이먼드 윌리엄즈에 의하면, '감정구조structure of feeling'는 한 시대 혹은 특정 세대의 경험과 행위에 큰 영향을 미치는 지배적 감정이다. 잘 드러나지 않는 부분에 자리하면서 작동하고 있는 감정구조는 한 시대의 문화이다.(레이먼드 윌리엄즈, 성은애 역, 『기나긴 혁명』, 문학동네, 2007, pp.93-94) 따라서 글쓰기의 경험을 이야기하면서 작가들이 토로한 감정들은 감정사회학적인 측면에서 접근해 볼 내용이다. 이들의 감정적 고백을 논의의 대상으로 삼을 때, 한국현대작가들이 갖고 있는 감정구조를 들여다 볼 수 있을 것이다.

20. 생물학적 실체를 일컫는 질병 'disease'는 'dis-ease', 즉 그냥 '편안치 않음'이지 어떤 실체가 아니다. 또 환자patient라는 말의 어원은 '견디다'라는 뜻이다. 우리말로는 환患, 즉 꼬챙이가 있고 밑에 마음심(心)자가 있어서 고통을 겪고 견뎌내는 suffering 모습을 형상화한 글자이다.(강신익 · 백욱인 · 최보문 대담, 「고통은 피할 수 없는 것인가」, 『인문의학, 고통! 사람과 세상을 만나다』, 휴머니스트, 2008, pp.184-185 참조). '슬픔'을 뜻하는 표의문자 '고苦'는 '옛날古'을 뜻하는 글자에 '풀艸'이라는 부수가 붙은 글자이다. 여기에는 시간이 흐를수록 더욱 깊어지는 오랜 상처의 개념이 잘 드러난다.(베라 슈와츠, 「슬픔의 창—현대 중국에서 나타난 개인적 비애의 공용화」, 『사회적 고통 : 인간의 고통에 대한 사회학적, 의학적, 문화인류학적 접근』(아서 클라인만 외 공저), 안종설 역, 그린비, 2002, pp.253-291)

21. 들뢰즈의 논의에 따르면 사디즘과 매저키즘은 타자와 외부세계의 자극을 수용하여, 그것을 변형시킬 때 나타나는 두 가지 태도이다. 이것을 그는 문학적 창조의 작업에서 재해석한다.(질 들뢰즈, 이강훈 역, 『매저키즘』, 인간사랑, 1996). 들뢰즈가 말하는 미래의 철학자는 예술가인 동시에 의사이고, 의미와 가치들에 대한 자신의 비판을 예술과 의학의 창조하고 치료하는 기능들 속에 포섭시키는 사람이다. 위대한 예술가들은 임상학자들일 뿐만 아니라 문명에 대한 니체적인 예술가—의사들, 징후학자들이고 새로운 감각 방법들과 사유 방법들의 창안자들이다.

22. "예술가들에게 창작의 고통은 피할 수 없는 천형天刑과도 같은 것이다. 이렇게 보면 창작의 고통은 마조히즘적 성격이 다분하다고 할 수 있다."(이병훈, 「'타블라 라사Tabula rasa', 혹은 창작의 고통」, 『인문의학, 고통! 사람과 세상을 만나다』, 휴머니스트, 2008, p.213). 프로이트가 「쾌락원칙을 넘어서」에서 고통은 쾌락—불쾌의 경제학 그 자체를 파괴하고 쾌락원칙을 넘어선다고 했던 것, 「마조히즘의 경제적 제문제」에서 '고통 속의 쾌락'이라고 했던 것도 같은 맥락에서 이해된다.(지그문트 프로이트, 박찬부 역, 『쾌락 원칙을 넘어서』, 열린책들, 1997, pp.9-89, pp.167-183)
23. 김진석, 『포월과 소내의 미학』, 문학과지성사, 2001, pp.287-320.
24. 강영안, 『타인의 얼굴—레비나스의 철학』, 문학과지성사, 2007, pp.207-237.
25. 나치 수용소 생존자 중의 한 사람이었던 빅터 프랭클은 어떤 극한 상황 속에서도 삶의 의미를 잃지 않고 새로운 의미를 부여한다면 건강할 수 있다고 주장한다.(빅터 프랭클, 이시형 역, 『죽음의 수용소에서』, 청아출판사, 2005, pp.132-134)

● 변산邊山의 수사 : 서정인론

1. 김영민, 「산책과 자본주의」, 『산책과 자본주의』, 늘봄, 2007, pp.27-28.
2. 이매뉴얼 월러스틴, 나종일 · 백영경 역, 「앞으로의 전망」, 『역사적 자본주의/자본주의 문명』, 창작과비평사, 1991, p.148.
3. 『논어』의 "자로子路 제13"에는 공자의 '정명사상'이 잘 나타나 있다. 자로가 공자께 정치를 하기 전에 우선 무엇을 하겠는지 묻자 공자는 '정명正名'을 하겠노라고 답했다. 그 이유를 다음과 같다. "명분이 바르지 못하면 말이 이치에 순하지 못하고 말이 이치에 순하지 못하면 일이 이루어지지 못하고 일이 이루어지지 못하면 예악이 일어나지 못하고 예악이 일어나지 못하면 형벌이 알맞지 못하고 형벌이 알맞지 못하면 백성들이 손발을 둘 곳이 없어진다. 그러므로 군자가 이름을 붙이면 반드시 말할 수 있으며, 말할 수 있으면 반드시 행할 수 있는 것이니, 군자는 그 말에 대하여 구차히 함이 없을

뿐이다.[名不正則言不順 言不順則事不成 事不成則禮樂不興 禮樂不興則刑罰不中 刑罰不中則民無所措手足 故君子名之 必可言也 言之必可行也 君子於其言 無所苟而已矣]"(성백효 역주, 『논어집주』, 전통문화연구회, 1990, pp.253-255)

4. "통발은 물고기를 잡기 위해 있으며 물고기를 잡고 나면 통발 따위는 잊혀지게 마련이다. 또 올가미는 토끼를 잡기 위해 필요하며 토끼를 잡고 나면 올가미는 잊혀지고 만다. 마찬가지로 말은 생각을 전하기 위해 있으며 생각하는 바를 알고 나면 말 따위는 잊고 만다. 나도 이렇듯 잊은 사람과 만나 그와 이야기를 나누어 보고 싶구나![筌者所以在魚 得魚而忘筌 蹄者所以在兎 得兎而忘蹄 言者所以在意 得意而忘言 吾安得夫忘言之人而與之言哉]" (장자, 안동림 역주, 「외물(外物)」, 『장자』, 현암사, 2006, p.669)
5. 린다 사브리, 이충민 역, 『담화의 놀이들』, 새물결, 2003, p.522.
6. 최영찬 · 최남규 · 황갑연 · 박용진, 「道와 理」, 『동양철학과 문자학』, 아카넷, 2003, pp.146-161 참조.
7. 이매뉴얼 월러스틴, 앞의 책, p.176.
8. 나중에 찾아보니 그의 말은 음주의 단계를 18단으로 나눈 조지훈의 분류법(조지훈, 「주도유단酒道有段」, 『동문서답』, 범우사, 1997, pp.38-41)에서 가져온 것이었다.
9. 마르크스는 자신의 작업을 비난하는 사람들을 향해 단테의 이 말로 응답했다.(K. 마르크스, 김영민 역, 「1판 서문」, 위의 책, p.17)

● **무가無家 시대의 무가巫歌 : 이청준론**

1. 헤르베르트 마르쿠제, 김인환 역, 『에로스와 문명』, 나남, 1999, p.153.
2. 모리스 블랑쇼, 박혜영 역, 『문학의 공간』, 책세상, 1998, pp.149-153.
3. 이청준, 「나그네 - 내가 좋아하는 한마디 말(1980)」, 『말없음표의 속말들』, 나남, 1986, pp.35-36.

● **비극적 사유이미지의 변용과 감성적 차이 : 처용, 아기장수, 60년대 이후 모더니즘 문학**

1. 60년대 문학의 성과를 정리하는 자리에서 김현은 4 · 19의 문화사적 의미를 다음과 같이 말하고 있다. "하나는 사일구의 성공적 측면에서 연유하는, 가능성의 세계와 현실의 세계는 하나일 수 있다는 긍정적 얼굴이었고, 또 하나는 사일구의 부정적 측면에서 연유하는, 이상은 반드시 현실의 보복을 받는다는 부정적 얼굴이었다. 사일구의 그 두 얼굴을 동시에 바라다본 사람들에게 사일구는 괴물처럼 보였지만, 그것의 한 면만을 바라다본 사람들에게 사일구는 각각 환희와 절망을 뜻하는 것이었다."(김현, 「60년대 문학의 배경과 성과」, 『분석과 해석/보이는 심연과 안 보이는 역사 전망』, 문학과지성사, 2003, p.239)
2. '시대문턱'이라는 용어는 야우스의 논의에서 가져왔다. 야우스는 '시대문턱'이라는 개념으로 서구의 미적 현대의 역사를 정리하고 있는데, 그의 논의에 따르면 서구 미학사의 전개는 18세기 중엽의 시대문턱, 1789년 프랑스혁명 이후의 문턱, 1848년 이후의 문턱, 1912년경, 탈현대로의 전환이 이루어진 최근의 시대문턱 등에 따라 이루어졌다.(한스 로베르트 야우스, 김경식 역, 『미적 현대와 그 이후-루소에서 칼비노까지』, 문학동네, 1999, pp.85-130) 이 글에서도 마찬가지로 1960년대 4 · 19혁명을 한국문학사에서 미적 전환을 가져온 경계지점으로 보고, 같은 맥락에서 사용하고 있다.
3. 1960년대에는 한국민속학회를 중심으로 한국의 민족문화적 성격을 찾기 위한 작업이 활발하게 이루어졌다. 고전의 현대화 작업을 통해(정병욱, 구중서, 임중빈 등) 실학정신과 '연암' 문학을 부흥을 꾀하고자 하여 국문학의 미적 특질로 골계미와 풍자정신을 주목하기 시작했다. 김지하와 조동일은 전통적인 한, 슬픔 등 비애미를 극복하고자 하는 노력 속에서 민요의 해학성을 강조하고 중세 평민문학을 재평가를 시도했다. 하지만 이 시기의 학계나 지식인들의 주요한 화두가 되었던 '근대화'나 '한국학'은 쿠데타 세력의 집권과 개발독재의 명분이 되기도 했는데, 70년대에 '한국적 민족주의'라는 기이한 용어가 출현한 것도 이러한 점을 증거한다.(『증언으로서의 문학사』(강진호 · 이상갑 · 채호석 편), 깊은샘, 2003, pp.235-287, pp.393-

444;「좌담 : 4월혁명과 60년대를 다시 생각한다」, 『4월혁명과 한국문학』(최원식, 임규찬 편), 창작과비평사, 2002, pp.19-67을 참조) 뿐만 아니라 이 시기 전통론은 1962년 일본 동경에서 창간된 재일교포잡지 『한양』을 비롯한 『청맥』등에서 엿보인 전통론을 포함해서 검토할 필요가 있다.(하상일, 「1960년대 문학비평과 『한양』」, 『어문논집』50집, 민족어문학회, 2004, pp.287-325)

4. 더 섬세한 논의가 뒷받침되어야 하겠지만, '조선적인 것'의 표상을 체계적으로 만들어나갔던 『문장』과 문인들의 골동품적 숭고주의崇古主義는 '신라혼', '신라정신', '선비문화' 등과 같이 어떤 본질적인 전통을 그것 자체로 계승하려고 했기 때문에 역사의식의 결여로 식민지지배 메카니즘을 재생산하는 데에 일조하기도 했다. 자세한 논의는 민족문학사연구소 기초학문연구단, 『'조선적인 것'의 형성과 근대문화담론』, 소명출판, 2007을 참조.

5. 이 글에서 주목하고 있는 '비극성'은 곧 '유토피아', 혹은 문학적 구원에 관한 문제의식까지를 포함한다. 문학에서 비극성을 진지하게 사유한다는 것은 어떤 가능성으로서의 유토피아를 방법론적으로 탐구하고 있다는 말과 다르지 않기 때문이다. 그러므로 이들의 문학작품에서 화해의 경지와 유토피아적 전망을 분명하게 보여주지 않는 비극적인 성격은 동시에 시대적인 한계와 금기를 의미한다. 다시 말해 "60년대의 한계는 소정의 역사 조건의 중압 때문에 이를 재구성할 종말론적인 물음과 대답이 불가능했다는 데 있었다. 이들에게 목적론적 논의는 타부에 속하는 일이었다."(송상일, 「60년대, 시민문학의 형성」, 『시대와 삶』, 문장사, 1979, p.107).

6. 60-70년에 처용과 아기장수에 대한 본격적인 연구는 국문학, 민속학, 역사학, 인류학 등에서 이루어졌다. 처용에 관한 대표적인 논의는 현용준, 「처용설화고」(1968), 이우성, 「삼국유사소재 처용설화의 일분석」(1969), 김열규, 「처용전승시고」(1971), 「처용전승고」(1977), 이두현, 「처용가무」(1977), 서대석, 「처용가의 무속적 고찰」(1980) 등이 있다. 아기장수에 관한 초기의 논의 중에서는 심정섭, 「전설의 문학적 구조-아기장수전설을 중심으로」(1977), 최래옥, 「아기장사 전설의 연구」(1979), 현길언, 「전설의 변이와 그 의미-제주 아기장수형 전설을 중심으로」(1979), 조동일, 「진인출현설의 구비문학적 이해」(1981) 등을 들 수 있다.

7. 뤼시앵 보이아, 김웅권 역, 『상상력의 세계사』, 동문선, 2000, p.33.
8. 위의 시는 『김춘수 시전집』, 현대문학, 2004에서 인용.
9. 처용과 관련된 김춘수의 말은 「대상 · 무의미 · 자유-졸고 「한국현대시의 계보」에 대한 주석」(pp.521-541), 「「처용 · 기타」에 대하여」(pp.632-639), 「「처용삼장」에 대하여」(pp.644-649) 등을 참조(『김춘수 시론전집1』, 현대문학, 2004). 그중에서 「처용단장」에 대한 작가의 주석을 보면 변용의 심리적 근거를 다양하게 읽을 수 있다. "처용은 나의 유년 모습이었다. (…) 10년 전에 처용은 어떻게 나에게로 왔을까? 그는 동해 용의 아들이다. 그렇다. 나는 바다가 되어버린 것이다. (…) 처용은 어느새 나와 화해하고 있었다. 그런 처용에게는 윤리도 논리도 심리의 음영조차도 없었다. 그는 다만 환한 빛이었다. 때로 그 빛에 쓸쓸한 그늘이 지는 수는 있었지만, 그러나 그 그늘도 곧 흔적을 지우곤 하였다. 나는 보았다. 내 속에 있는 한 사람의 타인을!"(김춘수, 「처용, 그 끝없는 변용」, 『김춘수 시론전집Ⅱ』, 현대문학, 2004, pp.148-153)
10. 임동확, 「무의미 시론과 "처용"과 "천사"의 변주」, 『시학과 언어학』8집, 시학과 언어학회, 2004, pp.35-62.
11. 김현, 「잃어버린 처용의 노래」, 『자료집』(김현문학전집16), 문학과지성사, 2005, p.147.
12. 그 해결은 "침략자와 침략 당한 자 모두 상처를 입지 않는 해결, 다시 말해 갈등 이전의 상태로 복원됨은 말할 것도 없고(대개 정치적 법적 해결은 그 해결 자체가 많은 상처를 남기므로 근원적 해결에 이르기 어렵다) 앞으로 야기될 수 있는 모든 갈등도 미리 예방하는 그러한 것이다. 역신은 앞으로 처용의 형상을 보기만 해도 접근하지 않겠다고 맹세함으로써, 노래와 춤의 힘이 얼마만큼 위력적인가를 보여 준다."(송효섭, 『초월의 기호학-뮈토스와 로고스로 읽는 『삼국유사』』, 소나무, 2002, p.120)
13. 이와 관련하여 더 자세한 논의가 있어야 하겠지만, 처용설화 전체의 숨은 문맥을 주의하여 읽었을 때 처용설화와, 작가의식과 문학관 등과의 내적 연관성을 대략 짐작해 볼 수 있다.(일연, 이가원 · 허경진 역, 『삼국유사』, 한길사, 2006, pp.167-171) 처용설화에서 주요하게 등장하는 상象이라는 단어는 어떠한 일이 앞으로 일어나리라는 예시를 주는 징후를 뜻하며, 신

들의 춤舞도 그러한 상황을 알리는 중요한 표지로서 처용설화에서 왕과 처용이라는 샤먼적 존재만이 그것을 미리 읽고 처방하는 역할을 수행한다는 점이 눈에 띄는 대목이다. 이렇게 볼 때 처용설화의 서사전개는 징후의 나타남, 징후의 해독, 치유의 과정, 치유의 결과와 효과 등을 따른다. 불행을 미리 알고 그것을 치유하고 처방하는 자로서의 처용의 모습은 불행한 시대적 징후를 읽고 그것을 해결하고자 하는 작가들의 모습과 그리 멀지 않아 보인다.

14. 여기에서 거론한 소설들 외에도 아기장수를 모티프로 한 황석영의 「壯士의 꿈」(1974), 송기숙의 「우투리」(1987), 한승원 『우리들의 돌탑』(1989) 등의 작품에서는 전혀 다른 맥락의 변용 양상을 보여준다.
15. 김승옥, 「역사力士」, 『무진기행』, 문학동네, 2004, pp.104-105.
16. 문답 형식을 취한 작가의 생각을 옮겨보면, "문: 운명은 내적인 것입니까?/답: 내적도 외적도 아닙니다. 우리가 극복한 자연과 일을 내적 운명이라 부르고, 이기지 못한 것을 외적 운명, 또는 그저 운명이라고 흔히 부르지요./문: 그러면 이 이야기는 우리가 이기지 못한 자연의 이야기군요./답: 이기지 못한 우리 마음의 이야기이지요./문: 마음의?/답: 마음은 자연입니다./문: 무섭고 슬픈 얘깁니다./답: 그것이 극입니다."(최인훈, 「대화-「옛날 옛적에 훠어이 훠이」에 대해」, 『문학과 이데올로기』(최인훈문학전집12), 문학과지성사, 2003, pp.367-368)
17. 최인훈, 「옛날 옛적에 훠어이 훠이」, 『옛날 옛적에 훠어이 훠이』, 문학과지성사, 2004, pp.120-121.
18. 현길언, 「전설의 변이와 그 의미-제주 아기장수형 전설을 중심으로」, 『한국언어문학』17 · 18집, 한국언어문학회, 1979, pp.289-306.
19. 이청준, 『신화를 삼킨 섬』, 열림원, 2003, pp.204-205.
20. "이 이야기의 핵심은 그 비극적 사건 자체에 있기보다 이후의 이야기화說話化와 그 서사의 전승 과정 쪽에 있음이 분명하다. 그 비극을 이야기하는 것은 다름 아닌 앞서의 한풀이 과정이다. 사람들은 이야기 속 아기장수의 비극을 자신의 일로 슬퍼하고 억울해하며 애석해하고 원통해한다. 그만큼 깊은 회한과 죄의식 속에 그 슬픔을 함께 나누며 또 다른 구세주 아기장수의 도래를 기다린다. 그럼으로써 당대적 삶의 아픔과 슬픔을 삭여 넘고 그 소

망 속에 삶을 계속 견뎌 나간다. 아기장수의 비극을 이야기하는 것이 '(한)풀이'가 되고, 자신의 원통함과 후회스러움과 면면한 소망을 실어 그 이야기를 뒷세상 사람들에게 전하는 형식으로 새 구세주의 출현을 기다림이 우리 삶의 동력이 됨인 것이다."(이청준, 「한국인의 삶과 '한'의 정서」, Bulletin 『한恨과 미美와 공생共生』(Vol. Ⅸ), University of Tokyo Center for Philosophy, 2007. 9, pp.19-20)

● 언어문화적 상상력과 학제간 연구의 가능성 : 천전리川前里 암각화

1. 〈천전리 암각화〉는 천전리 각석刻石이라고도 불린다. 울산광역시 울주군 두동면 천전리에 자리하고 있으며 암면의 너비는 9.5m, 높이는 2.7m이다. 1970년 황수영 · 문명대 교수에 의해 처음 발견되어 현재 국보 제147호로 지정되어 있다. 암각화 상단부에 새겨진 기하학적인 문양은 청동기 시대의 것으로 고대미술사학계가 주목해온 텍스트이고, 6세기 초부터 9세기 초에 걸쳐 작성된 하단부 명문銘文은 고대사학계에서 주요하게 다뤄졌다. 이곳 〈천전리 암각화〉가 오랜 시기 동안 신성한 공간으로 여겨져 왔다는 점에는 이견이 없다.
2. 미카엘 네를리쉬는 이코노텍스트의 본질을 "글과 그림, 그림과 글의 대화"로 인식하며, 글과 그림이 각각의 정체성과 독자성을 유지하면서도 분리될 수 없는 하나의 단위로서, 즉 '제3의 텍스트'를 지칭한다. 이러한 텍스트는 어떤 것이 먼저 읽히느냐는 문제가 되겠지만 네를리쉬는 불가분의 관계를 가지는 "기호 덩어리"로서 동시에 읽힌다고 말한다. 우리는 서로 다른 성질을 지닌 두 체계의 대립과 병존에서 빚어지는 '긴장'이 불러일으키는 역동성에 주목해야 할 것이다.(Michaël Nerlich, "Qu'est-ce qu'un iconotexte?" in Iconotexte, Paris: Oprys, 1990, p.268; 박일우, "글과 그림", 『문화와 기호』(한국기호학회 편), 문학과지성사, 1995, p.387 재인용)
3. 송효섭, 『문화기호학』, 아르케, 2003, p.17.
4. 송효섭, 위의 책, p.35.
5. 구인환 · 박대호 · 박인기 · 우한용 · 최병우, 『문학교육론』, 삼지원, 1989, p.30.

6. '상상력想像力'의 의미를 흥미있게 풀어쓴 대목이 있어 옮겨둔다. 『설문해자說文解字』에선 글자 상想을 '바라는 마음, 하고자 하는 마음冀思也'로 풀이하고 있다. 좀더 자세히 분석해 보면 '상想'자의 윗부분을 이룬 상相는 '木'과 '目'이 결합한 글자로, 그 어원적 의미는 자세히 보긴 위해선 높은 데로 올라가야 하는데 지상에서 높은 곳은 나무이므로 상相은 그런 조합에서 나온 것이고, 또 심心과 결합하여 상想은 "어떤 것을 자세히 보는 마음 혹은 어떤 것의 바탕(본질)을 보는 마음"이라고 정의할 수 있다. 이를 바탕으로 보면 상상想像은 '이미지를 어떤 바탕으로 인식하고 욕구하는 것'이다.(이성환, 「인문학과 상상력의 자리찾기」, 『상상력의 자리찾기』(경북대학교 인문학연구소 편), 백의, 1999, pp.18-19)
7. 허버트 리드, 김진욱 역, 『미술의 역사』, 범조사, 1981, p.35.
8. '금기(taboo)'의 어원적 의미는 본래 '신성한 두려움'이라는 사실을 기억하자.
9. 주보돈, 「蔚州川前里書石銘文에 대한 검토」, 『금석문과 신라사』, 지식산업사, 2002, pp.117-118.
10. 대개 을묘년 명문은 법흥왕 22년(535년)으로 추정(주보돈, 앞의 책, p.103)한다. 명문의 내용은 다음과 같다. ①乙卯年八月四(日)聖法興大王節 ②道人比丘僧 及以沙彌 ③僧首乃至 居智伐村衆士 ④△人寺見記
11. 고대 신라사에 관한 내용은 이종욱의 견해를 참조했다.(『신라의 역사 1』, 김영사, 2002, pp.126-127; 「신라의 혁거세신화」, 『한국사의 1막 1장 건국신화』, 휴머니스트, 2004, pp.204-236)
12. 나경수, 『향가문학론과 작품연구』, 집문당, 1995, pp.352-354.
13. 『三國史記』 권제4 신라본기 제4 眞興王 27年條 : …或相磨以道義 或相悅以歌樂 遊娛山水 無遠不至 … 화랑의 '遊娛山水'에 관해 역사학자 이기백은 다음과 같이 언급하고 있다. "그 산수는 곧 『祭祀志』에 '三岳 · 五岳 以下名山大川'이라고 한 명산대천 그것이었다고 생각한다. 만일 이러한 遊娛가 주술적이고 종교적인 의의를 지닌 것이라고 한다면 더욱 그렇게 생각하게 된다. 따라서 아마 신라의 국가적 제의의 대상이 된 山 · 川 · 鎭 · 海 등은 모두 이러한 화랑의 주술적 · 종교적 의식을 위한 소위 유오였을 것이다." (이기백, 『신라정치사회사연구』, 일조각, 1990, p.209)
14. 고고학적인 입장에서 〈천전리 암각화〉를 접근해 들어가 볼 때 원명과 추명

의 주인공인 徙夫知葛文王의 남매가 해마다 6월 18일에 천전리 서석을 찾는 이유는 이곳 자체가 신앙적인 장소였기 때문인 것으로 보이며 명문작성 이전의 신라 선각화, 기마인물도, 배, 새 등의 그림 내용은 신라 적석목곽묘에서 출토되고 있는 土偶나 線刻文土器의 조형 또는 그림과 일치하고 있어서 이곳은 장송 의례 등 원시 신앙과 관련된 것으로 추정하고 있다.(김창호, 「考古 자료로 본 古新羅의 佛敎」, 『신라문화』제19집, 동국대학교 신라문화연구소, 2001, pp.10-16)

15. 다음과 같은 기록이 이러한 입장을 뒷받침한다. 夫禮郎爲國仙 珠履千徒 親安常 (…) 領徒遊金蘭(『三國遺事』 卷第三, 栢栗寺條), 王諱膺廉 年十八爲國仙 (…) 郎爲國仙 優遊四方 (…) 國仙邀元朗譽昕 郎桂元叔宗郎等遊覽金蘭(『三國遺事』 卷第二, 四十八 景文大王條) 앞의 내용은 허남춘, 「화랑도의 風流와 鄕歌」, 『신라가요의 기반과 작품의 이해』(반교어문학회 편), 보고사, 1998, p.70에서 재인용.

16. 그런데 양편의 연구 성과가 결코 적지 않음에도 불구하고 고대사학계에선 하단부에 새겨진 명문을 중점적인 논의의 대상으로 삼음으로써 암각화의 도상에는 크게 관심을 두지 않았고 고대미술사학계에선 암각화의 상단부에 새겨진 청동기 문양의 상징성과 조형성을 탐구하는 일에 매진하여 명문 해석에는 큰 관심을 기울이지 않았다. 이러한 상황에서 〈천전리 암각화〉는 본격적인 학제간 연구의 대상이 되었다. 그렇지 않을 경우, "갈문왕이 그의 妹와 함께 을사년에 서석곡으로 왔던 것은 달리 목적이 있었던 것이 아니라 단순히 놀러"온 것이며(주보돈, 앞의 책, p.127) "바위면에 새겨진 많은 가는 선 그림들은 명문과 관계없이 독립적인 것이 대부분이기 때문에 서로 관련이 없다"(임세권, 『한국의 암각화』, 대원사, 2000, p.86)는 견해에 머물게 된다.

17. 도상(미술) ⤡

⇅ 遊 향가와 설화(문학)

⤢
銘文(역사)

18. 편의상 네 단락으로 구분하였다. ① 舊理東尸汀叱 옛날 동쪽 물가/乾達婆矣遊烏隱城叱月兮良望良古 건달바가 놀던 성을 바라보고/倭理叱軍置來

叱多 '왜군도 왔다!'고/烽燒邪隱邊也藪耶 봉화를 든 변방이 있구나!/② 三花矣岳音見賜烏尸聞古 세 화랑의 산 구경을 오심을 듣고/月置入切爾數於將來尸波衣 달도 부지런히 등불을 켜는데/③ 道尸掃尸星利望良古 길쓸 별을 바라보고,/彗星也白反也人是有叱多 '혜성이여!' 사뢴 사람이 있구나!/④ 後句 達阿羅浮去伊叱等邪 아, 달은 저 아래로 떠나 버렸더라./ 此也友物比所音叱彗叱只有叱故 이 보아 무슨 혜성이 있을꼬.(노래의 내용은 임기중, 『옛 노래 시로 읽기』, 이회문화사, 2002, pp.36-37에 실린 현대역을 참조)

19. 임기중은 『삼국사기』, 『고려사』, 『대동운부군옥』에서 일곱가지 사례를 뽑아 혜성의 출현을 네 가지 역사적 양상으로 분류한 후 혜성의 출현은 왕의 죽음, 國亡, 兵革, 신왕조 출현의 예징을 뜻한다고 설명했다.(임기중, 『신라가요와 기술물의 연구』, 이우출판사, 1981, pp.277-278)
20. 나경수, 『향가의 해부』, 민속원, 2004, p.362.
21. 김혜진, 「혜성가 연구」, 서울여자대학교 석사학위논문, 1996, p.71.
22. 아이가 중얼거리는 'fort—da'는 독일어로 '가버린—거기에'라는 뜻인데, 이 놀이를 프로이트는 아이가 어머니의 '사라짐과 돌아옴'을 "고통스런 경험의 반복"(p.21)으로 대체함으로써 불쾌한 경험을 쾌락적인 "놀이의 능동성의 상태"(p.24)로 전환한다고 말한다.(지그문트 프로이트, 박찬부 역, 『쾌락원칙을 넘어서』, 열린책들, 1997, pp.9-89 참조) 프로이트의 설명은 유희와 예술의 오랜 상관성을 탁월하게 보여준다.
23. 『三國遺事』卷五 融天師 彗星歌 眞平王條. 第五居烈郎 第六實處郎(一作突處郎) 第七寶同郎 等 三花之徒 欲遊楓岳 有彗星犯心大星 郎徒疑之 欲罷其行 時天師作歌歌之 星怪卽滅 日本兵還國 反成福慶 大王歡喜 遣郎遊岳焉 歌曰.
24. 다음과 같다. ① 혜성이 심대성을 범하다→혜성이 사라졌다(천문적 상황) ② 일본병이 침략했다(직접제시 안됨)→일본병이 환국했다(역사적 상황) ③ 풍악에 놀러가는 것을 그만두었다→풍악에 놀러 보냈다(놀이적 상황)
25. 김창원, 『향가로 철학하기』, 보고사, 2004, p.46.
26. 레지스 드브레, 정진국 역, 『이미지의 삶과 죽음』, 시각과 언어, 1994, p.31.
27. 롤랑 바르트, 김인식 편역, 『이미지와 글쓰기』, 세계사, 1995, p.13.

28. 구석기 시대와 달리, "신석기시대 미술에서 설명해야 할 정신과정은 이런 의미에서의 상상력이 아니며, 오히려 추상적 과정이다. 이미지는 그 실제에 있어 존속되는 것이 아니라 변형transform되는 것이다."(허버트 리드, 김병익 역, 『도상과 사상』, 열화당, 2002, p.49)
29. 레지스 드브레, 정진국 역, 앞의 책, p.35.
30. 천전리의 것과 같은 '동심원' 모양이 고령 양전리 암각화에도 동일하게 나타나는데, 암각화 연구자들은 대체로 이 문양을 청동기 시대 태양 숭배의 증거로 해석하고 있다.(임세권, 같은 책, 2000, pp.89-96 참조) 그러나 똑같은 내용의 상징이라고 추단할 순 없다.
31. 해와 달은 일상생활에 필요한 존재일 뿐 아니라 국가의 흥망성쇠의 상징으로 여겨져서 일식과 월식은 치명적인 천재지변이나 정치적 흉조로 해석되었다. 이런 점은 '연오랑과 세오녀' 이야기에서도 흥미롭게 읽을 수 있다.(신라사학회, 『신라속의 사랑, 사랑속의 신라』, 경인문화사, 2006, pp.37-38 참조) 그중에서 '달'은 화랑과 연관된 상징적인 주물呪物로, 달의 변화는 인간사를 점치는 것이란 믿음을 갖고 있었기 때문에 향가에서도 때로 작자의 소망을 표현하는 대상물로 등장한다.(김수중, 「향가에 나타난 민속적 상징물에 관하여」, 『한국언어문학』17·18합집, 한국언어문학회, 1979, pp.327-339)
32. 비판적인 각도에서 보면 동양의 천문학은 국가의 장래를 예측하는 점성적 기능이 강했던 탓에, 창조적인 우주구조론보다는 천문 현상의 관측과 역법에 치중한 경향이 강했고, 그런 이유 때문에 천문학은 관료 조직 속으로 편입되어 천문학은 정치의 지배를 강하게 받아 천문학이 정치에 예속되었다.(정성희, 『우리 조상은 하늘을 어떻게 이해했는가』, 책세상, 2000, pp.31-37) 이런 분위기는 신라도 마찬가지였다.
33. 황용훈, 『동북아시아의 암각화』, 민음사, 1987, pp.163-164.
34. 이종욱의 견해에 따르면 혁거세의 등장 장면에 말이 나오는 것으로 보아 사로6촌을 통합하여 사로국을 세웠던(2세기경) 세력은 기마를 하던 집단이었다고 짐작할 수 있고 소국이 형성되기 전인 촌장사회에서는 기마의 흔적을 찾아볼 수 없다고 한다.(이와 관련해서는 이종욱, 『한국의 초기국가』, 1999, pp.424-425과 『신라의 역사1』, pp.98-100 참조)